놀이지도

2판

강숙현 · 김정아 · 김희정 · 윤숙희 · 이은희 공저

A Guidance Strategies for Play and
Young Children's Learning(2nd ed.)

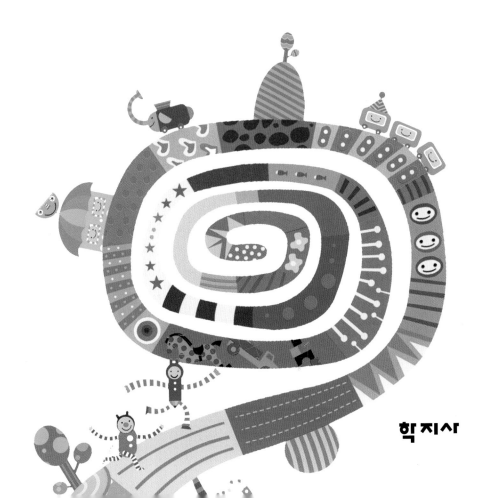

학지사

놀이는 세상 모든 어린이의 삶의 중심이며, 놀이야말로 인지적 자극과 언어 발달, 사회적 능력 발달에 중요하다는 수많은 연구가 있습니다. 언어적 기능이나 창의성, 언어적 유창성과 학업에서의 성취 등에 놀이가 미치는 긍정적인 효과에 관한 연구들은 수없이 많습니다. 매일 또래와 규칙적인 놀이 활동에 참여하는 유아들의 경우, 정서 조절과 갈등해결 기술 수준이 우세하다고 합니다. 이런 유아들은 다른 사람의 관점을 이해하고 수용하는 능력도 좋고 감정이입도 더 잘하는 것으로 나타나고 있습니다.

놀이하는 동안 유아들은 어른의 지도와 도움 없이도 삶의 가치 있는 교훈들을 습득하고 배워 가는 기회를 얻습니다. 성인의 지도와 더불어 놀이터에서 놀면서 친구들과 하는 약속, 나누기, 함께 놀기, 협의하기, 이야기 나누기, 함께 지킬 규칙 만들기, 갈등이 일어났을 때 해결하기 등의 경험들이 아주 좋은 예입니다. 그러나 우리 사회는 놀이할 기회를 빼앗고 놀이의 질과 양을 줄여 가며 형식적인 학습을 강요하고 있습니다. 그 예로 최근 학교에서는 친구들과 놀고 휴식할 수 있는 자유시간이 줄어들고, 서로 이야기를 나누며 얽매이지 않고 쉬면서 여유 있는 사고를 할 수 있는 기회가 점점 줄고 있습니다. 이러한 현상은 규칙적인 휴식이 제공되는 학교생활 가운데 더 나은 학교생활을 수행한다는 연구결과들과는 정반대되는 실정입니다.

　이 책은 영유아기의 모든 발달에 적합한 놀이 환경을 풍부히 함으로써 학습의 기회를 극대화시키고자 하는 교사를 위한 지도 내용으로 구성되어 있고, 가정과 같은 의미 있는 놀이 환경을 구성하도록 돕고자 놀이지도의 원리와 방략들을 소개하고 있습니다. 언어와 인지, 사회적 기술 발달을 돕는 촉진자로서 성인은 유아의 발달을 돕는 바람직한 놀이 경험을 제공해 줄 수 있다는 전제 아래, 놀이 이론과 놀이 발달 및 놀이 환경 관련 연구들을 종합적으로 고찰하였고 자유선택놀이와 집단 게임의 실제를 소개함으로써 비계설정을 통한 놀이, 바람직한 놀이 환경 등 참여자, 놀이자로서 유아교사의 역할을 제안하고 있습니다. 더욱이 놀이 및 환경 평가에 관한 많은 자료와 아이디어를 담고 있어 연령과 집단형태, 문화 등의 개인적인 요구에 부합하는 놀이 환경을 모색하는 데 이 책은 매우 유익할 것입니다.

　놀이 경험을 통해 교수-학습의 기회를 제공하는 구성자, 관찰자, 개입자, 평가자로서의 교사역할을 강조하였고, 영역별로 자유선택놀이와 집단 게임의 여러 활동들이 제안된 '제2부 유아 놀이의 실제'는 부모와 예비 유아교사, 현장 교사들에게 필독되길 바랍니다.

　나는 이 책이 수많은 연구결과와 이론에 기초하여 현장에서의 실제적인 적용 과정을 거친 검증된 놀이 활동들로 구성되어 있으며, 우리가 놀이를 통해 유아의 삶을 보다 풍부하게 해 주고 학습의 가능성을 열어 주는 의미 있는 성인으로서의 역할을 수행하는 데 필요한 기술과 능력을 닦는 데 유익한 지도서임을 확신합니다.

브리검영 대학교 부총장
인간발달학과 교수
Craig H. Hart, Ph.D.

Play is central to children's lives the world over. Research has documented the many ways that play is important for enhancing cognitive stimulation, language development, and social skills. Specifically, many studies have acknowledged the positive effects of play on children's cognitive functioning, creativity, verbal competence, and academic achievement. Children who engage in regular quality play activities with peers have also been shown to have better emotion regulation and conflict resolution skills. They are also more likely to be socially competent, have better perspective-taking abilities, and display more empathy towards others.

Play provides opportunities for children to learn valuable life lessons, often without intrusive oversight from adults. For example, on the playground children learn from experience with peers how to compromise, share, get along, negotiate, talk to each other, make and follow each other's rules, deal with difficult peers (often with coaching from adults), and fall down and get up again. Yet the world community is more and more focused on pushing formal academics while diminishing the time and quality of play opportunities that

children have. For example, in many parts of the world, recess during school hours has been reduced to the point that children have little time to talk to each other, give their tired brains a rest, and unwind. This contradicts the results of many studies that illustrate how children actually do better in school when they have regular recess breaks.

This volume focuses on ways that teachers can maximize the learning experiences that children can have in their play activities by orchestrating a developmentally appropriate environment that enriches all aspects of children's development and learning. Many of the principles that are demonstrated and discussed can also help parents create meaningful play environments in home settings.

Adults can be facilitators of cognitive, language, and social skill development by providing the right blend of play experiences that target these developmental areas. Drawing from research and theory, the authors skillfully illustrate the types of learning that can occur in free play and group games that are guided by adults who set up the environment and scaffold growth opportunities in a non-intrusive but engaging manner. Further, this volume offers ideas for evaluating the effectiveness of the play environment so that it can be continually improved to meet age-group and culturally appropriate needs in individualized ways.

For students, teachers and parents who are committed to providing optimal teaching and learning opportunities through play experiences for children, this book is a must read. It offers the best and latest ideas from research, theory, and practice for promoting children's development through quality play

activities. I believe that this book will benefit adults as they sharpen their skills for working with young children and ultimately the children themselves as they learn through play how to become the best that they can be.

Zina Young Williams Card Professor
Associate Academic Vice President
Professor of Human Development
School of Family Life
Brigham Young University

Craig H. Hart, Ph.D.

놀이중심, 아동중심 교육을 실현하기 위해서는 개별 유아마다 각기 다른 독특한 발달의 양상과 자기가 속한 세상을 알아 가는 학습의 과정이 있음을 충분히 이해하고, 질 좋은 교육경험과 보호를 제공해 주려는 노력이 있어야 한다. 이는 모든 아동의 권리인 행복한 유아기를 찾게 해 주는 첫걸음이다. 놀이를 통해 새로운 것을 알아 가며 다양한 놀이 경험을 통해 변화되어 간다는 능동적 학습의 강조가 오늘날 유아교육과정의 토대다.

놀이가 모든 연령의 유아에게 필수적이며 발달적 요구를 완수할 수 있도록 돕는 유아기의 가치로운 활동임을 증명하는 연구와 논의를 살펴보면, 놀이를 학습의 중요한 과정으로 간주하며 자연스러운 놀이를 지원해 주어야 한다는 것을 강조한다. 그리고 흥미영역별 자유선택활동, 창의적 교육과정, 프로젝트 접근, 협동적인 문제해결 과정, 레지오 에밀리아 접근, 발도르프 접근, 총체적 언어, 카미와 드브리스의 구성주의 접근, 숲 유치원 등의 실제가 교육과정에서 놀이 경험을 제공하는 대표적인 교수전략이라고 할 수 있다.

이렇듯 유아를 능동적 학습자로 간주하는 놀이중심의 다양한 접근이 소개되고 놀이의 결정적 역할에 대한 인식이 확대되면서 부모와 유아교사의 역할이 무엇보다 강조되고 있다. 유아교사는 유아의 발달특성, 연령, 성에 따른 개별적 요구와 각기 다른 선행경험, 유아와 그 가족이 속한 사회문화적 맥락 등을 고려하여 발달에 적합한 놀이 경험을 제공해 주어야 하기에 저자들은 놀이에 관한 일반적인 이론탐색과 자유선택활동 및 집단 놀이지도 전략을 심층적으로 다루어 『놀이지도』의 초판을 출간한 바가 있다. 이후 강단에서, 현장에서의 소리에 귀 기울이면서 초판의 기조를 그대로 유지하며 각 장마다 용어의 정련과 연령별 놀이발달을 보다 구체화하고, 놀이 환경과 놀이 관찰 및 평가를 다룬 일부 내용을 수정하고, 활동자료사진들을 보강해 본 개정판을 출간하게 되었다.

이 책이 놀이는 다양한 경험 속에 배려와 창조를 통해 삶의 즐거움, 배려, 합리적인 규칙을 습득하는 가치로운 학습활동임을 되새기는 자료가 되기를 기대하며, 더불어 유아교사가 될 유아교육 전공 학생들에게, 질 좋은 유아교육프로그램에 대한 사회적인 요구로 유아기 놀이에 대한 이해와 놀이에 기초한 아동 중심 현장, 계속적인 재교육을 필요로 하는 교사들에게 유익하게 활용되기를 바란다. 그리고 유아기 자녀를 양육하며 놀이지도에서 성인의 역할에 관심을 갖는 부모들에게 유익하기를 기대한다.

출간을 하고 개정을 하며 창조의 작업이 주는 어려움과 재발견의 기쁨을 함께 느끼고, 어깨를 나란히 서로를 토닥이며 힘이 되어 준 시간들의 가치를 다시금 깨닫게 된다.

『놀이지도』의 개정방향을 정하고 논의를 모을 수 있도록 피드백을 주신 여러 대학의 교수님들과 학생들, 출간을 위해 애써 주신 학지사 김진환 대표님과 편집부 오수영 선생님께 감사드린다. 특별히 초판 출간을 위해 자료제작과 사진촬영, 활발한 피드백에 애써 주신 광신대학교 부설어린이집 유아들과 최정원 선생님의 노고를 기억하며, 개정판 방향수립과 자료수집에 아이디어를 풍부하게 해준 광신대학교, 광양보건대학교, 목포과학대학교, 순천제일대학교, 전남대학교 유아교육과 학생들에게 감사의 마음을 전한다. 무엇보다 저자들이 가정에 들이는 시간적 제한을 인내해 준 사랑하는 가족들에게, 공동작업의 능력과 영감을 주신 각 저자의 은사님들께, 초판 출간부터 응원과 도움을 주시고 개정판의 출간에 축하메시지를 보내 주신 미국 브리검영 대학교 부총장 Craig Hart 교수님께도 깊은 감사를 드린다.

서로의 보람과 감사함을 마음의 중심에 놓으며 "For Children, There's No Way, But PLAY." 라는 글귀를 다시 한 번 새긴다.

2016. 8. 30.

저자 일동

놀이는 유아들의 생활이며 언어다. 유아들의 생활 대부분은 놀이로 이루어지며, 놀이를 통해 자신을 표현하고 다른 사람과 소통한다. 놀이는 유아 학습의 매개체가 되어, 유아는 놀이하는 동안 자연스럽게 탐색하고 실험하며 이를 통해 세상을 배우고 이해하게 된다. 따라서 놀이는 유아의 발달에 매우 중요한 영향을 미친다.

교사는 유아의 놀이에 적절히 개입함으로써 놀이를 지속·확장시켜 주며, 교육적으로 더욱 의미 있고 가치 있는 활동으로 유도하여 유아의 발달을 촉진시켜 줄 수 있다. 최근 유아 놀이에 대한 중요성 인식과 함께 교사의 놀이지도 방법에 대한 관심도 점점 증가하고 있다. 이에 따라 이 책에서는 유아 놀이에 대한 일반적인 이론 탐색과 더불어 자유선택놀이와 집단 게임에서의 놀이지도 전략을 심층적으로 다루었다.

이 책은 크게 유아 놀이의 이론편과 실제편으로 구성되어 있다. 먼저, 제1부 제1장에서는 놀이에 대한 이해를 돕기 위하여 놀이의 개념 및 특성과 놀이의 교육적 가치를 살펴보았으며, 제2장 놀이 이론에서는 고전적 놀이 이론과 현대적 놀이 이론으로 나누어 서술하였다. 제3장 놀이와 발달에서는 영유아기의 연령별 놀이 발달의 특성, 신체·사회·정서·언어·인지 발달 및 뇌 발달과 놀이의 관계, 사회적·인지적·복합적 놀이 유형에 따른 놀이 발달 과정을 살펴보았다.

제4장에서는 놀이에 영향을 미치는 요인으로 개인적 요인과 가정·교육·문화 환경 요인을 들어 기술하였으며, 제5장 놀이 환경에서는 실내·실외 환경에 대한 공간 구성과 영역별 특성을 살펴보고, 놀이 자료에 대하여 정리하였다. 제6장 놀이 관찰 및 평가에서는 놀이 행동에 대한 다양한 관찰방법을 사례와 함께 제시하였으며, 실내·실외 설비 및 놀잇감에 대한 평가의 내용을 정리하였다. 제7장에서는 놀이지도의 의의 및 교사의 역할을 기술하고, 구체적인 놀이지도 전략을 자유선택놀이와 집단 게임으로 나누어 정리하였다.

다음으로 제2부 제8장 자유선택놀이의 실제에서는 8가지 흥미 영역별로 총 40개의 활동을 제시하여, 이를 놀이 수행단계에 적용해서 구체적인 활동과정안으로 나타내었다. 제9장 집단 게임의 실제에서는 대집단으로 진행되는 게임을 편 없는 게임과 편 게임으로 나누어, 집단 게임 지도단계를 적용한 총 20개의 활동과정안을 구성하여 제시하였다.

이 책은 유아교육을 전공하고 있는 학부 및 대학원 학생들의 교재로 활용될 뿐만 아니라, 유아교육 현장에서 유아를 지도해야 하는 교사와 유아 놀이에 관심을 가지고 있는 부모들에게 도움이 될 것으로 생각된다.

끝으로, 이 책이 출판될 수 있도록 많은 도움을 주고 격려해 주신 여러분께 감사를 드린다. 유아교육 현장에서 놀이 실제의 시연을 통해 적용과 검토를 총괄해 주신 양산초등학교 병설유치원 박은미 선생님, 놀이 실제의 활동사진을 제공해 준 광신대학교 부설어린이집 유아들과 최정원 선생님, 자료 제작에 협력해 준 목포과학대학교 유아교육과 학생들에게 진심으로 감사의 마음을 전한다. 또한 출판을 맡아 주신 학지사 김진환 사장님과 편집에 수고를 아끼지 않으신 백소현 과장 및 관계자분들께 깊이 감사드린다.

차
례

● 제1부 ●

유아 놀이의 이론

● 제2부 ●
유아 놀이의 실제

제 **1** 부

유아 놀이의 이론

놀이 이해

1. 놀이의 개념 및 특성
2. 놀이의 교육적 가치

1. 놀이의 개념 및 특성

1) 놀이의 개념

놀이는 유아들의 생활이며 언어다. 유아의 놀이는 자신을 표현하고 다른 사람과의 소통을 위한 매개체가 된다. 놀이하는 동안 자연스럽게 탐색과 실험이 이루어지고, 그 가운데 세상을 배우고 이해하게 된다.

놀이에 관한 정의와 개념화는 이미 고대 철학과 담론에서부터 이어져 왔다. 철학적 기저 위에 프뢰벨(Friedrich Fröbel)은 『인간교육(Menschenerziehung)』(1826)을 통해 놀이는 유아가 자신의 내면을 자유롭게 표현하는 것, 즉 자신의 내면적 본질의 필요와 요구에 의하여 내적인 생활을 드러내는 인간의 가장 순수한 정신적 활동이라고 정의하였다.

프뢰벨(Fröbel)

진보주의자인 듀이(John Dewey)는 놀이와 일을 같은 맥락으로 간주하여 연속선상에 놓여 있는 것으로 보았으며, 일과 놀이가 반드시 반대되는 것이 아니며 즐거운 일과 놀이가 주 학습활동이 된다고 보았다. 반면에, 몬테소리(Maria Montessori)는 유아의 활동에서 놀이와 일을 구분하였다. 놀이는 발달을 이루기 위한 현실적인 목표가 결여되어 있다고 보고, 교구를 통한 조작 활동은 놀이가 아닌 일이라고 간주한 것이다.

듀이(Dewey)

현대에 와서는 유아교육 철학과 방법론에 관한 담론과정에서 수많은 유아기 놀이 연구를 통해 놀이에 관한 다양한 관점이 소개되고 재개념화가 이루어졌다. 실러(Friedrich Schiller)는 남은 에너지를 소모하기 위해서 놀이하며, 라자루스(Moritz Lazarus)는 소모된 에너지를 재충전하기 위하여 놀이한다고 보았다. 그루스(Karl Groos)는 놀이를 통해 미래의 생활에 필요한 행동을 연습하는 것으로

아이작스(Isaacs)

보았으며, 굴릭(Luther Halsey Gulick)은 인류 역사의 과정을 반복하는 것으로 정의하였고, 아이작스(Susan Isaacs)는 아이의 삶 자체인 동시에 이 세상을 이해하는 수단이라고 유아기 놀이를 정의하였다.

브루너(Jerome Bruner)는 놀이를 문화나 관습의 제약을 뛰어넘게 하는 매개 수단이라 하였으며, 레비(David L. Levy)는 놀이가 인간의 삶을 긍정적으로 영위하는 데 필요한 요소이며 개성을 계발시켜 주는 역동적인 과정이라고 정의하였다. 또한 피아제(Jean Piaget)는 놀이를 영유아가 실제 세계에서 자신이 현재 가지고 있는 인지 구조 속에 동화시키려는 행위로 보았으며, 하위징아(Johan Huizinga)는 놀이란 일정한 시간과 공간 내에서 일어나는 자발적인 활동으로서 정해진 놀이 규칙에 따르며, 받아들여진 규칙은 놀이하는 동안 절대적인 구속력을 갖는다고 하였다.

이와 같이 여러 학자들이 보는 놀이의 개념에 대한 정의는 다양하나, 결국 놀이란 자신의 의지로 하는 행위로서, 그 행위 자체가 목적이며 즐거움이 수반되는 활동이라 정의할 수 있다.

2) 놀이의 특성 이해를 위한 기초

놀이의 개념을 보다 명확히 이해하기 위하여 놀이와 탐색, 놀이와 비놀이, 놀이와 일에 대해 살펴보면 다음과 같다.

(1) 놀이와 탐색

놀이와 탐색은 외적 목표를 성취하기 위한 것이 아니라 내적으로 동기화된 행동을 한다는 점이 유사하다(Hutt, 1971; Weisler & McCall, 1976). 허트(Hutt, 1971)에 따르면, '탐색'이 익숙하지 않은 사물에 호기심을 갖고 '이 물건은 무엇인가?' 라는 의문을 갖는 것이라면, '놀이'는 '이 물건을 가지고 무엇을 할 수 있는가?' 라는 의문과 관련된 행동이다. 인간의 초기 단계에서는 놀이를 하는지 혹은 탐색을 하는지를 구별하기가 쉽지 않고 탐색적 놀이로 결합되어 나타나기도 하지만, 일반적으로는 놀이 이전에 탐색이 일어난다. 유아는 새로운 물건을 접하면 먼저 호기심을 가지고 그 물건을 탐색하다가, 차츰 익숙해진 후에는 이를 기초로 놀이를 하게 된다. 놀이와 탐색을 비교해 보면, 〈표 1-1〉과 같다.

■ 표 1-1 ■ 놀이와 탐색

구분	탐색	놀이
발생 시기	놀이 이전에 나타남	탐색 이후에 일어남
상황	낯선 물건을 대할 때	친숙한 물건을 대할 때
목적	물건에 대한 정보 수집	자극 유발
행동	전형적 행동	다양한 행동
기분	진지한	즐거운
심장 박동률	작은 변화	많은 변화

출처: Hughes & Hutt (1979).

(2) 놀이와 비놀이

놀이에 대한 개념을 놀이의 반대되는 말에 의해 규정할 수 있다는 사실에 근거하여 레비(Levy, 1978)는 [그림 1-1]에 제시한 바와 같이 놀이 행동과 비놀이 행동으로 구분하였다. 레비는 '놀이 행동'을 인간의 개성을 계발시켜 주는 역동적 과정으로 보았으며, 내적 동기(intrinsic motivation), 현실 유보(suspension of reality), 내적 통제 신념(internal locus of control)이라는 세 가지 특성을 가진다고 보았다. 내적 동기는 결과에서 만족을 얻는 외적 동기와는 달리 행동 자체에 몰입되어 만족을 얻는 것을 의미하며, 현실 유보는 놀이에서 현실적인 자아가 잠시 환상적이 되거나 상상의 세계로 빠지는 상태를 일컫는다. 그리고 내적 통

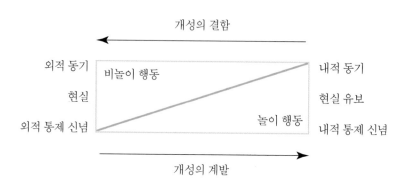

개성의 결함

외적 동기	비놀이 행동	내적 동기
현실		현실 유보
외적 통제 신념	놀이 행동	내적 통제 신념

개성의 계발

■ 그림 1-1 ■ 놀이 행동: 개성의 계발

출처: Levy (1978).

제 신념은 유아가 놀이의 주체이며 놀이를 통제함으로써 몰입, 효율성 등을 갖게 하는 것을 의미한다.

이에 반해 '비놀이 행동'은 놀이 행동과 대조되는 외적 동기, 현실, 외적 통제 신념의 특성을 가지며, 주로 외적 동기에 의해 현실 속에서 외적 통제로 이루어진다고 보았다.

(3) 놀이와 일

놀이와 일의 고유한 특성을 연속성 측면으로 설명한 프로스트와 클라인(Frost & Klein, 1979)은 〈표 1-2〉에 제시한 바와 같이 '놀이'가 능동적이고 자발적이며 재미있고 과정 중심적인 특성이 강한 활동인 반면, '일'은 수동적이고 강요적이며 단조롭고 고되며 외적 목표에 구속되는 특성이 강한 활동이라고 하였다.

존슨, 크리스티와 워들(Johnson, Christie, & Wardle, 2005)은 어떤 활동은 놀이의 특성과 동시에 매우 진지한 과제를 포함하기도 한다고 하였고, 듀이는 4단계의 연속성을 제시하면서 놀이와 일을 연속선상에 놓인 같은 맥락으로 보았다. 킹(King, 1979)은 놀이를 유아가 스스로 선택한 활동으로, 일은 교사가 지시한 활동으로 보았다. 윙(Lisa A. Wing, 1995)은 놀이가 내적으로 통제되는 활동이며

■ 표 1-2 ■ 놀이와 일의 연속체

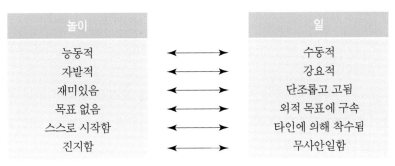

놀이		일
능동적	←→	수동적
자발적	←→	강요적
재미있음	←→	단조롭고 고됨
목표 없음	←→	외적 목표에 구속
스스로 시작함	←→	타인에 의해 착수됨
진지함	←→	무사안일함

출처: Forst & Klein (1979).

자발적이고 자유로운 선택에 의한 것이며, 교사 개입이 적고, 인지적 활동이 요구되는 신체적 활동이며, 즐거운 것이라고 하였다. 반면에, 일은 외적이고 통제적이고 강제적이며, 교사 개입이 많고 결과를 중시하며, 인지적 활동이 주가 되며, 재미없는 것이라고 보았다. 대트너(Dattner, 1969)는 놀이는 자발적인 행동이며 그 자체가 목적이며 자발적으로 규칙을 정하고 현실 세계를 초월하는 것이라 보았고, 일은 외부의 강요에 의해서 하는 행동이며 결과 지향적이며 현실 세계에 국한된 것이라고 보았다.

이와 같이 유아의 놀이와 일은 구별될 수 있으나, 여러 학자들은 대체로 놀이와 일을 완전히 이분화되기보다 연속성이 있다는 점에 의견을 같이하고 있다.

3) 놀이의 특성

여러 학자들이 정의하고 있는 놀이의 특성을 살펴보면 다음과 같다.

먼저, 벌린(Berlyne, 1960)은 놀이의 특성에 대해 놀이 자체를 위한 것이며, 즐거움을 위한 것, 진지한 활동과는 대조적인 것, 내적 동기에 의해 행동하는 것이라 하였고, 루빈, 파인과 반덴버그(Rubin, Fein, & Vandenberg, 1983)는 내적 동기화, 자유로운 선택, 즐거움, 비사실성, 적극적인 참여를 놀이의 특성이라 하였다.

오가와(小川, 2000)는 놀이의 특성에 대해 다음과 같이 설명하였다.

- 놀이의 자발성(遊びの自発性): 놀이는 놀이하는 사람이 스스로 선택하여 참여하는 활동이다.
- 놀이의 자기완결성(遊びの自己完結性): 놀이는 다른 목적을 위해서 하는 활동이 아니라 놀이 자체가 목적이 되는 활동이다(예컨대, 술래잡기를 하는 것은 그 놀이를 하고 싶기 때문에 하는 것이다).
- 놀이의 자기보수성(遊びの自己報酬性): 놀이 활동 자체가 즐겁다거나 기쁘다는 감정과 연결된 활동이다(예컨대, 제트열차처럼 도중에 긴장하거나 무서워해도 결국 그것은 즐거운 경험인 것이다).
- 놀이의 자기활동성(遊びの自己活動性): 놀이는 자발적으로 그 활동에 참여하지 않으면 그 느낌을 알 수 없다. 물론 심정적으로는 참여하고 있기 때문에 TV를 보며 즐거워하는 것도 놀이라고 하지 못할 것은 없으나, 스스로 행동을 일으켜 놀이에 참여하는 것은 놀이의 중요한 요소[1]라 할 수 있다.

이숙재(2006)는 유아기 놀이의 특성을 다음과 같이 정의하고 있다.

- 긍정적 정서: 놀이는 유아에게 기쁨과 즐거움을 준다. 유아들이 배가 고프거나 놀이 기구에 올라가는 것이 두려운 상황에서도 놀이를 계속하는 것은 놀

---

1 유아들의 놀이 상황에서는 위에서 말한 놀이의 특성이 확실한 형태로 나타나지 않기 때문에 특성을 명확하게 규정하는 것은 쉽지 않다. 유아의 구체적인 행동을 살펴보았을 때 이것은 놀이이고 저것은 놀이가 아니다라고 구분하기에는 어려움이 있는 것이다. 그러나 유아 놀이 관찰을 통해 유아가 놀고 있는 것인지 아닌지, 유아의 놀이 상태, 특히 유아의 기분이 어떠한지를 알 때 유아의 놀이를 도와줄 수 있다. 하지만 섣불리 관여하게 되면 유아 '놀이의 자발성' '자기활동성'을 방해할 수 있다. 유아의 내면이나 행동을 정확하게 예측하기란 결코 쉽지 않지만 유아들의 활동이 놀이라고 할 만한 것인지 그렇지 않은지는 매우 중요한 요소다. 따라서 유아의 놀이 행동에서 비교적 판단하기 쉬운 자발성, 자기완결성, 자기보수성 등을 통해 놀이의 특성을 이해할 필요가 있다.

이를 통해 느끼는 즐거움 때문이다.

■ 비사실성: 놀이는 비사실적이다. 놀이에는 가작화 요소(as-if elements)가 내포되어서 실제의 자기가 아닌, 또는 실제의 사물이 아닌, '~인 척' 하는 놀이가 많다.

■ 내적 동기: 놀이는 내적으로 동기화된 자연스럽고 자발적인 행동이다. 이처럼 자발적으로 놀이에 참여함으로써 유아는 놀이를 스스로 시작하고 능동적으로 한다.

■ 자유 선택: 놀이에서 유아의 자유 선택은 중요한 요소다. 유아들은 스스로 선택한 활동만을 놀이로 생각하며 다른 사람이 지시한 활동은 일로 인지한다.

■ 과정 중심: 놀이는 결과보다는 과정 중심적이다. 유아는 놀이 후의 결과보다는 놀이 과정에서 만족을 얻는다. 놀이 결과에 대한 부담이 없기 때문에 놀이를 하면서 다양한 변화를 마음껏 시도해 볼 수 있으므로 결과 중심적인 활동보다 융통적이다.

■ 내부에서 부여된 규칙: 놀이는 외부에서 부과된 규칙의 구속을 거의 받지 않는다. 놀이에 필요한 규칙은 대부분 놀이 참여자들이 함께 정한다. 유아들은 규칙 있는 게임을 할 때에도 정해진 규칙을 따르기보다 참여자들이 협의해서 새로운 게임 규칙을 만드는 경우가 많다.

정금자(1999)는 유아기 놀이의 특성을 다음과 같이 기술하였다.

■ 놀이는 내적으로 동기 유발되어 발생한다. 즉, 놀이는 그 활동이 '자발적'으로 이루어지는 일련의 행동이다.

■ 놀이는 결과보다 과정이 중요하다. 유아 놀이의 목적이나 내용은 융통성이 크다. 유아가 스스로 놀이의 목적을 정하기도 하고, 놀이 활동과정 중에 그 목적을 수시로 바꿀 수도 있다. 놀이는 정해진 목적에 구애되지 않고 단지 참여하는 과정이 더 크고 중요한 가치가 있는 활동이다.

■ 놀이는 비실제적이며 상징적인 활동이다. 모든 놀이 활동이 상징적인 것은 아니지만, 사물과 역할의 개념에 있어 유아는 '만일에' 라는 틀에 현실의 실제들을 상징적으로 표출하기도 한다.

■ 놀이는 외적인 규제 없이 자율적으로 수행된다. 놀이 활동 내용에 부과되는 약간의 규칙이 있기는 하지만, 놀이에서는 자유롭고 창의적이며 언제나 규칙을 변화시킬 수 있는 여유가 있다.

■ 놀이는 현실에 의해 지배되고 결정되는 것이 아니라, 유아의 자유로운 마음에 의해 지배되고 결정된다. 현실 세계에서 막대기는 단순한 '막대기'일 뿐이지만, 놀이 활동에서 막대기는 '총이나 칼' 혹은 '비행기'로 자유자재로 변화될 수 있다. 이것이 '탐색'이나 '학습'과 구별되는 놀이의 특성이다. 놀이 활동에서 유아는 사물과 상황을 모방하기보다는 사물과 상황에 자신이 바라는 상상력을 부여한다.

■ 놀이는 소망과 즐거움 같은 긍정적 정서를 바탕으로 해서 활동적이고 적극적으로 이루어지는 활동이다. 유아가 놀이 활동을 전개할 때 주의 집중과 열성 그리고 좀 더 숙달되려는 의도를 가지고 참여하는 것은 바로 이 때문이다.

지금까지 살펴본 내용을 토대로 유아 놀이의 특징을 종합하면 다음과 같다.

■ 즐거움: 유아는 즐겁고 재미있는 것에 매력을 느낀다. 놀이는 유아에게 즐거움을 주기 때문에 놀이에 적극적으로 참여한다.

■ 자발성: 유아는 놀이를 즐기는 가운데 목적지향적인 활동에 지속적으로 참여한다. 따라서 유아의 놀이는 내적 동기에 의해 자발적으로 이루어진다.

■ 과정지향성: 놀이는 외부에서 목적을 부여하지는 않으나 놀이가 진행되는 과정에서 목적을 갖게 되며, 이는 수시로 바뀔 수도 있다. 따라서 놀이는 결과보다 과정을 중시한다.

■ 비실제성: 유아놀이에 있어서 사물과 역할의 개념은 가작화의 경향이 크다. 유아놀이는 현실의 제약을 뛰어넘어 '마치 ～인 것처럼' 상징적으로 표출하는 비실제적인 활동이다.

■ 자율성: 놀이는 외부에서 부과되는 규칙보다는 내적인 규제에 의해 자율적으로 수행된다. 유아는 놀이 과정에서 언제든지 자유롭게 규칙을 수정할 수 있다.

2. 놀이의 교육적 가치

놀이는 유아들의 생활 그 자체로 유아는 자연스럽게 놀이를 하는 동안 탐색하고 실험하며, 사물에 대해 가장 잘 배우고 이해한다. 따라서 놀이는 유아의 성장, 발달에 있어서 필수적인 활동이며 동시에 학습의 수단으로 활용되고 있다.

센다(仙田, 1992)는 영유아기 발달과 학습의 통합성을 고려해 볼 때 최적의 교수방법으로서 놀이를 지목했다. 그는 유아의 놀이는 지극히 '본능적 행동의 발현형태'로 유아의 통합적인 발달을 도모하여 결국 인생의 과정, 특히 '결실기'에서의 결과나 어떤 큰일을 수행할 때 매우 중요한 자양분이 된다고 하였다.

스턴(Stern, 1987)은 유아가 놀이를 통해 다른 사람들을 이해할 수 있고 자신의 감정을 공유한다는 것을 배우게 되면 동조가 일어난다고 하였다.

피아제(Piaget, 1962)는 유아는 놀이를 통해 자신의 욕구와 부합하는 외부 세상에 동화되고 조절 · 재적응하는 과정을 거치면서 자신의 관점과 이해를 넓혀 간다고 하였다.

비고츠키(Vygotsky, 1978)는 근접발달지대(zone of proximal development: ZPD)의 개념을 소개하면서 유아는 성인이나 자신보다 유능한 또래와의 놀이를 통해 언어적 상호작용과 사회적 기술을 발달시킨다고 하였다.

브루너(Bruner, 1980)는 유아가 자유로운 놀이 상황에서 다양한 방법으로 새롭고 특이하게 실험하고 활동함으로써 사고의 융통성을 고무시킨다고 하였으며, 서튼-스미스(Sutton-Smith, 2001a)는 유아의 상징놀이에서 발생하는 상징적 전환이 사고의 융통성을 증진시킨다고 보았다.

또한 루빈(Rubin, 1989, 2001), 하우즈와 매드슨(Howes & Matheson, 1992), 바넷(Barnett, 1991), 파투초 등(Fatuzzo et al., 1995), 레옹과 보드로바(Leong & Bodrova, 2007) 등의 여러 학자들은 유아의 놀이 행동 관찰을 위한 척도를 개발하였으며, 이러한 결과를 통하여 유아의 정서, 사회성, 인지 등의 발달에 대한 진단을 가능하게 하였다.

이상에서 살펴본 유아기 놀이의 가치를 정의하면 다음과 같다.

■ 주변 세계를 이해하고 숙달하도록 돕는다.

모든 유아들은 주위의 환경을 탐색한다. 반복되는 놀이 경험은 유아로 하여금 인지, 신체 그리고 사회 기술 등을 발달시킴으로써 주변 세계를 이해하고 숙달하도록 돕는다. 유아는 놀이하는 가운데 물체의 성질을 자유롭게 탐색하고 다양한 방식으로 놀이하는 경험을 통하여 세상을 이해하고 숙달하게 된다.

■ 정서적 적응 및 사회적 능력을 기른다.

유아는 즐겁게 놀이하는 과정에서 자신의 감정을 마음껏 표출하고, 자기주도적인 시도를 통하여 자신감을 증진시킬 수 있다. 또한 다른 사람의 감정과 관점을 인식하여 자신의 감정과 충동을 조절할 수 있으며 배려, 협동 등의 사회적 능력을 발달시킨다.

■ 문제해결 능력 및 창의력을 길러 준다.

놀이는 유아로 하여금 실제적인 문제를 접해 보고 해결해 볼 수 있는 기회를 갖게 하여 문제해결력을 길러 주며, 다양한 놀이 자료를 경험하고 자유롭게 표현할 수 있는 기회를 통하여 창의력을 발달시킨다.

■ 발달과 학습의 장점 및 요구를 진단하는 기초가 된다.

유아의 놀이에 대한 세심한 관찰 결과는 유아의 제 발달을 진단하는 기초자
료로 활용됨으로써 유아의 미래 발달 가능성을 예측하고 개별 유아의 발달
을 촉진시켜 주는 체계적인 지원을 가능하게 한다.

놀이 이론

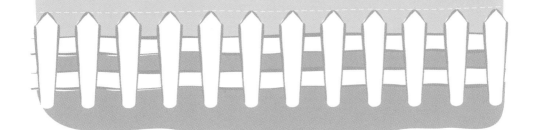

인간이 왜 놀이를 하는지, 또 놀이가 유아의 발달에 어떠한 영향을 미치는지에 대한 학자들의 견해는 유아의 놀이에 대한 다양한 이론을 만들어 냈으며, 이는 유아의 놀이를 이해하는 데 기초가 되었다. 놀이 이론은 크게 19세기 말과 20세기 초에 등장한 '고전적 놀이 이론'과 1920년대 이후부터 최근까지의 '현대적 놀이 이론'으로 나누어 볼 수 있다. 고전적 놀이 이론은 인간이 왜 놀이를 하는 가에 대한 탐구의 결과이며, 현대적 놀이 이론은 유아의 발달에 미치는 놀이의 영향에 대한 탐구의 결과다.

1. 고전적 놀이 이론

고전적 놀이 이론(classical play theory)은 19세기 말과 20세기 초에 등장한 것으로, 놀이의 존재 이유와 함께 놀이를 하는 목적을 철학적 탐색에 의존하여 설명하였다. 고전적 놀이 이론은 놀이를 인간의 에너지 조절 수단으로 보는 관점과 인간 종의 진화를 반영하는 본능적 기제와 연관시켜 보는 관점으로 나눌 수 있다. 놀이를 에너지 조절 수단으로 보는 관점에는 잉여에너지 이론과 휴식 이론이 있으며, 본능적 기제와 연관된 관점에는 반복 이론과 연습 이론이 있다.

1) 잉여에너지 이론

잉여에너지 이론(surplus energy theory)은 18세기 영국의 스펜서(Herbert Spencer)와 독일의 실러(Friedrich Schiller)의 견해로, 인간은 노동하고 남은 에너지를 소모시키는 한 방법으로 놀이를 한다는 것이다. 이 이론에 따르면, 모든 생명체는 생존을 위해 필요한 일에 일정량의 에너지를 소모하게 되며, 소모하고 남은 에너지는 잉여에너지가 된다. 잉여에너지도 일정한 정도가 되면 방출되어야 하는데, 이렇게 남은 에너지를 소모하기 위해 놀이를 한다는 것이다.

이 이론은 유아가 성인에 비해 하루 대부분의 시간을 놀이로 보내는 것에 대한 설명이 될 수 있다. 유아는 생존을 위해 성인처럼 노동을 할 필요가 없으므로 잉여에너지가 더 많이 남게 되며, 따라서 남은 에너지를 소모하기 위해 더 많이 놀이를 한다는 것이다. 또한 진화과정에서 고등동물이 하등동물보다 놀이를 더 많이 하는 이유도 고등동물이 자신의 생존 욕구를 보다 효율적으로 충족시킬 수 있어 하등동물보다 더 많이 남게 된 에너지로 놀이를 하기 때문이라는 것이다. 예를 들어, 하루 종일 먹잇감을 찾아 배회하는 맹수는 대부분의 시간을 생존을 위해 보내야 하지만, 울타리를 치고 가축을 기르게 된 인간은 사냥에 쓰인 시간과 에너지가 잉여에너지가 되어 놀이를 더 많이 만들어 내고 즐기게 된다는 것이다.

잉여에너지 이론은 유아가 대부분의 시간을 놀이로 보내는 것에 대해 오늘날까지도 대중적으로 받아들여지는 적절한 설명이기도 하지만(Schiller, 1975), 유아가 피곤하고 지쳐 있을 때라도 새롭고 흥미로운 놀이 기회가 주어지면 피로감을 잊고 놀이에 몰두하는 이유를 설명할 수 없다는 한계가 있다(Pellegrini, 2009).

2) 휴식 이론

휴식 이론(recreation theory)은 잉여에너지 이론과 상반되는 이론으로, 노동으로 인하여 소모된 에너지를 재충전하는 것이 놀이의 목적이라고 설명한다. 19세기 독일의 라자루스(Moritz Lazarus)는 인간이 생존에 필요한 노동을 하고 나면 에너지가 고갈되며, 고갈된 에너지는 노동과는 전혀 다른 활동에 참여함으로써 재충전될 수 있는데, 그 전혀 다른 활동이 놀이라고 하였다. 고도의 집중력을 요하는 정신적인 활동을 많이 하게 되어 피로감을 느끼게 되면 이러한 피로를 풀기 위하여 뛰기, 달리기, 던지기와 같은 운동이나 레크리에이션을 하게 되었으며, 이러한 놀이는 고갈된 에너지를 재충전하는 가장 이상적인 방법이라는 것이다.

휴식 이론은 과도한 업무에 지친 성인이나 학업에 지친 청소년이 오랜 시간 스트레스를 받는 정신적 활동을 한 후에 농구와 같은 운동 등의 전혀 다른 활동을 함으로써 활기를 되찾게 되는 이유를 설명할 수 있다. 최근 성인들 사이에 각종 운동이나 레저 활동을 함께하는 동호회가 급증하고 있는 현상도 업무로 지친 현대인들이 다시 일할 수 있는 에너지를 놀이를 통해 재충전한다는 휴식 이론으로 설명할 수 있다. 에너지가 고갈되어 지쳐 있을 때, 놀이는 다시 에너지가 생기게 하고 기분 전환을 하게 하는 역할을 하는 것이다.

유아교육에서도 이 이론의 영향으로 하루 일과 운영을 정적인 활동과 동적인 활동이 교차되도록 구성하여 운영하고 있다.

하지만 이 휴식 이론은 앞서 언급한 것처럼 과도한 업무로 인해 에너지가 고갈된 성인이나 청소년이 왜 놀이를 하는가에 대한 설명은 할 수 있으나, 에너지가 고갈될 만큼 노동을 할 필요가 없는 유아가 하루 대부분의 시간을 놀이로 보내는 이유는 설명할 수 없다(Frost, 1992).

3) 반복 이론

반복 이론(recapitulation theory)은 다윈(Darwin)의 진화론에 기초를 두고 있다. 다윈은 태아의 발달이 인간 종의 진화과정을 보여 주고 있다고 주장하면서, 한 예로 인간의 태아가 물고기의 아가미와 유사한 생리적 구조를 갖는다는 것을 근거로 제시하였다.

반복 이론은 이처럼 한 생명체의 발달과정(개체 발생)이 그 생명체가 속한 종의 발달과정(계통 발생)을 반복하거나 재연한다는 진화론을 바탕으로 한다. 즉, 유아의 놀이에서도 인류 역사의 과정이 재현된다는 것이다. 유아에게 나타나는 놀이 단계는 인간 종에서 관찰되는 동물, 원시인, 부족인 등의 발달 순서와 같다. 예를 들어, 부족인 단계라 할 수 있는 또래와 함께하는 집단놀이를 하기 전에 원숭이와 같은 원시 조상들의 단계라 할 수 있는 나무 기어오르기를 비롯해 사냥감을 찾던 경험과 같은 술래잡기 놀이를 재현한다는 것이다(Hall, 1883).

굴릭(Luther Halsey Gulick)도 개체 발생은 계통 발생을 반복한다는 진화론적 원리가 유아의 놀이에 나타난다고 하였다. 야구에서 달리기, 정확히 던지기, 방망이로 맞추기 등은 초기 사냥 활동의 재현이라는 것이다(유효순, 조정숙, 2011).

반복 이론에서는 유아가 놀이를 하는 이유가 현대의 생활에서는 더 이상 필요하지 않은 원시적 본능을 제거하기 위한 것이라고 보았다. 유아들은 창을 던지거나 방망이로 치는 놀이를 함으로써 원시 사냥의 본능을 제거한다는 것이다.

하지만 유아들이 원시적인 것과는 거리가 먼 현대의 첨단기술 문명이 낳은 우주선, 자동차와 같은 다양한 놀잇감과 컴퓨터 게임 등에 몰두하는 현상은 반복 이론으로는 설명할 수 없다는 한계가 있다.

4) 연습 이론

연습 이론(practice theory)을 주창한 구르스(Karl Groos)는 그의 저서 『동물의 놀이(The Play of Animals)』와 『인간의 놀이(The Play of Man)』를 통해 인간의 적응 기제로서 놀이의 역할을 언급하였다(Pellegrini, 2009). 놀이의 목적을 본능의 제거라고 본 반복 이론과는 달리, 연습 이론에서는 미래 생활에 필요한 행동을 본능적으로 연습하여 강화하는 것이라고 보았다. 태어나면서부터 서고 걷기가 가능한 말이나 기린 같은 동물과는 달리, 인간은 매우 불완전하게 태어나기 때문에 생존에 필요한 기본적인 기술을 놀이를 통해 연습하고 습득한다는 것이다. 한 예로, 인간은 걷기 능력의 습득을 위해서 뒤집기, 앉기, 서기 등의 기본 능력을 수없이 연습하는 과정을 필요로 한다는 것이다. 연습의 과정이 놀이를 통해서 이루어지기 때문에 인간이 다른 하등동물보다 긴 놀이 기간을 갖는다고 보았다.

생존에 필요한 기술 연마의 대표적인 예로, 구르스는 동물에서는 사자 새끼들의 싸움놀이를, 인간에서는 유아기에 많이 행해지는 부모 역할놀이를 들었다.

성인 생활에 필요한 부모 역할의 기술을 유아기에 놀이를 통해 연습하는 것이라고 주장하며, 놀이는 어린 종이 이러한 핵심적 기술을 연습하고 완벽하게 만드는 안전한 수단이 될 수 있다고 보았다.

연습 이론은 성인기에 필요한 기술과 행동을 연습하기 위한 놀이의 가치를 설명하는 데 있어 중요한 이론적 근거를 제시하였으나(Bruner, 1972), 놀이를 특정 행동이나 기술을 연습하는 일부 놀이 활동으로 제한하고 축소하여 놀이가 전 발달 영역에 고루 영향을 미친다는 점을 설명하지 못하고 있다. 또한 이미 성인기에 필요한 기술을 습득한 후에도 놀이가 계속된다는 점을 충분히 설명하지 못한다는 한계를 갖는다.

지금까지 살펴본 고전적 놀이 이론의 관계를 정리해 보면 [그림 2-1]과 같다.

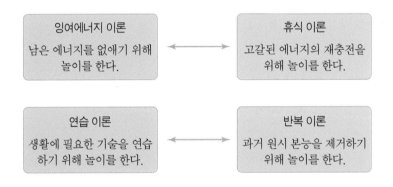

■ 그림 2-1 ■ 고전적 놀이 이론의 상호적 관계 비교

2. 현대적 놀이 이론

현대적 놀이 이론(contemporary play theory)은 유아의 발달에서 놀이의 역할을 밝혀내고자 하며, 유아의 놀이 행동을 일으키는 선행 조건을 구체적으로 설

명하고자 한다(Ellis, 1973). 놀이가 왜 존재하는지에 관한 단순한 설명에서 나아가 유아의 놀이 행동과 발달심리학적 요인의 관련성을 밝히기 위한 시도를 하고 있다.

1) 정신분석 이론

심리적 접근으로서 정신분석 이론은 놀이를 유아의 정서 발달과 관련지어 설명한다. 정신분석 이론의 창시자인 프로이트(Sigmund Freud)는 유아의 정서 발달 측면에서 놀이의 역할에 대해 탐구하였다. 외부의 규제나 해내야 하는 과제 및 목표 등과 상관없이 놀이 자체를 즐기는 유아에게 기쁨과 즐거움을 통한 만족감과 자유로움이 수반되므로 놀이는 유아의 긍정적인 정서 발달에 기여하게 된다고 보았다. 유아는 놀이를 통해 무의식적 동기와 본능적 충동을 배출하기 때문에 유아의 발달에 있어서 놀이의 영향은 매우 크다고 하였다(Lillemyr, 2009).

프로이트에 의하면, 유아는 경찰관, 군인, 엄마, 아빠, 선생님, 비행기 조종사, 슈퍼맨, 마법사 등 그들의 눈에 막대한 힘을 가지고 있는 선망 대상의 역할을 현실에서는 불가능하지만 놀이에서는 마치 실제인 것처럼 해 보면서 희망을 성취하고 기쁨과 만족감을 갖게 된다. 오이디푸스 콤플렉스와 같은 유아의 내면에 잠재하는 복잡한 감정이 놀이의 세계에서는 실현 가능하게 되어 해소된다는 것이다.

특히 놀이가 갖는 카타르시스 효과를 언급하면서, 일상생활에서 유아가 받은 심리적 충격과 관련된 부정적 감정들이 놀이를 통해 해소됨을 강조하였다. 부모의 이혼과정을 상당 기간 지켜보게 된 유아는 인형놀이 중에 엄마, 아빠 인형에 대한 부정적인 행동을 반복하면서 상실감과 부모에 대한 분노 등의 감정을 정화해 나간다는 것이다.

이러한 효과는 '역할 전환'과 '반복'이라는 두 가지 기제에 의해 가능하다.

'역할 전환'은 유아가 나쁜 경험을 수동적으로 받던 존재에서 그러한 나쁜 경험을 제공하는 능동적인 존재가 되어 봄으로써 부정적인 감정을 대체물이나 사람에게 전이할 수 있게 되는 것이다(Johnson, Christie, & Wardle, 2005). 예를 들어, 병원에서 울며 심하게 거부하는 상황에서도 강제로 주사를 맞는 부정적인 경험을 한 유아는 가정에 와서 병원놀이를 하면서 강한 말투와 태도로 인형에게 주사를 놓는 능동적인 존재가 됨으로써 부정적인 감정을 인형에게 전이하며 자신의 충격과 상처를 해소해 나간다.

유아의 놀이는 한 번으로 끝나지 않고 여러 번 반복하여 재현하는 경향이 있는데, 이러한 '반복' 기제를 통하여 충격을 다루기 쉬운 조각들로 나누게 되어 특정한 사건과 관련된 부정적 정서를 천천히 약화시키면서 극복하게 된다. 브라운, 커리와 티니치(Brown, Curry, & Tinnich, 1971)는 반복놀이의 치료적 가치에 대해 언급하였다. 예컨대, 유치원 놀이터 부근에서 공사를 하던 작업자가 6m 높이에서 떨어지는 모습과 구급차에 실려 가는 전 과정을 지켜본 많은 유아가 심한 충격을 받게 되었다. 그 후 이 사건과 관련된 극놀이가 반복하여 재현되었으며, 거의 모든 유아가 이 극놀이에 참여하는 모습을 보였다. 그리고 몇 주일 동안 계속 반복되던 이 놀이는 차츰 빈도가 감소되었으며 유아들의 충격도 사라지게 되었다.

한편, 프로이트의 이론을 사회적 현상으로 확대하여 설명한 에릭슨(Erik Homburger Erikson)은 유아가 놀이를 통하여 사회적 기술을 발달시킴으로써 자아존중감을 강화시킬 수 있다고 보았다. 그는 사회화를 기반으로 유아의 놀이를 다음의 세 단계로 설명하였다(Lillemyr, 2009).

첫째는 1세경의 '자기세계 놀이(autocosmic play)' 단계로, 감각적 지각이나 손과 발 등 자신의 신체를 중심으로 탐색적·반사적 놀이를 반복하면서 자신의 세계를 탐색한다.

둘째는 2세경의 '미시영역 놀이(microshpher play)' 단계로, 자기세계의 놀이를 벗어나 놀잇감이나 주변 사물들을 가지고 혼자놀이를 하며 놀이의 즐거움을 느끼게 된다. 놀이를 통하여 주변 사물을 조절하고 그에 숙달되는 경험은 유아 자신을 보다 유능한 존재로 인식하게 되어 자아를 강화해 준다.

셋째는 3~4세경의 '거시영역 놀이(macrosphere play)' 단계로, 놀이 친구와의 사회적 상호작용에 관심을 가지며 또래와 함께 병원놀이, 은행놀이, 시장놀이 등 다양한 극놀이를 한다. 사회적 상호작용이 이루어지는 놀이는 놀이 영역을 확대해 주며 자아를 조절하면서 현실에 적응해 나가게 하는 사회적 의미를 갖는다.

프로이트와 에릭슨은 놀이를 불안과 갈등을 극복하고 실생활에서의 문제나 위기에 대처하고 적응하기 위한 하나의 기제로 간주하였는데, 이러한 관점은 현대에 와서 '놀이치료(play therapy)'로 발전하였다(Santrock, 2001).

2) 인지 이론

인지 이론은 놀이를 유아의 인지 발달과 관련지어 설명한다. 1940년대와 1950년대에 놀이에 대한 정신분석 이론이 주를 이루다가, 1960년대 후반부터는 피아제와 비고츠키 등의 인지 이론에 의해 놀이 연구에 큰 변화가 일어났다(Sutton-Smith, 1985).

인지 이론에는 피아제, 비고츠키, 브루너 및 서튼-스미스(Sutton-Smith)의 이론이 포함된다.

(1) 피아제

스위스의 심리학자 피아제(Jean Piaget)는 『놀이, 꿈 그리고 모방(Play, Dreams and Imitation in Childhood)』(1962)에서 놀이의 본질과 발달과정을 언급하였다. 그는 놀이가 유아의 인지 발달과 긴밀한 관계를 갖는다고 주장하며, 유아는 놀이를 통해서 주변 세계를 이해하게 됨을 강조하였다. 그에 의하면, 새로운 지식의 획득은 동화와 조절 간의 평형을 통하여 이루어진다(Pellegrini, 2009). '동화

(assimilation)'는 유기체가 새로운 환경 자극과 상호작용을 할 때 이미 가지고 있던 지식 구조를 사용하여 새로운 자극을 수용하고 이해하는 것을 뜻한다. '조절 (accommodation)'은 이미 가지고 있던 지식 구조로는 새로운 개념이나 환경을 이해할 수 없을 때 새로운 환경 자극을 적응시키기 위해 기존의 지식을 변경하는 것을 말한다. 예컨대, 유아는 네발로 서 있는 '염소'를 보고 '개'라고 말하고 난 후(동화), '염소'의 머리에 난 조그만 뿔을 보고 기존에 가지고 있던 지식에 대해 갈등을 겪으면서(조절) '개'라는 기존의 개념을 변화시켜 '염소'라는 새로운 인지 구조를 형성하게 된다(평형). 불평형 상태로 인한 지식 구조의 갈등은 조절의 기능으로 인해 '평형(equilibrium)' 상태가 된다.

인지 발달에서 동화와 조절은 동시에 일어나지만, 동화가 훨씬 더 많이 일어난다. 피아제는 유아의 놀이에서는 조절보다 동화가 더 우세하여 인지적으로 '불평형한 상태'라고 설명하였다. 유아의 놀이에서는 규칙이나 제한 없이 놀이에 사물을 예속시키는 일종의 '상징적 전환(symbolic transposition)'이 이루어지는데, 이는 놀이 자체로 즐거움과 기쁨을 느끼는 것으로서 새로이 조절할 필요 없이 순수한 동화의 기능만으로 가능하다. 이러한 놀이의 불평형 상태는 그 자체로는 진정한 학습을 일으키지 않는다고 하였다(Piaget, 1962). 그러나 그는 유아가 새로 획득한 개념이나 기술을 연습하고 견고하게 하는 데에 놀이가 중요한 역할을 한다고 보았다. 유아의 놀이는 무수히 반복되는데, 이러한 반복된 놀이를 통하여 새로 배운 개념이나 기술이 확실하게 자리 잡게 된다. 피아제는 이를 놀이를 통한 지식의 견고화라고 정리하였다. 이러한 놀이의 연습과 견고화 기능이 새로운 정보를 받아들이고 적응시키는 일을 반복적으로 수행하게 하면서 유아의 인지 발달을 촉진시킨다고 보았다.

(2) 비고츠키

러시아의 심리학자 비고츠키(Lev Semenovich Vygotsky)는 인지 발달이 개인적 범위보다는 사회 · 문화적 맥락에서 이루어진다고 보았다. 그는 유아의 인지 발달 과정에 대한 탐색과정에서 무엇보다도 놀이가 유아의 발달에 중요한 역할을 한다는 것을 발견하였다. 놀이와 인지 발달 단계를 설명한 피아제의 의견과는 달리, 비고츠키는 놀이가 인지 발달 단계를 반영하기보다는 유아의 인지 발달을 주도한다고 보며 놀이의 역할을 더욱 적극적인 것으로 강조하였다.

비고츠키에 의하면, 유아기에는 의미와 사물이 하나로 인식되어 둘을 따로 분리하여 생각할 수 없기 때문에 추상적 사고가 불가능하다. 따라서 실제로 말을 보지 않고서는 말에 대해 생각할 수 없다. 그러나 유아는 상징놀이에 참여하면서 말을 나타내기 위해 긴 막대기를 사용하게 되고, 이때 막대기와 같은 대체물은 말 자체로부터 '말'이라는 의미를 분리하는 데 주축 역할을 한다. 그 결과, 유아는 곧 자신이 표상한 사물의 독립적 의미에 대하여 생각할 수 있게 된다. 이러한 과정을 통해 상징놀이가 유아의 추상적 사고 발달에 결정적 역할을 한다는 것이다(Johnson, Christie, & Yawkey, 1999).

한편, 비고츠키는 발달을 두 가지 수준으로 구분하였다. 즉, 유아가 스스로의 힘으로 문제를 해결할 수 있는 수준인 '실제적 발달 수준'과 성인이나 유능한 또래들과의 사회적 상호작용에 참여함으로써 도움을 받아 문제를 해결할 수 있는 수준인 '잠재적 발달 수준'으로 나누어 설명하였다. 그는 이 두 발달 수준 간의 거리를 '근접발달지대(zone of proximal development: ZPD)'로 정의하며, 실제 상황에서는 불가능했던 개념적 이해가 놀이 활동에서 이루어져 발달을 주도하게 된다고 하였다. 인형놀이에서 "아가야, 밥 먹기 전에 손을 씻어야지." "조용히 해. 내가 선생님이야." "다른 사람의 것을 가져가면 경찰서 가요." 등 현실 생활에서는 혼자 할 수 없는 행동을 놀이 상황이 근접발달지대가 되어 마치 자신이 엄마, 선생님, 경찰관처럼 한 단계 높은 수준의 행동을 한다는 것이다(Bodrova & Leong, 1996). 유아는 이러한 놀이 상황에서 요구되는 수준의 행동을, 즉 사회적 규칙에 위배되는 행동은 자제하고 사회적 규칙을 따르는 행동을 함으로써 놀이의 즐거움을 얻고 동시에 사회적 지식을 습득하여 인지 발달을 이루게 된다(Vygotsky, 1978).

(3) 브루너와 서튼-스미스

브루너(Bruner)와 서튼-스미스(Sutton-Smith)는 놀이를 통하여 유아의 창의성과 사고의 융통성이 증진될 수 있음에 주목하였다. 먼저, 서튼-스미스는 유아의 상징놀이에서 발생하는 상징적 전환이 사고의 융통성을 증진시킨다고 보았다. 예를 들어, 놀이에서는 빈 상자가 자동차가 되기도 하고, 단순한 막대기가 마법사의 지팡이나 경찰봉이 되기도 한다. 이처럼 놀이에서는 현실의 관습적이며 고정적인 사고에서 벗어나, 유아가 주체가 되어 무엇이든지 의미를 부여하여 상상대로 가능하게 된다. 그리하여 기존에는 생각하지도 못한 아이디어가 새롭고 독특한 방법으로 결합되어 창의적 사고가 확장되며 사고의 융통성이 증진될 수 있다는 것이다.

브루너도 달성해야 할 과제나 목적이 없는 자유로운 놀이 상황은 유아로 하여금 다양한 방법을 통한 문제해결 과정에서의 새로운 시도를 가능하게 하여 선택의 기회를 많이 갖게 함으로써 융통성을 길러 준다고 보았다.

브루너나 서튼-스미스는 놀이가 유아의 특정 기술의 연습이라기보다는 융통성의 발달에 따른 성인 생활의 준비를 위한 것이라고 설명하였다(Johnson, Christie, & Yawkey, 1999). 그리고 이러한 융통성은 유아가 여러 문제 상황에 직면했을 때 해결방법을 찾는 데 큰 도움을 줄 수 있다고 보았다.

첨단기술의 발달이 초를 다투는 현실에 비추어 볼 때, 유아들이 성인이 되어 있을 미래는 현재의 우리가 예측할 수도 없으며 더 이상 그러한 미래에 필요한 지식과 기술 또한 예측할 수 없다. 이런 맥락에서 서튼-스미스(Sutton-Smith, 2001a)는 신경과학에 의한 뇌 발달 연구와 굴드(Gould)의 진화론에 근거하여 '적응 가변성(adaptive variability)'이라는 놀이 개념을 제시하였다. 유아의 적응 잠재력은 고정된 것이 아니라 급격성, 예측 불허성 등을 포함하는 가변적인 것이 되어야 하는데, 놀이가 미래 세계를 살아갈 유아의 '적응 가변성'을 보장해 주는 중요한 역할을 한다고 보았다. 이는 미래에 필요 없을 수도 있는 현재의 지식을 주입하는 학습보다는, '적응 가변성'을 보장해 주는 놀이가 지금의 유아에

게 더 유용할 수 있음을 시사해 준다.

3) 각성조절 이론

벌린(Berlyne, 1960)이 제안한 '각성조절 이론(arousal modulation theory)'에서는 유아가 각성 수준을 적정하게 유지하려는 중추신경계의 욕구를 만족시키기 위해 놀이를 한다고 설명한다. 벌린에 따르면, 인간은 자극이 너무 많아 각성이 매우 높은 상태이면 불안해하고 이를 해결하기 위해 자극을 감소시키는 활동을 하게 된다. 즉, 낯선 사물로 인해 각성이 증가하는 경우, 놀이를 통해 그 사물을 탐색함에 따라 높은 각성 상태가 차츰 그 사물과 익숙하게 되면서 적정한 각성 수준을 유지하게 된다는 것이다.

엘리스(Ellis, 1973)는 너무 많은 자극으로 인한 높은 각성을 줄이기 위해 놀이를 한다는 벌린의 견해와는 달리, 놀이를 최적의 각성 수준을 위한 '자극 추구 활동'으로 보았다. 즉, 자극이 충분하지 않으면 각성이 낮은 상태가 되고, 낮아진 각성 상태를 끌어올려 적정한 각성 수준을 유지하기 위해 자극을 찾아 놀이를 하게 된다는 것이다.

실제로 유아의 놀이 행동을 지켜보면 새롭고 독특한 방법으로 사물과 행동을 사용하여 자극을 증가시키는 것을 볼 수 있다. 예를 들어, 앉아서만 타던 미끄럼틀이 지루하게 되면 배를 대고 엎드려서 타거나 서서 타려고 시도하는 것 또한 자극을 찾아 각성 수준을 높이는 것이다. 이러한 엘리스의 각성조절 이론은 놀이터와 놀잇감의 설계 및 이용에 많은 시사점을 주었다.

4) 상위 의사소통 이론

베이트슨(Bateson, 1971)은 놀이에서 의사소통의 역할에 주목하고, 유아들이 놀이를 하는 동안 웃음, 미소 등으로 놀이인지 아닌지를 나타내는 신호를 하여 놀이의 틀을 설정하며, 언어적·비언어적으로 놀이의 상황, 행동, 의도 등을 상대방에게 나타낸다는 사실을 발견하였다. 그는 유아가 놀이의 틀 안에서 놀이에 필요한 '가장 의사소통(pretend communication)'뿐만 아니라 놀이의 틀 밖에서 놀이 진행에 필요한 '상위 의사소통(meta communication)'을 사용한다고 하였다. 유아는 놀이를 하면서 동시에 두 수준의 조작을 학습하게 된다. 한 수준에서는 유아가 자신의 가장 역할에 몰두하면서 사물이나 행동의 가작화 의미에 초점을 맞춘다. 동시에 다른 한 수준에서는 자신과 놀이 상대자의 실제 정체를 인식하면서 놀이에 사용된 사물과 행동의 실제 의미에 대해서 인식한다. 예를 들면, 유아는 극놀이에서 "네가 아기이고 내가 엄마야. 아기가 아파서 병원에 있다고 하자."라는 메시지를 교환하며 놀이의 틀을 구성한다. 유아들은 놀이의 틀 밖에서 상위 의사소통을 통하여 놀이 중이라는 상황에 서로 합의한다. 즉, 놀이하는 유아와 놀이 상대자는 현실에서 누구인지를 알며 또한 가장한 역할에 대해서도 이해한다.

베이트슨은 유아의 놀이를 이해하는 데 있어 이러한 놀이 틀(play frame)의 중요성을 언급하였다. 그것은 상징적인 신호로 자신의 행동이 실제가 아니라 단지 놀이 중에 하는 행동임을 전달하는 역할을 한다. 예컨대, 유아는 주유소놀이에서 눈을 한 번 깜박이며 "이 빨간 자동차에 기름 넣어 주세요."라고 놀이 틀을 만들고, "네, 얼만큼 넣을까요?" "가득이요."와 같은 가장 의사소통이나 "야, 주유하려면 저 뒤에 뚜껑을 여는 척해야지."와 같은 상위 의사소통을 통해 놀이 중 자신이 맡은 역할에 충실하고, 동시에 놀이에 주어진 역할의 개념을 인식하게 된다. 놀이가 지속되고 유지되기 위해서는 놀이자 간의 합의 및 공유된 이해가 필요한데, 상위 의사소통에서 그러한 것들을 발견할 수 있다.

베이트슨의 이론은 놀이의 의사소통적 측면에 대한 관심을 불러일으켰으며, 가비(Garvey, 1977)의 연구에도 영향을 미쳤다. 가비는 유아들이 상상놀이를 하는 동안 가장적인 역할과 자신의 실체를 계속 오간다는 사실을 발견하였다. 가장적 영역의 놀이에서 문제가 발생하면, 유아는 놀이의 틀을 깨고 문제를 해결하기 위해 현실 세계의 실체로 돌아온다는 것이다. 그는 이러한 상위 의사소통은 역할이나 놀이 규칙의 재설정이나 또래 갈등 상황의 해결을 위한 것이며, 유아들이 상상놀이를 지속하려는 노력이라고 보았다.

지금까지 살펴본 현대적 놀이 이론을 정리해 보면 〈표 2-1〉과 같다.

■ 표 2-1 ■ 현대적 놀이 이론

이론	학자	놀이의 역할
정신분석 이론	프로이트	• 역할 전환, 반복을 통해 부정적 정서를 정화시킴
	에릭슨	• 놀이 세계 확대를 통한 자아강화 및 사회적 관계 확장
인지 이론	피아제	• 동화가 우세한 놀이의 반복을 통한 지식의 연습과 견고화
	비고츠키	• 사물과 행동으로부터 의미를 분리하여 추상적 사고력 촉진 • 놀이 상황이 근접발달지대 역할을 하여 사회적 지식 습득
	브루너	• 문제해결에서의 융통성 증진
	서튼-스미스	• 상징적 전환을 통해 융통성 증진 • 미래 세계의 적응 가변성 보장
각성조절 이론	벌린	• 자극 감소를 통해 최적의 각성 상태 유지
	엘리스	• 자극 추구를 통해 최적의 각성 상태 유지
상위 의사소통 이론	베이트슨	• 놀이 틀 안에서의 가장 의사소통과 놀이 틀 밖에서의 상위 의사소통을 통한 놀이 지속

놀이와 발달

제3장

1. 연령별 놀이 발달
2. 발달 영역별 놀이 발달
3. 놀이 유형별 놀이 발달

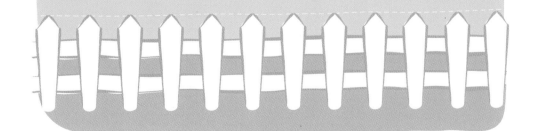

이 장에서는 출생에서 만 5세 유아의 각 연령 및 발달 영역에 따른 놀이 특성을 알아보고, 이 시기에 나타나는 놀이 유형에 따른 놀이 발달을 출생에서 약 2세경까지의 영아기와 3, 4, 5세 유아기로 나누어 살펴보겠다.

1. 연령별 놀이 발달

1) 영아기(출생~2세)

생후 24개월경까지의 영아기 동안은 새롭고도 엄청난 변화의 신체적·인지적·언어적·사회적·정서적 발달을 이루어 간다.

주변의 모든 환경은 영아의 호기심 대상이고 궁금증 대상이다. 도움을 받지 않고도 스스로 움직일 수 있는 이동성을 얻게 되면 더 넓은 세상이 열린다. 12개월경이 되면서 점차 스스로 움직일 수 있게 되고 탐색활동이 더욱더 증가한다. 손을 사용하고, 몸을 앞뒤로 흔들고, 장난감 자동차 위에 배를 엎드려 바닥을 구르고, 네발로 기며, 짚고 서고 혼자서 일어나 걷게 되기까지 신체능력이 발달하면서 다양한 경험을 하게 된다. 때로는 좌절도 하지만 여러 경험에 도전하면서 흥분과 즐거움을 만끽한다. 그러므로 기어 다니고 걷는 움직임이 활발해지는 영아기에는 무엇보다도 안전하게 움직일 수 있는 자유와 공간의 마련이 매우 중요하다.

자아에 대한 인식을 확립하기 시작하는 영아기에는 주변의 환경과 성인으로부터 물리적이고 심리적인 안정감이 요구된다. 믿음직하고 안정된 양육의 손길이 필요한 시기이며 양육자와의 신뢰형성이 중요하다. 미소 띤 얼굴로 눈을 마주치며 이야기를 나누고 표현하는 것은 영아로 하여금 자신을 유능한 존재로 여기도록 돕는다.

영아기에는 손에 닿는 물체를 입에 넣고 쥐고 당기고 던지고 굴리는 등의 소근육 기술이 발달한다. 기어 다니고 물체를 잡고 서며 의자 위에 기어오르는 등의 대근육 발달도 이루어진다. 신체적인 활동은 인지 발달과 매우 밀접하다. 열었다 닫고, 채우고는 비우고, 집었다 내려놓기와 같은 단순한 활동도 놀이에 몰입한 영아에게는 수많은 도전이고 이해 능력의 발전을 가져오는 기회가 된다.

누군가의 도움 없이도 혼자서 앉아 우유병을 쥐고 먹기도 하며 물이나 찰흙, 블록을 가지고 노는 행동도 나타난다. 사물에 대한 탐색, 자신의 신체적 능력에 대한 탐색을 통해서 목적을 위해 수단을 활용하거나 비교하기도 가능하다. 순서, 분류, 공간관계 등의 인과관계를 이해하게 된다.

눈에서 보이지 않으면 없어진 것으로 인식하던 수준에서 벗어나 눈에 보이지 않더라도 물체가 없어진 게 아니라 다른 곳에 있으리라는 예단으로 이리저리 뒤지는 등의 대상영속성(object permanence) 개념이 발달하고, 특성과 기준에 따라 같은 것끼리 놓아 보고 구분하는 분류능력은 영아기에 획득하는 중요한 인지 발달의 지표가 된다.

또한 친숙한 사람과 낯선 사람을 분류하고 연결 짓는 능력의 발달도 함께 이루어진다. 까꿍놀이와 숨바꼭질 같은 놀이는 영아로 하여금 인식능력 발달과 세상을 이해하는 힘을 길러 주는 좋은 활동의 예다. 물론 낯선 사람에 대한 불안 반응이나 친숙한 사람과 헤어지지 않고 따르려는 불안 반응은 개인차가 있다. 빨간 제복을 입거나 수염이 긴 산타클로스 할아버지도 두려움의 대상이 될 수 있다. 자기에게 친숙한 사람이 눈에 보이지 않는 것을 견디기 힘들어하는 것은 이 시기에 자연스럽게 나타나는 불안 반응[1]이다.

영아는 자신이 점차 다른 사람과 별개의 존재라는 것을 인식하기 시작하면서 자기가 좋아하는 사람과의 밀접한 관계를 확고히 하고자 한다. 이러한 유대

---

1 생후 6개월경 이후가 되면 영아는 자기를 돌봐 주는 사람과의 애착이 긴밀하게 형성되기 시작하고, 그 결과 친숙한 사람과 떨어지지 않으려 할 때 느끼는 '분리불안(separation anxiety)'과 낯선 사람이 다가올 때 느끼는 '낯선 이에 대한 불안(stranger anxiety)' 반응을 나타낸다.

감이 독립적인 존재로 성장해 가는 과정에 중요한 역할을 한다. 영아에게 옷을 입혀 주는 동안에도 양육자가 무감각하게 옷 입고 벗기만 도와줄 것이 아니라 신체접촉이나 말로 애정을 표현해 준다면 영아들은 사회적·정서적·인지적 이해력을 기르게 된다. 영아는 자기를 돌봐 주는 양육자의 사랑을 검증하고 의지하고 싶어 하면서도 독립적인 존재로 행동하길 원한다. 눈을 마주치고 소리를 내고 몸짓을 하면서 관계를 유지하려 한다. 강한 사랑과 신뢰로 연결된 양육자와의 관계는 영아로 하여금 안정감을 가지고 세상을 탐색할 수 있는 기초가 된다.

영아는 자기를 가까이에서 돌봐 주는 성인이 갖고 있는 물건이나 하루 중에 일어나는 여러 활동들을 좋아한다. 양육자가 볼을 맞대고 머리를 쓰다듬어 주고 장난스러운 얼굴표정을 했을 때 안정감을 느끼고 그런 행동과 표정을 그대로 따라 한다. 이러한 모방은 자기가 보고 경험한 것을 표현하는 역할놀이의 시작이 된다. 이 시기에 영아는 사물의 작동과 성인 행동의 인과관계를 이해하는 정신적 이미지를 형성해 가기 시작한다. 이것이 풍부한 역할놀이의 주제가 되곤 한다.

12개월경 걸음마를 시작하면서 자기를 돌봐 주는 사람들에 대해 관심을 갖기 시작하다가 18개월경이 되면 사물에 대한 단순한 관심에서 점차 목적을 가진 탐색적인 활동으로 이어진다. 이때 양육자들은 가능한 범위 안에서의 선택을 통해 적절한 방식으로 영아의 개성을 발달시킬 수 있도록 도와주어야 한다. 영아는 다양한 놀이에 참여하여 스스로 통제해 보는 경험이 중요하다. 환상적인 역할놀이나 혼자 하는 놀이에 참여할 수 있는 기회나 잘 고안된 환경 구성은 영아의 자아 발달을 촉진시켜 줄 뿐 아니라 사회성 발달을 지원해 준다.

24개월경이 되면 놀이와 관찰, 탐색을 통해 많은 것을 학습한다. 고양이 그림을 가리키며 다른 크기나 색으로 그려진 고양이 그림을 보고도 고양이라고 이름을 부를 수 있다. 탐색, 질문, 발견, 사물이나 사건, 단어의 의미를 찾으려 하는 것 등과 같이 사물이나 언어, 사회적 상호작용을 통한 탐색이 활발해지는 것은 영아가 새로운 정신활동의 국면으로 들어가고 있음을 나타내는 증거다. 이 시기 영아들은 크기, 모양, 색 등의 범주로 사물을 분류하기를 좋아한다. 크기대로 고무줄을 늘어뜨려 놓기도 하고 고무줄 안에 동물 모형을 넣고는 어미 개와 강아지로 짝을 짓기도 한다. 놀이 관찰을 통해 분류나 서열에 대한 이해 수준을 알 수 있다.

또한 영아들은 말하기를 즐긴다. 말은 다른 친구나 성인들을 연결해 주는 새로운 도구다. 이 시기의 영아는 간단한 지시를 이해할 수 있으며 답을 얻기 위해서 "왜"라는 단어를 반복적으로 사용한다. 현재가 아닌 상황을 만들어 내기 위해서 혹은 자기의 강한 느낌을 표현하기 위해서 언어를 사용하기도 한다. 예를 들면, 엄마와 헤어지는 것이 슬플 때 마음의 안정을 찾고 영원히 헤어지는 것이 아님을 확인하기 위해 "엄마~, 돌아와."라고 계속해서 말을 반복하는 것을 볼 수 있다.

영아들은 성인이나 나이 든 형제가 무엇인가를 쓰는 행동이나 책을 읽는 행동, 선반 위에 사물의 이름이 쓰인 것을 보면서 문자 언어에 관심을 갖게 되고 말이 글로 표현된다는 것을 인식하기 시작한다. 마치 그림이나 글을 읽는 것처럼 흉내 내기를 즐기며, 책이나 주변에서 접하는 여러 글자들에 관심을 갖는다. 그림에 나타난 사물의 명칭을 말하는 것에서 나아가 점차 긴 이야기, 말하기를 즐긴다. 듣기, 말하기와 마찬가지로 읽고 쓰기의 경우에도 성인이나 나이 든 형제를 관찰하고 모방하면서 언어능력이 발달된다.

1세(출생~12개월), 2세(12~24개월) 영아기의 놀이 발달 특징을 정리하면 〈표 3-1〉과 같다(Kang, 2009).

■ 표 3-1 ■ 영아기 놀이 발달 특징

영아기	특징	놀이를 통한 발달과 학습	놀이 종류
1세	• 탐색: 모든 감각의 활용	• 어휘의 소리와 언어리듬 연습 • 간단한 대화를 통한 의사소통 • 자기 존중감 발달 • 모방력 • 인과관계 이해 시작 • 눈-손의 협응력	• 소리와 말 주고받기 • 까꿍놀이 • 노래 부르기 • 단순한 리듬 즐기기, 몸 흔들기 • 색 공놀이 • 무릎에 앉혀 책 읽어 주기
2세	• 활동: 자발적 이동성	• 색, 수, 모양에 대한 이해 • 새로운 어휘 습득과 의사소통 • 모방력 • 눈-손 협응력 및 문제해결력 • 자신감 • 사회적 관계 형성 • 말이 글로 표현된다는 것에 대한 관심	• 걷기, 달리기, 기어오르기 등 신체 움직임 활동 • 단순한 노래와 율동 • 넣었다 빼기, 쌓기, 끼우고 해체하기 등 반복하기 • 손과 손가락 사용하기

출처: Kang (2009).

2) 유아기(3~5세)

3세경이 되면 나는 누구인가, 다른 사람은 누구인가 하는 기본적인 의문을 갖는다. 자신의 감정을 어떻게 말로 표현하는지, 여러 다른 상황 아래에서 어떻게 행동해야 하는지, 어떻게 하면 다른 사람의 것을 빼앗지 않고도 자기가 원하는 것을 얻을 수 있는지, 또래 친구들이나 성인을 어떻게 대해야 하는지 등을 배워간다. 유아의 사회적 세계에 대한 탐색은 갈등을 수반하게 되는데 갈등해결을 돕는 협의과정(negotiation)을 거침으로써 다른 사람의 감정에 대한 공감도 가능하다. 협의과정을 통해 영아는 자기 자신이 유능하고 협력적이며 사회적 존재라는 사실을 인식하게 된다.

또한 이 시기에는 남자로서 혹은 여자로서 성장에 관해서도 많은 관심을 갖는다. 그래서 자기는 물론 다른 사람의 신체에 대해서 특별한 관심을 갖는다.

3세 이후 자아개념의 발달과 사회적 인식은 물론 언어 발달이 좀 더 복잡하고 방대하게 이루어진다. 다른 사람들과 의사소통했던 경험이 또래나 성인의 신호를 읽어 낼 수 있는 능력을 발달시켜 준다. 어휘가 급속하게 확장되며 역할놀이를 통해 상징적 표현도 늘어 간다. 놀이하는 동안 서로 안내해 주고 가르쳐 준다. 몇몇 단어와 몸짓, 끝없는 창의적 생각을 활용하여 블록을 들고는 전화하는 행동을 하고, 서류가방을 들고 나서며 "나 일하러 간다~"하며 '마치 …… 인 척(as-if)'하는 가장놀이를 자연스럽게 전개해 간다.

4세가 되면 자기가 경험한 것을 말로 설명할 수 있게 되고 언어의 이해능력은 물론 표현능력이 매우 발달한다. 끝이 없는 질문을 계속하기도 한다. '왜? 무엇? 언제?' 등의 무한한 호기심에서 출발하는 끝도 없는 질문을 하며 "내 거야." "내가 가질래." "나도 ~싶은데." 등 자기 표현과 자기 주장도 매우 강하게 나타난다. 의도가 없는 거짓말이나 엉뚱한 말을 해 놓고는 스스로 웃기도 하고 수수께끼와 농담 등의 유머나 상상하기를 매우 즐긴다.

이 시기에는 소근육 움직임의 발달로 손사용 기술이 매우 발달하면서 그림 그리기와 글자 모방하기가 활발히 나타난다. 그림을 그리기 전에 자기 생각을 혼잣말로 표현하기를 즐기며, 그림을 그리는 동안에도 마음속 생각들을 말로 표현하곤 한다. 이젤 그림을 그리다가 물감이 흘러내리면 "안 돼, 안 돼."하며 말로써 주변 환경을 통제할 수 있다고 여기는 자기 충족적 언어 표현을 한다. 이는 4세경 유아의 언어 특징 중 하나다.

5세경이 되면 사실과 환상을 구별할 줄 알게 되고 여러 역할과 진행을 미리 계획하며 다양한 주제의 상상놀이와 역할놀이를 즐긴다. 상상력의 발달로 주관적이고 환상적인 세계를 실제라 믿기도 하며, 허구를 사실처럼 극적이고 생동감 있게 표현하므로 어느 것이 사실이고 어느 것이 상상인지 구분하지 못하기도 한다. 주변 환경에 대한 호기심과 위험에 대한 인식 부족으로 때로 위험한 상황에 놓이기도 하므로 곁에서 항상 부모와 교사의 보호와 감독이 있어야 한다.

놀이를 통해 다양한 어휘를 습득하고 구문의 이해도 가능해져 일상적인 의사소통 능력이 발달하게 되며 규칙이 있는 복잡하고 구조화된 집단 게임도 즐길 줄 알게 된다. 복합문장의 구문도 이해할 수 있고 자신이 이야기를 꾸며 들려주거나 다른 사람의 이야기를 듣는 의사소통 능력도 발달된다.

성 차이가 있기는 하나 대근육을 움직이며 거칠게 구르는 놀이도 즐기며, 만들기와 구성하기 등의 창의적인 놀이 또한 즐긴다. 더욱 다양한 주제와 상황을

■ 표 3-2 ■ 유아기 놀이 발달 특징

유아 연령	특징	놀이를 통한 발달과 학습	놀이 종류
3세	• 사회관계: 주변 세계 탐색과 관계 형성	• 자아인식 및 성 정체성 확립 • 타인에 대한 관심과 이해 • 급속한 어휘 발달 • 상징적 표현과 가장놀이 • 갈등과 협의를 통한 사회적 유능감 확립	• 또래 친구와 함께 놀기 • '호키포키' '그대로 멈춰라' 등의 음악게임 • 소꿉놀이
4세	• 다양성: 주도적인 신체, 언어, 인지, 사회 정서 발달	• 무한한 호기심 발현 • 자기 표현 • 사회적 관계 형성 • 표현 및 이해 언어 유창성 • 읽기에 대한 즐거움 • 유머와 상상력 발달 • 손사용 기술 발달	• 자연물 탐색을 통한 비교, 분류, 변형하기 • 음악 감상 • 질문과 토론하기 • 개별 혹은 집단 책 읽기 • 이야기 만들기 • 움직이는 물체 조작하기 • 공 던지기 및 잡기
5세	• 유능감: 의사소통, 자기 조절, 사회관계 능력 발달	• 다양한 주제의 역할놀이 • 어휘 확장, 구문이해, 의사소통 능력 강화 • 규칙 준수 • 대·소근육 발달과 정교화 • 성차	• 프로젝트 활동 • 구조화된 집단 게임 • 자전거 타기 • 다양한 주제와 상황의 사회극놀이 • 테크놀로지를 활용한 놀이

출처: Kang (2009).

구상하여 사회극놀이를 즐기며 놀이하는 동안 의사소통 기술과 능력이 더욱 증대된다. 이때 교사는 유아가 성별과 역할에 관계없이 다양한 역할에 참여해 보도록 기회를 마련해 주고 촉진시켜 주는 환경조성에 힘써야 한다.

5세 이후 손사용 기술은 더욱 정교하게 발달하여 크레용이나 롤러, 도장 등을 사용하는 단순한 활동보다는 여러 모양과 크기의 붓, 연필, 펜, 테크놀로지 등을 이용하여 다양한 쓰기, 그리기, 구성하기 등의 놀이를 즐긴다. 특히 물과 모래 등의 자연물 탐색하기, 뛰어오르기나 공 던지고 받기, 세발자전거 타기, 경사로 오르기, 균형 잡기 등의 신체 움직임을 통해 자신의 힘을 스스로 조절하는 능력과 민첩성이 매우 발달된다.

2. 발달 영역별 놀이 발달

유아기 놀이가 어떻게 신체 · 사회성 · 정서 · 언어 · 인지 발달에 기여하는지를 살펴보고, 특히 최근 활발히 이루어지는 인간의 뇌 연구결과들과 시사점을 담아 뇌 발달과 놀이의 관계성에 관해 살펴보겠다.

1) 뇌 발달과 놀이

인간의 뇌는 아주 복잡하고 정교한 조직으로 수십 억 개의 뇌 세포들과 신경연결망인 뉴런(neuron)으로 구성되어 있는 집합체다. 뇌의 사용을 통해 신경회로의 체계를 갖추어 가면서 뇌 세포들 간의 전기화학적 신호를 전달하는 수천 개의 시냅스(synapse) 활동으로 단순한 형태에서 점차 복잡한 형태로 성숙해 간다.

출생 시 태아의 뇌는 성인의 뇌의 약 30% 정도다. 이렇게 작은 뇌가 생후 1년 만에 1,000g 정도로 자라고 이후 약 10세경까지 빠른 속도로 성장하며 사춘기가 되면서 약 1,300~1,500g 정도로 성인의 뇌 무게와 같아진다.

뇌는 좌뇌와 우뇌로 이루어진 대뇌와 중뇌, 소뇌, 간뇌, 뇌량, 척수, 연수로 구성되어 있고 각기 부분마다 담당하는 역할이 다르다. 대뇌는 사고판단, 중뇌는 안구운동 및 홍채 수축과 관련된 호르몬 분비, 체온 및 식욕 조절 등을 관장한다. 연수는 호흡, 심장박동, 소화 등 생명을 유지하는 활동을 담당한다. 간뇌는 대뇌와 소뇌 사이에 위치하며 간뇌의 대부분을 차지하는 시상은 감각기능, 척수는 운동신경과 감각신경의 통로로 외부로부터 신경을 보호하는 역할을 한다. 대뇌를 둘러싼 대뇌피질은 사고, 판단, 창조 등 고도의 정신활동이 이루어지는 곳으로, 140억 개가 넘는 신경세포가 모여 있다. 전두엽, 후두엽, 측두엽, 두정엽 등 4개의 엽으로 구성된 대뇌피질은 인간이 다른 종보다 매우 발달되어 인간을 만물의 영장이라고 자부할 수 있는 근거가 된다.

　유아기의 뇌 발달은 연령에 따라 어떻게 진행될까?

■ 0~3세

　0세부터 3세까지는 대뇌피질을 이루는 부분, 즉 전두엽과 두정엽과 후두엽 등 뇌의 기본적인 구조들이 형성되고 고루 발달하는 시기로 일생을 통해 뇌가 가장 활발히 발달한다. 태어나기 이전부터 발달해 온 뇌는 출생 이후 전두엽에서 후두엽 쪽으로 이동하면서 발달한다. 수억 개의 신경세포를 가지고 태어난다 해도 아직 신경회로, 즉 시냅스가 발달하지 않아 엉성한 두뇌구조를 가지고 있다. 그러나 듣고, 보고, 만지고, 느끼고, 경험함으로써 엄청난 양의 정보를 받아들이게 된다. 신경세포 회로의 연결이 어떻게 이루어지느냐에 따라서 머리가 좋고 나쁨이 결정되니 이 시기의 교육이 참으로 중요하다 할 수 있다.

　어느 한 영역의 뇌가 발달하는 것이 아니라 뇌의 모든 영역이 골고루 그리고 매우 왕성하게 발달하며 주요 신경세포들끼리의 연결이 이 시기에 집중적으로 일어난다. 뇌에서 가장 많은 면적을 차지하는 것이 손과 입, 혀 등을 관장하는 부위다. 따라서 이 시기에는 오감을 통한 자극, 손을 사용하는 여러 경험들, 건강식의 제공, 올바른 식습관 형성 등이 뇌 발달에 매우 중요하며 충분한 수면은 기억력 강화에 도움이 된다. 뇌의 전반적인 부분에서 성장이 일어나기 때문에 여러 부분에 걸친 다양한 놀이 경험을 하도록 돕는 것이 중요하다.

■ 3~6세

종합적 사고와 판단, 인간성, 도덕과 양심 등 최고의 기능을 담당하는 전두엽이 주로 발달하는 시기다. 전두엽의 발달은 사고력 발달을 위해 많은 정보를 주는 다양한 경험이 요구된다. 이후 학령기에 들어 수학적·물리적 사고의 기능을 담당하는 두정엽과 언어·청각 기능을 담당하는 측두엽이 집중적으로 발달하므로 듣고 말하기와 읽기, 쓰기 등의 언어 교육과 외국어 교육이 보다 효과적으로 이루어질 수 있다. 어휘와 표현력이 급속도로 발달하게 되는데 책을 읽어 주거나 새로운 상황에 접할 수 있는 놀이기회를 많이 만들어 주는 것이 뇌 발달에 도움이 된다. 또한 예절 교육, 인성 교육을 제대로 받으면 커서도 예의 바른 사람으로 자랄 수 있다. 세 살 버릇 여든까지 간다고 하듯 어린 시절 인성 교육의 중요성이 강조된다.

이 시기에는 상상을 돕는 그림과 재미있는 이야기를 접하고 표현해 볼 수 있는 기회를 제공해 주고, 틀에 박힌 장난감보다 여러 모양과 질의 종이, 가위, 빈 깡통, 상자 등으로 상상력을 발휘해 놀이하도록 하는 것이 유익하다. 퍼즐 게임, 도형 맞추기, 관련된 언어와 숫자 찾기 등의 입체 공간적 사고를 발달시키는 놀이가 연상과 추론 등의 뇌 발달을 촉진시켜 주며 다양한 체험과 상상의 경험 속에서 스스로 생각하는 힘이 길러진다.

특히 이 시기에는 자신의 말과 생각만을 주장하지 않고 남의 이야기를 잘 듣고 배려하는 등의 사회성 발달도 이루어지므로 일상생활 속에서의 예절과 도덕성을 기를 수 있는 지도가 필요하다. 또한 좌우 신체를 균형적으로 사용하고 비논리적인 상상이나 창의, 다양한 감각을 활용한 경험들, 자기 표현과 감정 조절 연습이 포함된 놀이 활동이야말로 전뇌 발달을 이루는 핵심이 된다.

뇌 연구와 아동발달의 긍정적 관련성을 지지하는 많은 연구들은 사회·정서적 행동, 지능, 인지, 신체 발달, 언어 발달, 창의성 발달 등과의 관련성, 뇌 발달과 행동에 미치는 놀이와 환경적 요인의 영향들을 강조한다.

    최근 많은 신경학자들이 두뇌 발달을 촉진시키는 호르몬의 분비를 위해 즐겁고 행복한 느낌과 부드러운 스킨십의 중요성을 강조하고 있다. 매를 맞거나 비난 받는 등의 학대와 방치, 불안과 공포를 느낄 때의 정서적 스트레스는 코르티솔(cortisol)이라는 스테로이드 호르몬의 수치를 높이게 된다. 이는 뇌세포 사망의 원인이 되며 뇌의 중요한 영역인 학습과 기억을 위한 뇌세포 간의 연결을 감소시킨다.

    뇌 성장과 아동발달을 위한 놀이의 중요성을 강조하는 학자들의 주장과 관련 연구결과들을 보면 유아기에 활발한 놀이, 신체활동, 직접경험, 교사와 부모와의 상호작용의 질의 중요성을 강조한다. 놀이의 중요성을 강조하면서 지적하기를, 놀이에는 건설적인 놀이가 있는가 하면 공격적이고 파괴적인 행태의 나쁜 놀이도 있다고 한다. 유아가 나쁜 놀이에 노출되고 방치되도록 하며 창의적인 놀이 경험을 박탈당하게 하면 발달을 방해하고 지연시키는 것뿐 아니라 제한이나 손상을 가져올 수 있

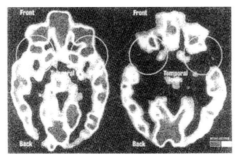

건강한 유아의 뇌   방임, 학대, 무시경험을
                        가진 유아의 뇌

■ 그림 3-1 ■ 좋은 경험과 나쁜 경험을 가진 유아의 뇌 발달

출처: Porter (2010).

다고 하였다.

유아기에는 대뇌피질이라고 부르는 두뇌 영역의 활동성이 많이 나타나며 더 활성화되고 변화된다. 출생에서 약 3세경 유아를 대상으로 '컴퓨터 단층 촬영술(computer-assisted tomography: CAT)'과 '뇌전도 검사(electroencephalography: EEG)'를 통해 두뇌에서 사용하는 포도당의 양과 전기적 활동성을 측정해 보면 포도당의 소비 비율과 활동성이 급격히 증가된다. 3~4세 유아는 성인의 2배 정도로 포도당 소비량이 많다. 4~10세경까지 매우 높은 활동성 수준을 유지하다가 10~11세경이 되면 대뇌의 포도당 신진대사가 떨어지기 시작하다가 15~16세가 되면 성인과 비슷해진다고 한다(Porter, 2010).

1990년대를 '뇌의 10년'이라고 부른다. '인간의 뇌가 생의 초기 동안 왜 그렇게 많은 에너지를 필요로 하는가?'에 관한 수많은 연구 결과, 뇌의 구조와 기능 연구에 대한 관심과 논의가 폭발적으로 증대되어 뇌 연구의 새로운 학문분야가 개척되었다.

신경과학의 출현과 집중적으로 이루어진 수많은 연구결과들은 영유아기의 뇌 발달과 자연성 대 양육, 환경에의 적응, 뇌 발달과 놀이, 놀이자로서의 성인의 역할, 유아기 사회·정서적 발달, 언어와 인지 등의 개념과 바람직한 놀이 교육 방법, 환경에 대한 논의가 더욱 가열되었다. 신경의학자들은 어린 시기의 집중적인 교육에 대한 관심과 배려가 소설과 같은 차이를 만든다고 한다. 또한 두뇌는 생후 초기에 신경중추연결망이 충분히 만들어지지 않는다면 학습을 위한 기회의 창이 막혀 버릴 것임을 경고하고 있다.

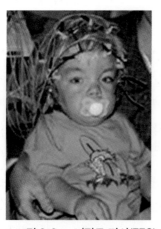

■ 그림 3-2 ■ 뇌전도 검사(EEG)

최근 신경과학 분야의 흥미로운 연구결과들이 있다. 출생~10세경까지가 두뇌 발달의 절정기라고 한 뇌 생리학자 츄가니(Harry Chugani) 박사는 이 시기에 수백만 개의 신경회로가 형성되며 유아가 갖는 모든 경험은 그전의 경험에 기초하여 이해된다고 하였다. 생의 초기 경험이 축적되어 가면서 긍정적이든 부정적이든 영향을 받게 되고 그 위에 다시 경험이 구축된다는 의미다. 긍정적인 혹은 부정적인 경험 모두 눈덩이 효과처럼 지속적으로 강한 영향을 미치게 된다.

칼라 세이츠(Carla Shatz)는 출생 직후부터 정신적 회로를 두뇌에 새겨 넣는 전기적 과정에 의해 두뇌의 물리적 구조가 어떻게 변화하는지에 관해 연구하였다. 그 결과, 자발적인 행동에 의한 전기적 과정이 뇌세포 형성과정에 가장 결정적이며, 유아기 동안 가장 극적인 학습 폭발이 일어난다고 주장하였다.

러스턴(Stahl E. Ruston)과 라킨(Elizabeth Larkin)은 구성주의자들의 기본입장과 미국유아교육협회(NAEYC)의 제언을 지지하는 연구들을 정리한 결과, 유아에게 새로운 아이디어를 갖도록 자극하고 도전적이며 탐색적인 환경이 안전하게 제공되는 것이 최적의 학습 환경이라고 강조하였다. 즉, 인간의 사고와 감정, 행동은 경험을 통해서 형성되는데, 두뇌를 구성하는 첫 번째 회로는 정서를 관장하는 회로로서 긍정적인 정서적 자극을 통해 두뇌회로 형성이 자극을 받는다. 따라서 유아가 경험하게 되는 주변의 인적·물리적 환경은 유아의 두뇌 발달을 좌우하는 중요한 요소가 된다.

츄가니(Chugani)

세이츠(Shatz)

뇌는 변화하는 능력이 있으며, 특히 영유아기 동안의 뇌 발달은 가소성이 매우 크다. 적절한 자극과 지원적인 양육경험은 뇌 발달과 학습을 강화하는 반면, 부정적인 환경요인은 인지 발달에 악영향을 미친다. 전 생애에 걸친 뇌 발달을 위한 지속적인 도움과 문제를 극복하기 위한 환경요인의 중요성이 부각됨에 따라 적극적인 '조기 개입(early intervention)'의 의미 또한 강조되고 있다.

1960년대 이후 인간의 인지 발달에 미치는 환경의 영향이 강조되었고 지능이 유전적 요인에 의해 결정되는 것으로 생각했던 과거 이론들과는 달리 유아의 지능 발달 및 학업 성취도에 미치는 부모의 영향이 강조되고 있다. 지적으로 자극을 줄 수 있는 환경, 다양한 놀잇감, 어린이들의 호기심이나 행동, 질문에 대한 부모의 적절한 반응, 언어적 상호작용의 질적 수준 등에 따라 유아기 인지 발달 속도와 양상이 달라진다는 것이다.

인간의 두뇌 발달 연구에서 가장 중요한 발견은 유아의 성장 발달에 교사, 성인, 양육자가 가장 중요한 존재라는 점이다. 이들은 유아의 학습과 정서적 안녕, 건강, 잠재력의 실현 등에 영향을 미친다고 한다. 우리는 사회적 관계가 중요하다고 말하는데 유아는 이렇게 관계를 통해서 세상을 경험한다. 생후 첫 1년 동안 안정되고 반응적인 양육을 경험한 유아는 낮은 수준의 스트레스 호르몬을 가지며 스트레스 상황에 놓이게 되더라도 좀 더 효과적으로 빨리 이겨 낼 수 있다고 한다. 양육자의 보호적인 관계 형성, 지원적인 양육, 긍정적인 반응성이 유아의 학습에 실질적으로 영향을 미치며, 더 중요한 것은 주변의 여러 도전들에 대처하는 기술을 습득하고 발달시킨다는 것이다.

따라서 의미 있는 성인으로서 부모와 유아교사는 낮은 스트레스, 뇌를 자극하는 활동과 환경, 높은 활동성의 중요성을 인식하고 체계적이고 일관된 놀이 경험을 제공해 주어야 한다. 나아가 전인적 아동의 성장을 추구하기 위해 신경생리학, 아동발달심리학, 사회학 등 여러 학문의 종합을 통해 영유아기 행동 발달과 삶의 주기에 있어서 건강을 좌우하는 요소들을 이해하고 적극 도와야 할 것이다.

2) 신체 발달과 놀이

놀이를 통해 일차적으로 대·소근육 움직임과 기술의 발달이 이루어진다. 놀이하면서 경험하는 달리기, 구르기, 기어오르기, 앙감질하기(hopping), 건너뛰기(skipping), 뛰어오르기 등의 움직임을 통해 신체를 조절하는 능력이 발달하며, 그림 그리기, 구성하기, 자르기, 가위질하기 등을 통해 눈과 손의 협응력이 발달된다. 대·소근육 움직임 기술과 협응력이 발달하면서 놀이는 유아로 하여금 자신감을 갖게 해 주고 긍정적인 자아개념의 형성을 돕는다.

유아기는 걷기, 뛰기, 점프하기, 차기, 달리기 등의 대근육 움직임과 그림 그리기, 퍼즐 맞추기, 책장 넘기기, 찰흙 주무르기 등의 소근육 움직임 그리고 지각협응능력 등의 운동능력이 빠르게 발달한다. 손사용 기술이 점점 발달하고 물건

잡기, 그리기, 붙이기, 쓰기, 다양한 쓰기도구 사용하기 등의 소근육 움직임도 점차 세련되어 간다. 스스로 조절능력의 필요성도 알게 되고 다양한 놀이 경험을 통해 단순한 것에서 점차 복잡한 조절능력도 발달된다(Hartle & Johnson, 2009). 균형과 이동성이 증대되고 조절과 협응이 더욱 향상되면서 대ㆍ소근육 활동을 즐기는 유아기에는 자조기술(self-care skill)도 발달된다. 가끔 실수를 하기도 하지만 손 씻기, 혼자 옷 입고 벗기, 화장실 다녀오기, 음식 나르기, 물 따르기, 신발끈 묶기 등도 가능해진다.

이와 같이 연령이 증가할수록 대근육 활동의 레퍼토리가 확장되고 움직임은 더욱 정교해진다. 눈과 손의 협응력 발달로 섬세한 손사용 기술이 나타나고 아직은 성인의 도움이 필요하긴 하나 스스로 할 수 있는 부분이 더욱더 많아진다.

풍부한 놀이 환경이 유아의 신체 발달과 운동능력 발달을 촉진시킨다. 예를 들면, 놀잇감만이 아니라 달리기, 낮은 경사로 오르내리기, 자전거 타기, 균형 잡기, 던지기, 차기, 외발스쿠터 타기 등의 활동이 가능한 시설ㆍ설비가 다양하게 갖추어진 놀이 활동은 대근육 움직임 발달을 증진시킨다. 또한 움직이는 물건 조작하기, 가위질하기, 퍼즐 맞추기, 인형 옷 갈아입히기, 그림 그리기, 다양한 소도구가 제공되는 물ㆍ모래놀이는 소근육 발달과 협응능력을 증진시켜 준다.

■ 표 3-3 ■ 대ㆍ소근육 움직임 발달과 놀이

기술	발달을 촉진시키는 놀이 활동	
대근육 움직임	• 균형 잡기 • 계단 오르기 • 반응하기 • 건너뛰기 • 자전거 타기	• 걷기와 뛰기 • 두 발 모아 점프하기 • 양감질 • 공 던지기와 잡기
소근육 움직임	• 자조기술 • 가위질하기 • 움직이는 물건 조작하기	• 쓰기와 그리기 • 구성하기 • 눈과 손의 협응하기

대·소근육 운동능력 발달을 촉진하는 다양한 놀이 활동은 개별로 이루어지는 유아 주도의 '자유선택놀이' 뿐 아니라 적극적인 교사개입이 이루어지는 '집단 게임' 활동 속에서도 지속적으로 경험할 수 있도록 제공되어야 한다.

3) 사회성 발달과 놀이

유아기에 이루어지는 모든 학습은 사회적 맥락 안에서 이루어진다(Berk & Winsler, 1995). 놀이는 사회적 상호작용을 촉진시키며 이러한 상호작용을 통해서 유아들은 경험에 의해서만이 학습될 수 있는 사회적 기술을 획득한다. 놀이하는 동안 다른 사람의 관점을 수용하는 것을 학습할 수 있는 적합한 사회적 맥락이 제공되고 이때 다양한 관점을 고려해 볼 수 있는 능력과 융통성이 길러진다. 교사의 입장에서 보면 역할놀이에 좀 더 많이 참여하는 유아들이 좀 더 사회적으로 유능하다고 여겨진다(Connolly & Doyle, 1984). 놀이과정에서 생기는 갈등을 비공격적인 방식으로 해결할 수 있는 유아의 사회적 능력과 인기도는 매우 관련성이 높다고 한다(Trawick-Smith, 1994).

유아기에는 다른 사람에게 관심을 갖고 함께 노는 것을 즐기지만 혼자 있는 시간도 필요하다. 3세경에는 평행놀이를 하거나 한두 명이 어울려 놀다가 5세경이 되면 협동놀이와 극놀이를 즐긴다. 이 시기에 일시적이긴 하나 또래와의 우정도 발달한다. 자기 중심성으로 인해 생겨나는 또래관계 속에서의 갈등을 해결하고 협력하도록 강조하는 놀이 환경과 일과 구성이 문제 상황을 다룰 수 있는 기술을 갖추도록 돕는다.

이렇듯 놀이를 통해서 자신의 행동에 따르는 위험과 책임을 수용하는 것과 인내하는 것을 배우며 다른 사람과 함께하는 것에서 만족을 얻는다. 놀이를 통해서 차례 지키기, 협력하기, 나누기, 약속 지키기 등을 익힐 수 있는 기회가 제공된다. 하루 일과를 통해 자연스럽게 리더가 되기도 하고 함께 놀이 순서를 정하기도 하며 갈등을 말로 협상하거나 문제를 해결하는 어휘를 사용하는 경험 속에서 사회적 관계를 형성한다. 긍정적인 또래관계와 우정은 반복된 놀이 경험에서 온 결과로 발달되어 간다.

또한 놀이는 유아들에게 사회적으로 용인되는 행동과 그렇지 못한 행동의 개념을 검증하는 기회를 제공해 준다. 우정과 또래에 관심은 높으나 오래 지속되지 못하고 공격적이기도 하며 때로는 거짓말도 하고 잘못을 인정하지 않고 고집을 부리기도 한다. 따라서 교사와 부모는 세상에 대한 학습의 상호 연관성을 갖도록 사회적 맥락(social context) 안에서 다양한 놀이를 제공해 주고 격려, 기다림, 구체적인 말과 전략을 사용하여 문제를 해결할 수 있는 기회를 제공해 주어야 한다.

4) 정서 발달과 놀이

유아는 놀이를 통해 자신뿐 아니라 다른 사람의 감정과 관점을 인식하게 되고 자신의 감정을 표현하고 대처하는 경험을 갖는다. 상상력의 발달로 생기는 두려움과 화, 무력감이나 좌절, 불안감도 놀이 속에서 경감될 수 있다. 교사와 부모가 이러한 유아의 불안한 감정을 수용해 주고 놀이하는 동안 적절히 표현하도록 도와줌으로써 안정감을 찾게 해 준다. 스스로 자기 행동을 조절하며 다른 사람의 소유물을 존중하고 난폭한 말과 행동을 통제하도록 도와 타인의 감정을 이해하고 자신을 조절하도록 도와야 한다.

유아는 성별, 나이, 인종, 문화, 언어에 대한 고정관념이 발달하기 시작한다. 또한 자아개념이 발달하기 시작하며 자신만의 독특한 특성을 이해하기 시작한다. 독창적 표현과 개성을 존중하고 강조하는 놀이는 유아들로 하여금 정해진 어떤 옳고 그름이 없는 답을 가진 다양한 경험을 제공해 줌으로써 긍정적인 자아개념을 형성하도록 돕는다(McCaslin, 1990). 놀이를 통해서 자기조절 능력과 유능감에 대한 감정을 갖도록 하여 자신감을 발달시킬 수 있는 기회도 얻고 감정과 충동을 조절해 보며 선과 악에 대한 감각을 기를 수 있게 해 준다. 놀이하는 동안 자신의 세계를 변형시키고 계발한다.

자신이 좋아하는 놀이에 참여하면서 미술, 음악, 과학에 흥미를 갖고 새로운 가능성에 도전하고 기분전환이나 새로움을 되풀이할 수 있는 기회를 갖는다. 놀이하면서 얻는 즐거움은 유아에게 '할 수 있다'는 태도를 갖도록 도와 자신의 능력에 대한 긍정적인 정서를 갖도록 해 준다. 통제와 훈육이 아닌 편안하고 다정다감한 환경 안에서 정서적인 유대감을 길러 주는 놀이에 참여함으로써 유아는 타인에 대한 신뢰감과 안정감, 성취에 대한 민감하고 세심한 반응성을 발달시켜 간다.

신뢰감이 형성되면 더 독립적이며 새로운 기술에 대한 자부심을 갖기도 하지만, 자신의 주장이 강해지고 주어지는 규칙과 통제에 부정적인 감정을 갖기도 하며 때로는 퇴행행동을 보인다. 에릭슨이 말한 심리적 위기에 직면한 유아는 자율성과 수치심 및 회의감이라는 정서적 갈등을 겪게 되는데 정서적으로 건강한 유아들은 놀이를 통해 사고와 행동의 자율성을 획득한다.

유아기에 자율성이 잘 발달하면 스스로 행동하고자 하고 자기 주장이 더욱 강해진다. 무엇인가를 만들고 창조해 내며 모험과 가작화, 상상하기를 즐긴다. 에릭슨은 이러한 욕구를 주도성(initiative)이라고 한다. 성인은 유아가 안전하게 모험을 즐길 수 있는 놀이 환경 속에서 창의적인 표현과 과정에 참여하도록 격려하고 작은 결과물이어도 성취에 관심을 보임으로써 주도성을 길러 줄 수 있다. 비난이나 지나친 제한은 주도성의 발달을 저해하며 오히려 정서 발달을 해칠 수 있고 죄책감을 갖게 만든다.

유아는 성공 경험을 통해 유능감을 발달시킨다. 실제적인 기술이나 게임, 운동 등에서 또래와 교사, 부모로부터 자신이 성취한 것에 대해 인정받고 칭찬받는 것이 자신을 유능한 존재로 보게 해 준다. 취학 전 유아들은 자신을 유능한 존재로 보는 경향이 있다고 한다(Blumenfeld, Pintrich, Meece, & Wessels, 1982).

에릭슨(Erikson, 1963)은 유아의 자아 발달에 미치는 놀이의 역할을 기술하면서 유아는 놀이를 통해 다른 사람과의 관계에서 자신을 독특한 존재로 여기기 시작한다고 주장한다. 엘킨드(Elkind, 2007b)는 놀이가 현대 유아의 스트레스를 경감시켜 주며 불안해소에 도움이 된다고 한다. 따라서 따뜻함과 정서적인 지원, 감정이입, 자유로운 표현을 격려해 주는 놀이 환경이 무엇보다 중요하다.

5) 언어 발달과 놀이

유아는 놀이를 통해 개념을 형성하고 수정해 간다. 놀이와 언어는 상호 유기적인 관계 속에서 서로 강화시켜 주며 계속해서 발달해 간다. 놀이가 언어연습의 장이 되어 구체적인 언어를 끊임없이 사용하고 확장시켜 가는 가운데 적합한 언어사용 규칙체계를 이해해 가며 언어 인식, 이해 및 표현 능력을 발달시켜 간다. 또래 및 성인과 소통하는 가운데 적절한 언어를 선택하고 사용함으로써 개념 발달은 물론 사회적 관계를 맺는 능력도 발달해 간다.

유아가 소리를 내고 한 단어의 의미 있는 말을 하기 시작하면서 사회적인 도구로서 언어에 대한 인식이 발달해 간다. 유아는 자신의 생각을 말로 전환하고 이를 의사소통의 도구로 활용하는 것이다. 부모와 교사들은 유아의 주변을 둘러싼 모든 일상 속에서 놀이를 통해 유아가 단순한 수준에서 복잡한 수준으로, 막연한 방법에서 보다 명확하고 구체적인 방법으로 발달해 가도록 돕는 역할을 해야 한다.

언어는 인공적이고 무의미한 문맥을 강조하는 활동이 아니라 유아에게 의미 있는 상황에서 가장 잘 발달한다. 유아에게 의미 있는 상황이란 흥미롭고 풍요로운 활동이 가득한 교실 상황이다. 매일 일상적이고 자연스러운 놀이 활동 가운데 언어구조를 향상시켜 주는 비형식적·자연적 접근이 최선이다. 일상적인 사회적 놀이 가운데 생활과 관련된 단어나 상황에 적절한 문장을 습득하게 되고 사람과 장소에 따라 적합한 언어사용 능력을 기르게 된다.

상징놀이는 상위언어인식(meta-linguistic awareness) 능력의 발달로 가능하다. 놀이를 통해 다양한 개념을 학습하고 언어를 구사하며 연습할 수 있는 기회를 가짐으로써 언어적 사고력과 상위언어인식 능력이 발달된다. 한 예로 상징놀이에 참여하는 유아는 막대기를 타고 다니는 '말'이라고 여겨 타고 다니는 역할을 함으로써 실제 '말'에서 상징, 즉 언어로서의 '말'의 의미를 분리해 낸다.

놀이 수준은 언어능력의 발달과 더불어 복잡하고 다양해진다. 놀이가 확장되면서 유아는 어휘가 늘고 문법과 화용이 숙달되어 간다. 유아기 동안 단순한 상징이나 상상놀이에서 나아가 사회극놀이의 형태가 자주 나타나는데, 이는 놀이에 참여하는 유아의 언어 인식과 표현 및 이해언어 발달 수준을 말해 준다. 놀이 주제의 선정과 역할배정, 타협 등의 상호 주관적 이해과 의사소통이 가능해야 이루어지는 놀이 유형이다.

자유로운 상상과 독특한 해석이 허용되는 놀이 가운데 표현언어와 이해언어의 확장이 이루어지며 경험을 공유함으로써 협력학습 또한 가능해진다(Erickson, 1963; MaCaslin, 1990). 한 예로 몇몇 유아가 자유놀이를 하다가 식사와 잠을 주제로 삼고 베개, 플라스틱 베개 등 여러 장신구를 수집한 후에 친구들을 초대하여 몸짓이나 스토리를 구성한 극을 보여 주고는 자기들이 무엇을 표현한 것인지 알아맞춰 보라고 하기도 한다. 극을 함께 계획하고 구성하며 표현하기 위해 소도구를 찾고 맡은 연기를 하는 것은 협력학습의 좋은 예가 된다. 추상적 상황들을 의미 있게 그리고 실제 상황을 개별화해 보는 놀이 경험들도 유아의 상상력을 발달시킨다. 특히 창의적인 역할놀이는 유아의 상상력뿐 아니라 문제해결 능력, 예술의 형태로서 감상능력 등 교과내용의 모든 영역을 풍부하게 하는 데 확실히 기여할 뿐만 아니라 유아기의 듣기 기술 및 언어능력을 향상시켜 준다.

놀이는 유아의 문해 발달과도 관련된다. 문해가 풍부한 환경에서의 놀이 경험이 문해 관련 활동에 참여하도록 촉진시키며, 읽기학습에 있어서의 수월성, 이해력 발달 등을 촉진시킨다는 국내외 선행연구들은 유아기 언어 발달에 미치는 놀이의 영향을 강조한다.

6) 인지 발달과 놀이

유아는 호기심이 많고 활동을 반복하기 좋아하며, 원인과 결과가 나타나는 실험을 즐기고 자신이 선택한 놀이에 비교적 오랫동안 참여한다. 인과관계의 이해, 대상영속성의 획득, 상징과 표상, 모방, 색과 모양, 수, 촉감 등에 대한 인식, 논리·수학적 지식의 확장, 상위인지(metacognition)가 점차 발달해 가면서 인지 발달의 수준을 높여 간다. 사물에 대한 이해와 문제해결력의 발달, 언어능력의 증대는 학습의 주제나 프로젝트를 지속하게 해 주며 사물과 사건에 대한 이해를 더욱 깊게 해 준다. 자신만의 이야기와 공상을 즐기며 계획하기, 정보 연관 짓기, 문제해결하기를 통해 결과를 유추하는 능력도 발달하게 해 준다.

다양한 학습경험, 독립적인 활동시간 계획, 생각하고 협의하며 문제해결해 보는 기회, 충분히 탐색할 수 있는 도구와 공간, 수학적·과학적 탐구활동을 통해 개념습득을 격려하는 활동과 자료들이 인지 발달을 촉진시켜 주는 놀이 경험의 요소다. 따라서 부모와 교사는 모래놀이, 블록 쌓기, 그림 그리기, 극놀이 참여하기 등 각각의 활동을 위한 개별적인 시간을 계획하고 놀이를 풍부하게 해 줄 소도구와 교구를 제공해 주어야 한다.

놀이는 유아로 하여금 창의적이고 융통적으로 문제를 해결함으로써 사고력을 기르고 새로운 방식으로 사물을 활용하고 사고할 수 있는 기회를 제공해 준다(Stone, 1995). 놀이는 다양한 상황 속에서 자연스럽게 정보를 습득하고 탐색과 실험을 통해 개념을 확장하는 기회를 제공해 주어 사고력 발달을 이끈다.

많은 연구자들이 유아의 탐색, 복잡한 사고 및 분류 능력, 상징과 역할수행, 새로운 것을 알기 위해 기존의 지식을 활용하는 능력과 놀이 간의 관련성을 증명하고 있다.

피아제와 비고츠키 같은 이론가들은 유아의 상징놀이(symbolic play)와 인지 발달과의 관련성을 발견하였다. 퍼킨스(Perkins, 1984)는 놀이 과정에서 나타나는 인지 발달의 필수적인 요소로 문제해결 기술, 활동의 계획, 자기 진단, 평가

등을 제안하였다. 워서먼(Wasserman, 1990)은 창의적 성향의 근원이 바로 놀이라고 하며, 스밀란스키 등(Smilansky & Shefatya, 1990)은 가장놀이에 필수적인 인지 기술은 후일 학교에서의 성공을 예견한다고 하였다.

가장놀이[2]에 참여할 때 유아의 상상력과 창의성이 증진되고(Smolucha, 1992) 가장놀이에서 다루어지는 주제와 문제들은 제한된 경험에 놓인 유아의 이해 범위와 능력을 확장시켜 준다고 한다. 따라서 교사와 부모는 유아의 가장놀이를 촉진시키기 위해 관련 책이나 이야기, 사진, 견학 등의 사전 경험을 제공해 주고 놀이 과정을 세심하게 관찰해야 한다.

3. 놀이 유형별 놀이 발달

놀이의 유형은 연령과 발달 수준, 놀이 행동 특성, 놀이 자료 등 다양한 기준과 포괄적인 범주로 나누어 사회적 관점과 인지적 관점에서 분류하고 있다. 또한 현대에 와서 많은 학자들은 놀이가 갖는 사회적 · 인지적 관점 모두를 중요시하는 복합적 관점으로 놀이의 유형을 분류하기도 한다.

1) 사회적 관점

1932년 파튼(Mildred Parten)은 미네소타대학교 박사학위논문에서 자유놀이 상황에서의 관찰연구를 통해 유아기 사회적 놀이 유형의 범주를 서술하면서 다양한 놀이 행동 특성을 연구하였다. 연구결과, 파튼은 연령 증가에 따라 놀이가

---

2 가장놀이(pretend play)는 '~인 척하는' 놀이의 의미로 역할놀이(role play), 환상놀이(fantasy play), 허구놀이(make-believe play), 사회극놀이(sociodramatic play), 상상놀이(imaginative play) 등 여러 명칭으로 불린다.

■ 표 3-4 ■ 파튼의 놀이 유형과 특징

놀이 유형	특징
비참여 행동 (unoccupied behavior)	방을 둘러보거나 가만히 서 있거나 목적 없이 움직이는 행동 등 놀이에 참여하지 않는다.
혼자놀이 (solitary independent play)	다른 친구와는 떨어져 혼자서 놀이한다. 다른 친구의 놀이에 관심이 없거나 인식하지 못한다.
방관자 행동 (onlooker behavior)	다른 친구의 놀이를 바라본다.
평행놀이 (parallel play)	다른 친구들과 놀잇감을 함께 사용하고 흉내 내기도 하나 혼자 놀이하며 거의 상호작용하지 않는다.
연합놀이 (associative play)	잘 조직된 것은 아니지만 약간의 상호작용이 나타난다.
협동놀이 (cooperative play)	집단 안에서 활발한 사회적 상호작용이 일어난다. 잘 조직된 활동 안에서 역할을 맡아 놀이한다.

좀 더 사회적인 형태로 발달해 감을 발견하고 유아기에 나타나는 놀이는 생존을 목적으로 한다거나 생산이나 유익을 구하는 차원이 아닌 것으로 정의하였다. 또한 유아기 놀이 행동을 아무것도 참여하지 않는 비참여 행동, 방관자 행동, 고립된 혼자놀이, 평행놀이, 연합놀이, 협동놀이의 여섯 가지로 구분하고, 각 놀이 유형별 특징(〈표 3-4〉 참조)을 자세히 설명하였다(Parten, 1933). 파튼의 놀이 행동 분류는 오늘날까지도 널리 사용되나, 비판적 대안들이 등장하기도 하였다.

하우즈와 매드슨(Howes & Matheson, 1992)은 유아의 사회적 놀이 행동을 연구하기 위해 '또래놀이척도(Peer Play Scale)'를 개발하는 과정에서 유아의 사회적 상호작용의 복잡성과 상호보완적인 정도 그리고 사용되는 언어의 확장성을 기준으로 하여 유아기 또래놀이 유형을 〈표 3-5〉와 같이 여섯 가지로 구분하였다.

■ 표 3-5 ■ 하우즈와 매드슨의 또래놀이 유형

놀이 유형		놀이 특징	
평행놀이	단순한 평행놀이 (parallel play)	유아들은 근거리에서 같은 놀이에 참여하지만 대화를 나누거나 눈을 마주치는 등의 언어적 · 사회적 상호작용이 일어나지 않는다.	비사회적 · 비언어적 · 비상호보완적
	상호인식의 평행놀이 (parallel aware play)	때로 사회적 상호작용이 일어나며 또래친구의 존재를 의식하고 놀이에 관심을 갖는다. 서로 모방하기도 한다.	
가장놀이	단순한 사회적 놀이 (simple social play)	같은 놀이 활동에 참여하면서 서로 미소 짓고 대화와 놀이에 대한 의견을 나누고 놀잇감을 나누는 등의 사회적인 상호작용을 한다.	사회적
	상호보완적인 호혜적 놀이 (complementary and reciprocal play)	서로 따라 하는 모방과 숨바꼭질이나 쫓기 게임 등과 같은 사회적 놀이나 게임에 참여한다.	상호보완적
	협동적인 사회적 가장놀이 (cooperative social pretend play)	사회극놀이에 참여하고 서로에 대해 호의적으로 도우며 보완적인 역할을 한다. 맡은 역할에 대한 이해와 표현이 가능하다.	제한적 의사소통
	복합적인 사회적 가장놀이 (complex social pretend play)	사회적 놀이 가운데 복잡한 허구의 표현과 상위인지 의사소통이 나타난다. 즉, 놀이 정의하기, 역할 정하기, 놀이장면 수정하기, 사회적 역할 격려하기 등이 나타난다.	상위인지 의사소통

2) 인지적 관점

벌린(Berlyne, 1960)은 놀이를 새로운 정보를 얻기 위한 탐색적 활동으로 정의하며 즐거움을 탐색하는 기제로서 놀이를 설명하였다. 피아제(1962a)는 유아기 인지 발달 기제로서 편안함과 즐거움을 추구하는 가운데 새로운 기술을 습득하고 기능을 연습하는 과정으로 놀이를 간주하였다. 비고츠키(1962) 또한 놀이가 최고의 인지적 성장을 위한 기제라고 믿었으며 특별히 상징적 허구놀이에 관심을 두고 유아의 창의적 사고 발달과의 관련성에 대해 연구하였다.

피아제는 '앎(knowing)'에 관한 구성주의적 견해를 피력한 선각자다. 그는

1962년 아동과 환경과의 상호작용 결과로 인지가 발달되어 간다고 주장하며 유아기 놀이 행동을 인지 발달 단계별 연습놀이, 상징놀이, 규칙 있는 게임 등 세 가지로 분류하였다(〈표 3-6〉 참조).

　스밀란스키는 1968년 결손 유아에게 미치는 사회극놀이의 영향과 미디어의 영향을 연구하면서 유아기 놀이의 유형별 특징을 서술하였고(1968), 경험을 통한 능동적인 학습과정으로서 놀이에 참여할 것을 강조하였다(1990). 피아제의 놀이 행동 분류에 기초하여 놀이관찰연구를 실행한 결과, 유아의 놀이 발달상 기능적 순서는 있지만 구성놀이와 극놀이는 자발적으로 나타나며 동일한 발달 과정을 갖고 있음을 발견하였다. 스밀란스키는 1989년 『점토놀이: 인지 · 정서 발달과 학습을 위한 교실활동(Clay in the Classroom: Helping children develop

■ 표 3-6 ■ 피아제의 인지 발달 단계별 놀이 유형과 특징

놀이 유형	인지 발달 단계		특징
연습놀이 (practical play)	감각운동기 (sensorimotor stage)	출생~ 2세	출생에서 12개월경 이전의 영아에게 나타나는 실제적이고 기능적이고 예견 가능한 놀이를 말한다. 탐색과 놀이를 구분함에 있어 자신의 몸과 환경을 탐색하기 위해 맛보기와 만지기 같은 감각과 신체 움직임을 사용하는가로 구분한다. 빨기, 불기, 손 쥐었다 펴기, 까꿍놀이 등과 같은 단순한 반복 행동이 이에 속한다.
상징놀이 (symbolic play)	전조작기 (preoperational stage)	2~7세	2~7세경의 전조작적 인지 발달 단계에 속한 유아의 놀이를 말한다. 상징놀이와 환상놀이를 즐기며 새로운 것을 기존의 친숙한 물체로 동화시키는 과정에서 놀이가 발생한다.
규칙 있는 게임 (game with rules)	구체적 조작기 (concreate operational stage)	7~11세	7~11세경이 되면 좀 더 논리적 · 추상적 사고가 가능해지고 모방과 내적 조절력이 발달된다. 창의적인 상상력이 발달되나 '숨바꼭질' 같은 사회적 관계 속에서의 놀이와 집단 게임을 즐긴다.
	형식적 조작기 (formal operational stage)	11~15세	소아 · 청소년기에 해당되며 지적인 요소가 가미된 규칙에 의한 게임에 흥미를 갖는다.

■ 표 3-7 ■ 스밀란스키의 놀이 유형과 특징

놀이 유형	특징
기능놀이 (functional or practical play)	• 피아제의 감각운동 단계에 속하는 실제적 놀이의 특성에 해당된다. – 집어넣고 빼기, 떨어뜨리고 줍기 등 물체의 기능과 속성 등 물리적 특성을 탐색한다.
구성놀이 (constructive play)	• 피아제의 전조작 단계에 속하는 상징적 놀이의 특성에 해당된다. – 물체를 구성하거나 창조하는 놀이에 관심을 가진다. 또한 모방과 상상이 극대화되며 다양한 역할놀이를 즐긴다.
극놀이 (pretend or dramatic play)	
규칙 있는 게임 (game with rules)	• 피아제의 형식적 조작 단계에 속하며 과제의 계획과 수행, 완수가 학습을 위해 중요하게 여겨진다. – 단순한 규칙에서 복잡한 규칙의 이해가 가능해지며 점차 세분화된 규칙 만들기와 제한의 설정에 집중한다.

출처: Dodge & Bickart (2012).

cognitive and affective skills for learning)』이라는 저서에서 피아제의 인지 발달 이론에 기초하여 놀이 유형을 〈표 3-7〉과 같이 기능놀이, 구성놀이, 극놀이, 규칙 있는 게임으로 설명하고 있다.

스밀란스키의 저서 『점토놀이』

이 외에도 스펀셀러와 로리(Sponseller & Lowry, 1974)는 유아기 놀이를 학습의 매개체로 간주하고 상징놀이(symbolic play), 연습놀이(pratical play), 게임(game)으로 놀이 유형을 구분하였다. 어떠한 놀이에서든 발견학습을 위한 선행 조건이 바로 사물을 통한 놀이와 개념 발달임을 강조하고 놀이 유형과 학습의 관련성을 설명하면서 유아 스스로의 발견과 안내와 지도를 통한 발견이 강조되는 자유선택놀이와 놀이 개입을 강조한다.

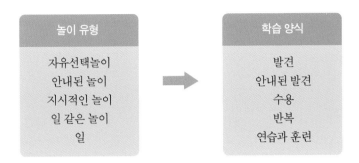

■ 그림 3-3 ■ 놀이 유형별 학습 양식

출처: http://krypton.mnsu.edu/~tony/courses/581/Play.html

3) 복합적 관점

현대에 와서 영·유아기 놀이 행동이 스밀란스키가 구분한 기능놀이, 구성놀이, 극놀이, 규칙 있는 게임과 같은 인지적 놀이와 파튼이 구분한 혼자놀이, 평행놀이, 연합놀이, 협동놀이와 같은 사회적 놀이의 특성이 서로 중첩되어 나타난다는 것에 주목하게 되었다.

루빈 등(Rubin, Watson, & Jambor, 1978)은 유아기 사회적 극놀이와 인지적 놀이 발달을 연구하면서 사회적·인지적 놀이 간의 관계를 관찰하고 범주화하였다. 유아기 놀이는 연령에 따라 점차 복잡한 단계로 발달하며 인지적 놀이와 사회적 놀이의 특성이 서로 중첩되어 나타나고 혼자-기능놀이를 하는 영아가 걸음마 단계가 되면서 평행-기능놀이로, 만 5세가 되면 집단-구성놀이와 극놀이가 활발해진다고 하였다.

■ 표 3-8 ■ 루빈의 유아기 상상적 극화놀이 단계와 특징

	혼자놀이	평행놀이	집단놀이
기능놀이	물체를 갖지 않고 혼자서 놀이한다.	놀잇감 없이 다른 친구와 각자 놀이에 참여한다.	놀잇감 없이 혹은 놀잇감을 가지고 다른 친구와 함께 놀이에 참여한다.
구성놀이	무엇인가를 구성하고 창조하면서 혼자서 놀이한다.	무엇인가를 구성하고 창조하면서 각자 놀이에 참여한다.	무엇인가를 구성하고 창조하면서 다른 친구와 함께 놀이에 참여한다.
극놀이	가작화를 하며 혼자서 놀이한다.	가작화를 하며 각자 놀이에 참여한다.	가작화를 하며 다른 친구와 함께 놀이에 참여한다.

■ 표 3-9 ■ 루빈의 놀이 유형 분류

놀이 행동			인지적 놀이					
	사회적 놀이		기능놀이	구성놀이	극놀이	규칙 있는 게임	탐색	* 읽기
		혼자놀이	혼자-기능	혼자-구성	혼자-극	혼자-규칙 있는 게임	혼자-탐색	혼자-읽기
		평행놀이	평행-기능	평행-구성	평행-극	평행-규칙 있는 게임	평행-탐색	평행-읽기
		집단놀이	집단-기능	집단-구성	집단-극	집단-규칙 있는 게임	집단-탐색	집단-읽기
비놀이 행동	아무것도 하지 않는 행동							
	방관자적인 행동							
	교사, 또래와의 대화							
	한 활동에서 다른 활동의 전이행동 (정리정돈, 물 마시기, 걸어서 이동하기, 게임 준비하기, 원하는 놀잇감 찾기 등)							
	공격성							
	거칠게 구르는 행동							
	목적 없이 돌아다니는 행동							

* 읽기행동은 Rubin (revised 2001)에서 비놀이 행동으로 재구분함.

루빈은 탐색과 읽기 행동과 같은 비놀이 행동을 인지적 놀이 유형에 포함하여 상호 중첩되어 나타나는 놀이 행동을 모두 18가지로 구분하고 비놀이 행동까지 모두 수집하는 관찰척도를 개발하여 여러 연구에서 활용하였다. 이후 2001년에는 '놀이관찰척도(POS)' 개정을 통해 비놀이 행동인 탐색만을 사회적 놀이 유형과 중첩되는 부분임을 설명하면서 15개 놀이 행동 분류를 새롭게 제안하였다. 이 책의 '제6장 놀이 관찰 및 평가'에서는 시간표집에 의한 놀이 관찰 방법을 소개하면서 1989년과 2001년 개정판인 루빈의 '놀이관찰척도'를 구체적으로 소개한다.

　　펠리그리니(Pellegrini, 2008)도 놀이 행동은 발달 영역과 연결지어 분류될 수밖에 없고 서로 중첩된다고 하였다. 서튼-스미스(Sutton-Smith, 1997)는 사회학, 인류학, 심리학, 역사학, 민속학 등의 광범위한 다학제간 연구를 통해 인간은 각각 이 속한 문화적 환경의 전제와 가정 아래 놀이에 대해 다른 개념을 갖고 있다고 하면서 인간의 삶에 있어 놀이의 문화적 중요성과 그 영향을 밝히고 있다.

　　펠리그리니(2008)는 감각·운동놀이는 신체 발달, 사회적 극놀이는 사회·정서 발달, 언어놀이와 물체를 가지고 하는 놀이는 인지·언어·문해 발달과 연결되며, 놀이란 묘사할 수 있고 재생할 수 있는 상황적 맥락 속에서 일어나는 심리적 성향이라고 정의하였다. 인간을 비롯한 모든 종에서 탐색과 게임이 개인의 발달과 집단의 생존에 어떻게 공헌하는가에 관심을 가지고 유아기에 나타나는 사회적 놀이, 사물놀이, 가장놀이의 특성을 설명하고 있다. 또한 스미스와 함께 유아기에 나타나는 놀이의 특성을 탐색, 일, 게임과 대비하여 정의하고 놀이 유형을 분류하였다(Smith & Pellegrini, 2008).

■ 표 3-10 ■ 펠리그리니의 놀이 유형과 특징

놀이 유형	특징
신체운동놀이 (locomotor play)	달리기, 기어오르기와 같은 신체 움직임과 연습
사회적 놀이 (social play)	성인과의 놀이 가운데 나타나는 상호작용·신체운동과 언어, 가장놀이를 통해 사회적 협응 기술 습득
사물놀이 (object play)	블록이나 퍼즐, 인형과 자동차 모형 등을 가지고 새로운 조합과 조작으로 문제해결력 증진
언어놀이 (language play)	발성, 어휘, 문법, 화용 등에서 반복, 유머가 담긴 언어 사용
가장놀이 (pretend play)	사물을 '마치 ~인 것처럼' 가장하는 사회극놀이

서튼-스미스의 저서
『놀이의 교육적 함의』

사회학자인 서튼-스미스는 1997년 『놀이의 교육적 함의(The Ambiguity of Play)』에서 인간의 삶에 있어 놀이의 문화적 중요성과 그 영향을 밝히고 있다. 각 문화마다 다른 게임, 이야기, 영화 등에 관심을 가지고 곳곳을 여행하면서 그리고 자신의 손자들의 놀이를 관찰하면서 놀이를 '정서적 생존(emotional survival)'으로 정의하였다. 그는 놀이가 발달에 미치는 중요성에 주안점을 두고 놀이 유형을 분류하였고 (Sutton-Smith, 2001b), 현재 'The Strong'이라는 놀이 박물관과 전자도서관을 운영하면서 놀이에 관한 방대한 자료들을 제공하고 있다.

■ 표 3-11 ■ 서튼-스미스의 놀이 유형과 특징

놀이 유형	특징
감각·운동/연습 놀이 (sensorymotor/practical play)	주로 영아기에 감각·운동적 도식을 활용해 만족을 추구하기 위해 취하는 놀이 행동과 게임이나 스포츠에서 필요한 새로운 기술을 습득하거나 신체적 혹은 정신적 수행, 기술의 협응 등을 위해 반복적으로 참여하는 놀이 행동이다.
가장/상징 놀이 (pretend/symbolic play)	상징을 사용하여 물리적인 환경을 변환시키고자 할 때 나타난다.
사회적 놀이 (social play)	또래친구와의 사회적 상호작용 가운데 나타나는 놀이다.
구성놀이 (construct play)	감각·운동적 연습놀이에 그리고 아이디어와 상징적 표상이 어우러져 반복적으로 참여하는 놀이 행동이다.
게임 (game)	혼자 혹은 2명 이상의 참여로 때로는 경쟁적으로 나름의 규칙을 가지고 재미를 추구한다.

놀이에 영향을 미치는 요인

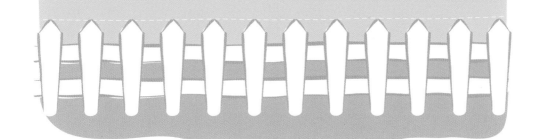

유아의 놀이를 이해하기 위해서는 유아의 놀이에 영향을 미치는 다양한 요인에 대해서도 살펴볼 필요가 있다(Pellegrini, 2009). 유아의 놀이는 유아와 놀이 환경과의 관계 속에서 일어난다(Darvill, 1982). 이 장에서는 유아의 놀이에 영향을 미치는 요인을 유아의 개인적 요인, 가정환경 요인, 교육환경 요인, 문화환경 요인으로 나누어 살펴보려 한다. 특히 '개인적 요인'에서는 유아의 연령, 성, 지적 능력, 성격을 중심으로, '가정환경 요인'에서는 부모, 가정의 사회·경제적 수준을 중심으로 살펴보며, '교육환경 요인'에서는 놀이 공간, 놀잇감, 교사, 또래를 중심으로 살펴보겠다.

1. 개인적 요인

1) 연령

유아는 연령이 증가할수록 신체, 언어, 인지, 사회 및 정서 능력이 발달하게 되고, 그에 따라 놀이의 양상도 점차 발전되는 모습을 보인다. 즉, 유아가 성장해 나감에 따라 그 연령대에 해당되는 새로운 놀이 행동을 보인다는 것이다. 출생에서 만 2세까지는 감각운동적인 탐색놀이를 많이 한다. 놀이 형태도 단순하여 하나의 놀이 행동을 계속적으로 반복하거나 모방하는 경향이 많으며 놀이에 집중하는 시간도 짧다. 그러나 만 5세경에는 계획적이며 조직적인 놀이를 하게 되는데, 상징놀이나 사회극놀이 등 사회적 상호작용을 필요로 하는 놀이를 많이 한다. 또한 신체운동 능력이 발달하여 뛰기, 달리기 등의 운동놀이를 즐기며, 미술 활동이나 구성놀이에도 많이 참여한다. 이 시기 유아들은 놀이 형태의 종류가 다양해지고, 규칙이 있는 게임을 즐기기 시작하여 놀이의 모습이 경쟁적으로 보일 때도 많다(박찬옥, 김영중, 정남미, 임경애, 2002).

티저드, 펠프스와 플루스(Tizard, Phelps, & Plewis, 1976)의 연구에서도 유아

의 연령에 따라 놀이의 양상이 변화함을 보여 주었는데, 유아는 연령이 낮을수록 상징놀이와 실외놀이에 덜 참여하며 혼자놀이를 많이 한 반면, 연령이 높을수록 놀이가 더 지속적이며 상징놀이를 많이 하고 혼자놀이를 적게 하였다. 우리나라의 유아를 대상으로 한 임혜영(1999)의 연구에서도 유아의 연령이 증가할수록 상징놀이의 수준이 높아졌으며, 자기 중심적 상징놀이보다는 상호보완적 상징놀이를 더 많이 하는 것으로 나타났다.

또한 어린 연령의 유아는 머리빗을 머리에 갖다 대거나 혹은 물을 마시는 것처럼 컵을 입에 갖다 대는 등 놀잇감을 용도 그대로 활용하는 사실놀이(reality play)를 많이 하다가, 막대기가 경찰봉이 되기도 하고 주사기가 되기도 하는 등 점차 놀잇감을 다양한 용도로 가장하는 사물 상상놀이(object fantasy play)로 발전하였으며, 5세경으로 연령이 더 증가하자 사람의 역할을 다양하게 가장하는 인물 상상놀이(person fantasy play)에 많이 참여하는 것으로 밝혀졌다(Field, De Stefano, & Koewler, 1982).

하우즈와 매더슨(Howes & Matheson, 1992)도 유아의 연령이 많아질수록 놀이 친구와 함께 참여하는 사회적 놀이 빈도가 증가했으며, 놀이 지속 시간도 길어졌으며, 상징놀이도 발달하고 복잡한 규칙이나 기술이 필요한 놀이를 많이 하는 것을 발견하였다.

이상과 같은 유아의 연령과 놀이의 관계를 정리해 보면, 유아의 연령이 증가할수록 또래와 함께하는 사회적 놀이와 협동놀이가 증가하며, 놀이가 복잡하고 다양해지면서, 상징놀이의 수준도 높아지고 놀이 지속 시간도 더 길어짐을 알 수 있다.

2) 성

남아와 여아는 그 성별에 따라 참여하는 놀이의 형태 및 내용, 선호하는 놀잇감, 놀이 친구의 선택 등에서 차이가 있는 것으로 나타났다. 여러 연구에서 남아는 여아에 비해 활동적이고 신체적 움직임이 활발한 놀이에 참여하고, 남아는 실외놀이를, 여아는 실내놀이를 더 많이 하는 것으로 나타났다(Maccoby, 1998).

하퍼와 샌더스(Harper & Sanders, 1975)는 2년에 걸쳐 3~5세 남아와 여아의 놀이 시간과 공간 사용을 기록하였다. 그 결과, 남아가 여아보다 실외에서 더 많은 시간을 보내면서, 특히 모래 영역과 놀이기구들, 설비 창고 주변에서 놀이를 많이 하는 반면, 여아는 주로 실내의 미술 영역 및 소꿉놀이 영역에서 놀이하는 것이 관찰되었다. 남아들이 여아들보다 1.2배에서 1.6배나 더 많은 놀이 공간을 사용하며 의미 있게 놀이 영역에 참여했음이 발견되었다.

한편, 거친 신체놀이(rough-and-tumble play)는 종종 허구적 인물을 가작화하며 서로 뒤쫓거나 레슬링을 하거나 격투하는 것과 같은, 실제 싸움이 아닌 싸움놀이의 주된 한 형태인데, 남아들이 이 놀이에 훨씬 더 많이 참여하였다(Smith, 1997). 휴즈(Hughes, 2010)도 남아가 거친 신체놀이에 더 깊게 몰입하고 규칙이 있는 놀이에서 더 경쟁적이고 지속적으로 활동하는 것으로 보고하였다. 이러한 신체놀이 중에 나타나는 공격성에서도 남아와 여아의 차이를 발견하였는데, 일반적으로 남아는 때리기, 잡기, 밀기 등 신체적 힘을 사용하는 '도구적 공격성'이 많이 나타난 반면, 여아는 언어적 공격, 상대 배척, 관계 깨기, 소문 퍼뜨리기 등 또래관계를 해칠 의도적이며 간접적인 '관계적 공격성'이 많이 나타났다(Crick & Grotpeter, 1995)는 연구결과도 흥미를 끈다.

초등학교 입학 연령이 되면 신체놀이에서 남아와 여아의 성별에 따른 놀이 양상의 차이가 더욱 두드러져, 대규모의 놀이 집단, 경쟁성, 상호 의존성, 역할 분화, 규칙 지배적 집단놀이 등에서 뚜렷한 차이를 보인다(Elkind, 2007b).

또래와의 상호작용에서도 남아와 여아가 다른 양상을 보이는데, 남아는 여아에 비해 또래와 상호작용을 하지 않는 혼자놀이를 많이 하는 경향이 있다(Tauber, 1979). 즉, 남아는 여아에 비해 독단적이고 지배적인 상호작용 경향을 보이며, 대집단 경쟁놀이에 더 많이 참여하고 규칙 지배적인 활동을 선호하며 활동 자체에 더 많은 초점을 두는 경향이 있다. 반면에, 여아는 소집단이나 친한

짝 친구들을 더 선호하며, 주관적이고 개인 간의 사회적 관계에 초점을 두는 경향이 있다(Pellegrini, Long, Roseth, Bohn, & Van Ryzin, 2007).

상징놀이 참여 빈도에 있어서도 성차가 나타난다. 남아가 여아보다 더 많은 상징놀이에 적극적이고 즐겁게 참여한다(Singer & Singer, 1990b). 남아는 현실과 거리가 먼 전쟁 영웅이나 초인적 힘을 지닌 영화 주인공과 같은 환상적 모델의 동적인 상징놀이를 많이 하는 반면, 여아는 가정생활과 같은 대중적이며 현실적인 모델의 정적인 상징놀이를 많이 하는 것으로 나타났다(Levin & Carlsson-Paige, 1994; Pellegrini et al., 2007).

유아들이 선호하는 놀잇감에서도 성별 간의 차이가 나타난다. 남아는 블록이나 자동차 종류의 놀잇감을 사용하는 빈도가 높으며, 여아는 인형과 가구 놀잇감과 색칠하기와 같은 미술 활동 자료를 사용하는 빈도가 높다(Wardle, 1991). 또한 남아는 놀잇감과 놀이 자료를 정형화되고 반복적인 방법으로 조작하는 기능놀이 형태를 선호하는 반면, 여아는 목표를 가지고 놀잇감과 놀이 자료를 구성하는 구성놀이 형태를 선호한다(Johnson & Roopnarine, 1983). 여아가 남아에 비해 더 다양한 놀이 자료와 활동을 즐기는데, 이는 여아의 경우 남아용 놀잇감과 여아용 놀잇감을 모두 사용하여 놀이하는 경향이 있지만 남아는 여아용 놀잇감을 거부하여 남아용 놀잇감만을 가지고 놀이하는 경향이 있기 때문인 것으로 보인다(Pellegrini et al., 2007).

놀이 상대로 선호하는 성에 있어서 남아와 여아 모두 동성의 놀이 친구를 더 선호하는 경향이 있다(Ramsey, 1998). 같은 성에서 나타나는 성역할 고정화, 공통 관심이 동성의 놀이 친구를 더 선호하는 이유로 보인다(Hartup, 1983).

놀이에서 이처럼 성별에 따른 차이가 나타나는 원인에 대해 문화적 영향으로 보는 학자들도 있고, 생물학적 차이에서 발생하는 것으로 보는 학자들도 있다. 문화적 영향으로 보는 입장에서는 어릴 때부터 부모나 교사가 남아에게는 주로 교통기관 놀잇감과 운동놀이 기구를, 여아에게는 인형과 소꿉 놀잇감을 제공해 주고 성역할에 부합되는 놀이를 하도록 이끌었기 때문이라고 본다. 루이스

(Lewis, 1972)는 놀이에서 성별 차이가 발생하게 된 원인으로 생물학적 측면과 문화적 측면 모두를 들어 설명하였다. 첫째, 생물학적 요인으로 동물을 비롯한 모든 종(種)의 남자는 여자보다 탐색적인 행동을 더 많이 하는 생득적 특성을 지니고 있다는 것이다. 둘째, 부모들이 가정에서 자녀에게 성역할 행동을 가르친다는 것이다. 셋째, 유아 스스로가 그들의 성역할 행동을 학습한다는 것이다.

특별한 외부의 지시가 없어도 남아는 어렸을 때부터 높은 곳에 기어오르려 하고 거친 신체놀이를 즐기는 것을 보면 태어날 때부터 이미 성에 따라 다른 놀이 성향을 지니고 있는 것으로 보이며, 점점 자라면서 주변 성인과 또래들까지 성별에 맞는 놀이를 하도록 강화하면서 그 차이가 더욱 두드러지는 것으로 보인다.

3) 지적 능력

유아의 지적 능력이 놀이와 관련성이 있는지 관심을 가지고 많은 연구가 진행되었다. 일찍이 터먼(Terman)은 지적 능력 우수아와 정신지체아의 놀이 특성을 비교하여 놀이와 인지 능력의 상관관계를 밝혀낸 바 있다. 그의 연구에서 우수아는 신체적 운동이나 거친 게임보다는 조용한 게임을 선호하며, 자신보다 약간 나이가 많은 유아를 놀이 친구로 선호하고, 경쟁적 게임은 덜 선호하였다. 반면에, 정신지체아는 놀이 활동에 있어서 독창성이 적고 복잡한 규칙이 없는 게임을 선호하며, 자신보다 어린 유아와 놀기를 선호하며, 사회적 상호작용을 더 좋아하는 경향이 있다. 또한 구성 놀잇감을 덜 선호하고, 놀잇감의 선택과 게임 수준이 자신보다 나이 어린 유아들과 비슷한 특징을 보였다(Millar, 1977 재인용).

존슨(Johnson, 1978)의 연구에서도 지능이 평균 이상인 유아가 사회극놀이에 더 많은 빈도로 참여하는 것으로 나타나, 유아의 지능이 놀이 친구와의 관계 형성에 영향을 미친다는 사실을 언급한 바 있다.

놀이와 유아의 인지 양식 간에도 상관이 있는 것으로 나타났다. 사물을 지각할 때 사물을 둘러싼 배경의 영향을 받지 않거나 비교적 적게 받는 '장(場) 독립적(field-independence)' 유아는 덜 산만하고 명료한 분석적 능력을 갖고 있어 놀잇감 등을 가지고 노는 사물놀이와 혼자놀이에 더 많이 참여하며, '장(場) 의존적(field-dependence)' 유아는 사람에게 강한 호기심을 보여 사회적 놀이에 더 많이 참여한다. 구체적으로 살펴보면, 장 의존적 여아는 역할놀이를 좋아하는 반면, 장 독립적 여아는 구성놀이를 좋아하고, 장 의존적 남아는 역할놀이와 쌓기놀이에서 사회적 놀이를 많이 하는 반면, 장 독립적 남아는 조작놀이를 많이 한다. 즉, 장 독립적 유아는 사물놀이를 선호하고, 장 의존적 유아는 사람 지향적인 놀이를 선호한다(Saracho, 1999).

그러나 이러한 연구결과들과 달리 이숙재(1984)의 연구에서는 상징놀이 참여 빈도와 유아의 지능은 상관이 없는 것으로 나타났으며, 남효정(1991), 조부경과 장선화(1995)의 연구에서도 유아의 인지 양식에 따른 사회적 놀이 형태에 유의한 차이가 발견되지 않는 것으로 나타났다. 따라서 앞으로 유아의 지적 능력과 놀이의 관계에 대한 연구가 더 필요한 것으로 보인다.

4) 성 격

유아마다 다른 성격도 유아의 놀이에 영향을 미친다. 유아의 성격을 크게 기질, 놀이성, 환상적 기질 측면으로 나누어 각각이 놀이에 미치는 영향을 살펴볼 수 있다.

행동 양식을 결정하는 성격 특성인 기질(predisposition)은 타고나는 것으로서 순한 기질, 까다로운 기질, 천천히 반응하는 기질로 나뉘는데, 이러한 기질에 따라 유아의 놀이 양상도 다르게 나타난다. 순한 기질의 유아는 까다로운 기질의 유아보다 추종적 놀이 양상을 더 많이 보이며 주도적 놀이 양상은 적게 보인다(조선미, 2000). 또 순한 기질의 유아는 미술, 조작 놀이와 같이 정적인 영역을 많이 선택하며, 까다로운 기질의 유아는 쌓기놀이, 대근육 활동 놀이를 많이 하는 것으로 나타났다(김용희, 1991). 실외놀이에서 또래들과 함께하는 집단 극놀이에는 순한 기질의 유아가 더 많이 참여하였으며, 방관자적 행동은 까다로운 기질의 유아가 더 많이 하였다(김형미, 1998).

토머스와 체스(Thomas & Chess, 1977)도 유아의 기질에 따라 또래집단과의 놀이에서 역할이 달라짐을 언급하였다. 활동 수준이 높은 유아는 신체적 에너지가 활발하므로 인기가 있으며, 기분 전환할 수 있는(distractible) 성향이 높은 유아는 다른 유아의 느낌이나 요구에 민감하게 반응하기 때문에 또래집단에서 리더의 역할을 한다.

놀이성(playfulness) 또한 유아의 놀이와 매우 높은 상관이 있다. 신체적 자발성, 인지적 자발성, 사회적 자발성, 즐거움의 표현, 유머 감각의 다섯 가지 특질로 구성되는 놀이성(Liberman, 1977)은 놀이 성향에서 나타나는 개인차와 관련된 심리적 개념으로서(Rogers & Sawyer, 1998), 유아의 놀이 양상과 확산적 사고의 다양성에 영향을 미친다. 리버먼(Liberman)은 놀이성의 다섯 가지 특질 중 신체적 자발성을 제외한 네 가지 특질이 유아의 놀이와 매우 높은 상관을 보였다고 보고하였다. 전체적으로 놀이성이 높은 유아의 놀이 수준이 높으며, 특히 상징놀이 수준이 높은 것으로 나타났다(유애열, 1994).

환상적 기질(fantasy-making predisposition)은 상징놀이나 판타지로 표출되는 놀이성을 의미한다. 환상적 기질이 높은 유아는 낮은 유아에 비해 놀이를 하면서 상호작용, 협동, 집중, 긍정적 정서 표현 등을 더 잘하였으며, 상상의 놀이 친구를 가지며 가작화된 놀이나 게임을 선호하였다(Singer, 1973).

2. 가정환경 요인

1) 부 모

유아의 놀이 경험은 일차적으로 부모와 같은 주 양육자와 밀접한 관련이 있다. 부모와 유아가 함께 놀이를 하면서 유아는 부모로부터 언어 능력, 상징적 표현, 탐구적 행동, 애착 형성, 사회적 관계 형성 등의 측면에서 긍정적인 영향을 받게 되는데, 이는 유아에게 여러 가지 면에서 유익하다(Haight & Miller, 1993).

유아는 혼자 놀 때보다 부모와 함께 상호작용하면서 놀이할 때 상징놀이의 다양성과 놀이 지속 시간이 증가하고 놀이의 수준이 높다(O'Connell & Bretherton, 1984). 놀이과정에서 부모의 구체적 시범과 격려는 유아의 상징놀이 참여에 절대적이다(Ginsburg, 2007; Hughes, 2009).

장난감이나 구조화된 놀이 프로그램보다는 부모가 가장 좋은 장난감으로, 유아의 놀이기술을 발달시키는 데 긍정적인 영향을 미친다(김수영, 김수임, 김현아, 정정희, 2007). 부모는 자녀와 상징놀이를 하는 동안 자료 제공자 및 놀이의 내용과 방향에 대한 안내자의 역할을 하며(Beizer & Howes, 1992), 유아 스스로 문제를 해결할 수 있도록 격려하고 도와주는 방법으로 유아의 놀이에 영향을 미친다(좌승화, 2001).

놀이의 중요성을 높이 인식하는 어머니의 자녀는 놀이에 대한 만족도와 놀이 참여도가 높다(김윤숙, 1991). 애정적이고 자율적인 양육 태도를 보이는 어머니의 자녀들은 거부적이고 통제적인 양육 태도를 보이는 어머니의 자녀들에 비해 놀이 수준이 더 높다(김정숙, 2005; 신선희, 차윤희, 김영희, 2008; 장은정, 2001).

부모의 허용적 양육 태도는 자녀의 상징놀이와도 밀접한 관련이 있는데, 허용적인 부모는 자녀와 많은 상호작용을 하면서 놀이의 직접적인 모델이 되기도 하고, 자녀가 성인 역할을 모방하는 놀이를 자유롭게 허용함으로써 상징놀이를 격려한다. 반면, 부모가 유아에게 자주 체벌을 가하면서 통제하는 경우, 유아는 공격적인 행동 성향이 강해지고 상징놀이에 참여하는 빈도가 적다(김수영, 김수임, 김현아, 정정희, 2007).

놀이 수준이 높고 상징놀이에 많이 참여하는 유아의 어머니는 유아의 요구에 대해 즉각적인 반응을 보이기보다 유아가 당면한 문제를 스스로 해결하도록 격려하며, 아울러 칭찬과 격려 및 설명을 많이 하고, 유아를 껴안아 주거나 쓰다듬는 행동 등 애정적인 신체 표현을 많이 하는 특징이 있다(이숙재, 1984). 영아의 경우도 어머니가 영아와의 상호작용에서 언어적 자극과 놀이 참여를 많이 할수록 놀이 발달 수준이 높다(성지현, 2000).

이와 비슷한 맥락에서 부모에게 형성된 애착이 유아의 놀이 수준과 관련이 있는 것으로 나타났다. 애착이 잘 형성된 유아의 부모는 유아에게 애정을 나타내고, 유아 생활의 다양한 면에 관심을 갖고, 유아와 함께 시간 보내기를 즐긴다. 불안정 애착을 형성한 유아의 부모는 불안감이 높고, 애정을 나타내지 않고, 자녀에게 관심이 없으며, 유아를 기계적으로 필요에 따라 돌보는 경향이 있다. 안정 애착을 형성한 유아는 엄마가 있을 때 물리적 환경을 더 적극적으로 탐색하며, 또래에게 보다 많은 관심을 보이고 상징놀이에 더 많이 참여하며, 다양한 사회적 기술을 나타내고 놀이 또한 오랫동안 지속된다(Slade, 1987). 안정 애착을 형성한 유아의 어머니는 유아와의 적극적인 상호작용을 통해 놀이를 유도함으로써 오랜 시간 놀이가 지속되도록 돕는다(Frost, 1992). 즉, 안정 애착을 형성한 유아는 독립적이며, 더 많은 호기심을 나타내고, 사회적 유용성이 또래에 비해 높다.

이 밖에도 부모는 유아의 성 유형화된 놀이 행동에도 영향을 미치는 것으로 밝혀졌다. 부모를 비롯한 가족 구성원은 딸이 총이나 칼로 싸움놀이를 하면 "여자애가 무슨 그런 놀이를 해?"라고 말하는 것과 같이 유아의 성별에 맞지 않는다고 생각하는 비전형적인 놀이 행동에는 부정적인 반응을 보이고 남자와 여자의 성별에 어울린다고 생각하는 전형적인 놀이 행동에는 긍정적인 반응을 보인다(Maccoby & Jacklin, 1974). 이러한 유아의 성별에 따라 다른 부모나 가족 구성원의 반응은 유아의 놀이가 성 유형화되게 하는 데 영향을 준다. 이러한 반응뿐만 아니라, 자녀가 태어나면서부터 아들과 딸에게 하늘색, 분홍색으로 성을 구별하는 옷을 입히고 성별에 따라 다른 놀잇감을 주는 것으로 나타났는데, 남자아이들의 방에는 좀 더 많은 탈것, 스포츠 기구, 전쟁 놀잇감 등이 조사되었고, 여자아이들의 방에는 더 많은 인형, 인형집, 소꿉놀이 도구 등이 조사되었다. 남자아이들은 비가정적인 활동들을 장려하는 놀잇감이 제공된 반면, 여자아이들은 가정 중심의 활동을 장려하는 놀잇감이 제공된 것으로 조사되었다 (Rheingold & Cook, 1975).

앞에서 언급한 바와 같이 부모는 유아에게 성 유형화된 놀이 활동을 더 많이 격려하는데, 부모의 성별에 따라서도 자녀와 함께하는 놀이 유형에 차이가 있었다. 어머니는 상징놀이에, 아버지는 신체놀이에 더 많이 참여하였다. 상징놀이 상황에서 어머니와 딸이 가장 많이 상호작용하고, 신체놀이 상황에서는 아버지와 아들이 가장 많이 상호작용하는 것으로 나타났다(Lindsey & Mize, 2001).

아버지는 아들의 경우 적극적이며 과격하게 신체적으로 자극이 되는 게임이나 놀이를 장려하고 함께 놀이하며 유지하는 반면, 어머니는 주로 유아를 돌봐 줄 목적으로 놀이를 유지하는 것으로 보인다. 결국 아버지와 어머니의 행동은 자녀들이 자신들의 성과 동일한 행동 유형을 하도록 이끈다.

이상과 같이 유아의 놀이에는 부모의 놀이에 대한 중요성 인식, 양육 태도, 부모와의 상호작용과 애착의 질, 성역할에 대한 기대 등이 영향을 미침을 알 수 있다. 특히 애정적이고 일관되며 합리적인 자녀 양육이 유아의 놀이에 긍정적인 영향을 미친다는 것을 보았을 때 가정에서의 부모 역할에 대한 중요성을 인식하게 된다.

2) 가정의 사회·경제적 수준

기술적으로 덜 진보되고 특정 문화권 내에서 낮은 사회·경제적 계층에 속한 유아들은 상징놀이가 결핍되고 상상놀이가 덜 세련되거나 덜 복잡하게 나타난다 (Hughes, 1995). 이는 그 유아의 삶에서 놀이의 기회가 거의 제공되지 않았기 때문이다. 이와 같이 가정의 사회·경제적 수준이나 문화적 배경과 유아의 놀이가 관련 있는 것으로 여러 연구결과는 밝히고 있다. 가정의 사회·경제적 수준에 따라 놀이의 중요성에 대한 부모의 관심이나 인식은 다르며, 놀잇감 구입 비용, 자주 접하는 놀이 집단, 여가 시간의 정도 등에서 차이가 난다고 할 수 있다.

놀이의 중요성이나 가치에 대한 부모의 인식이 사회계층에 따라 차이를 보임을 밝힌 이옥자(1985)의 연구에서도 상집단이 인식이 가장 높았으며, 중, 하집단 순으로 낮아졌다. 놀이에 대한 부모의 태도도 상집단이 관심을 가지고 이해하려는 데 비하여 중, 하집단은 방임적이거나 시간이 없어 관심을 가지지 못하는 편이었다. 사회·경제적 수준에 따른 가정 내 놀이환경의 차이를 밝힌 박정희(1981)의 연구에서는 상집단이 놀잇감을 가장 많이 보유하였고, 중, 하집단 순으로 양적으로 부족하게 보유하고 있는 것으로 조사되었다.

솔츠와 존슨(Saltz & Johnson, 1974)은 사회·경제적 수준이 낮은 가정의 유아의 놀이가 매우 제한적이었음을 보고하고 있다. 스밀란스키(Smilansky, 1968)도 사회·경제적 수준이 낮은 가정의 유아가 놀이를 적게 하며, 사회극놀이에는 전혀 참여하지 않는 등 놀이 활동의 여러 측면에서 결손을 보인다고 지적하였다. 루빈, 마이오니와 호닝(Rubin, Maioni, & Hornung, 1976)의 연구에서는 사회·경제적 수준이 중간 이상인 가정의 유아들이 낮은 가정의 유아들에 비해 연합놀이와 협동놀이, 구성놀이를 더 많이 하며, 낮은 가정의 유아들은 주로 혼자놀이, 병행놀이, 기능놀이를 더 많이 하고 상징놀이에 참여하는 횟수가 더 적은 것으로 나타났다.

이숙재(1984)의 연구에서도 아버지의 직업이 무직 또는 단순직인 유아보다 아버지의 직업이 전문직 또는 관리직인 유아가 상징놀이를 더 많이 하는 것으로 나타났다. 박윤정(1994)의 연구에서는 가장놀이 형태에서도 가정의 사회·경제적 수준에 따라 차이가 나는 것을 발견하였는데, 중집단 유아는 협동적 가상놀이를 많이 하고 하집단 유아는 비상호작용적 가상놀이를 많이 하는 것으로 나타났다.

이와 같이 가정의 사회·경제적 수준에 따라 유아의 놀이가 차이를 보이는 것은 놀이의 중요성에 대한 부모의 인식과 가정의 놀이 환경의 차이가 놀이에 영향을 미치기 때문인 것으로 볼 수 있다. 사회·경제적 수준이 낮은 가정의 유아는 놀이의 기회가 적거나 거의 없어 상징놀이가 결핍되고, 상징놀이를 위한 사전 경험의 부족으로 상징놀이가 단조롭고 세련되지 못한 결과를 보일 수 있다는 것이다.

문화적 배경을 중심으로 도시와 농촌 지역에 살고 있는 유아들의 놀이를 비교한 연구에서는 농촌에 사는 유아가 도시에 사는 유아보다 놀이 유형이 훨씬 더 다양하고, 전통적인 집단 게임을 많이 하며, 더 성숙된 사회적 놀이 행동을 표출하는 것으로 나타났다(정현숙, 1985; 지성애, 1994). 도시의 대표적인 주거 형태인 아파트가 갖는 분리적인 특성, 그리고 조기교육 과열로 인해 학습 현장으로 내몰리는 도시 유아들의 특성이 반영된 결과로 보인다.

3. 교육환경 요인

1) 놀이 공간

유아가 사용 가능한 놀이 공간의 크기도 놀이 행동과 관련이 있다. 즉, 공간의 밀도에 따라 유아의 놀이 행동도 달라진다는 것이다. 밀도는 유아의 수를 일정하게 유지하면서 공간의 크기를 조절하는 공간 밀도와 공간의 크기는 일정하게 유지하면서 유아의 수를 조절하는 사회적 밀도로 나누어질 수 있다.

공간 밀도와 유아의 공격성에 대한 연구를 보면, 밀도가 높을수록 공격적인 행동과 집단놀이가 많이 나타나며 뛰는 행동이 감소하고 신체적 접촉이 증가한다. 그렇지만 유아가 사용 가능한 공간이 너무 넓은 경우에도 뛰는 행동과 거친 신체놀이 활동이 많이 나타난다. 이는 적절한 공간의 크기 제공이 유아의 놀이 행동에 중요한 요인임을 알 수 있다. 이렇듯 공간의 크기와 공간의 구성은 놀이 영역의 사용 및 놀이 유형을 결정짓는다(Smith & Connolly, 1980).

밀집된 교실에서 적절한 놀잇감의 종류와 수량이 부족할 경우, 유아는 불안감을 나타내며 공격적 행동이 증가될 뿐만 아니라, 주의력이 감소되고 산만한 행동이 많이 나타나며, 또래와의 사회적 상호작용이 감소하여 긍정적인 정서가 감소된다. 반면에, 교실의 밀집도를 완화하였을 때는 유아의 과제 집중, 문제해결 행동 및 과제 완수 행동과 같은 긍정적 과제 수행 행동이 증가된다(임영서, 강문희, 2002).

사회적 밀도의 증가는 유아의 공격적 놀이나 신체적 공격성에는 거의 영향을 미치지 않으나 유아의 상징놀이에는 영향을 미친다. 일정한 공간에 유아가 많을수록 유아끼리 상징놀이에 대한 아이디어나 주제에 대해 많은 이야기를 나눔으로써 놀이의 주제가 공유되는 것을 알 수 있다. 우리나라의 유아를 대상으로 한 연구에서도 사회적 밀도가 낮아지면 연합, 협동 놀이가 감소한 것으로 나타났다(김수진, 1995).

놀이 공간의 크기뿐만 아니라 놀이 공간의 배치도 유아의 놀이에 영향을 주는 또 다른 요인이다. 영역별로 나누어지지 않은 놀이 공간에서는 다른 유아의 놀이 활동이나 놀잇감으로 인해 유아 개인의 놀이 활동이 방해를 받을 수 있다. 따라서 가구를 적절하게 배치하여 넓게 개방된 놀이 공간을 구분해 주어야 한다. 유아교육기관에서 놀이 공간을 흥미 영역별로 구분하는 중요한 이유는 융통성을 최대화하고 놀이의 전반적인 질을 강화하기 위해서다(김수영 외, 2007). 즉, 흥미 영역별 구성은 유아의 대근육 활동을 줄이고 극놀이와 구성놀이를 촉진시킬 수 있다. 특히 놀이실 배치에서 쌓기놀이 영역과 역할놀이 영역 간의 구분을 없애고 서로 합쳐 놓았을 때 유아들의 혼성집단 놀이가 증가하는 것이 발견되기도 하였다(Kinsman & Berk, 1979). 쌓기놀이와 역할놀이 영역을 유아의 놀이 주제에 따라 분리하거나 통합하는 융통성 있는 영역 운영도 유아의 놀이 수준을 높이는 데 중요한 역할을 함을 알 수 있다.

2) 놀잇감

놀잇감도 유아의 놀이에 영향을 미치는데, 그중 놀잇감의 종류와 수량, 구조화 정도가 자주 언급되고 있다. 먼저, 놀잇감의 종류는 유아의 놀이에 영향을 미치는데, 블록이나 스티로폼 조각과 같이 크기가 작고 용도가 분명하지 않은 놀 잇감은 주로 조작놀이나 구성놀이가 이루어지게 한다. 그릇, 음식 모형, 인형과 같이 역할놀이에 적합한 놀잇감으로 놀이를 할 경우에는 유아들이 역할놀이를 많이 하는 것으로 나타났다(Dodge & Frost, 1986). 소꿉놀이 놀잇감이나 인형, 의류, 바퀴 달린 놀잇감 등은 집단놀이와 극놀이에 많이 사용되고, 가위, 크레용, 물감, 구슬, 퍼즐, 점토 등은 혼자놀이와 병행놀이 및 구성놀이에 많이 사용되는 경향이 있다. 이에 비해 블록은 사회성 놀이와 비사회성 놀이 모두에서 사용되는 경향이 있다(유효순, 조정숙, 2011).

페플러와 로스(Pepler & Ross, 1981)는 놀잇감의 구조화 정도에 따라 수렴적 놀잇감과 확산적 놀잇감으로 분류하여 구조화 정도가 놀이에 미치는 영향을 살펴보았다. 수렴적 놀잇감이란 놀잇감의 용도가 명확하게 제한되어 있어 구조성이 높은 것으로, 퍼즐이나 단추 끼우기 등이 해당된다. 확산적 놀잇감이란 용도가 여러 가지로 활용될 수 있어 구조성이 낮은 것으로, 블록, 물, 모래, 진흙 등이 해당된다. 수렴적 놀잇감을 사용한 유아는 주어진 놀잇감의 제한된 용도에 맞는 반복놀이를 주로 하는 반면, 확산적 놀잇감을 사용한 유아는 탐색놀이, 구성놀이, 상징놀이 활동에 많이 참여한다고 한다. 존슨(Johnson, 1983)도 구조성이 낮은 놀잇감이 더 다양한 표상 활동이나 높은 수준의 가작화를 유도한다는 점을 언급하였으며, 우리나라 유아를 대상으로 한 연구에서도 구조성이 낮은 놀잇감이 주어졌을 때 협동적인 가장놀이와 언어의 가작화가 더 많이 나타났다(박윤정, 1994).

그런데 놀잇감의 구조화 정도에 따른 영향은 유아의 연령에 따라서도 다르게 나타나는 것으로 밝혀졌다. 2세 전후의 유아의 경우 빨간 소방차, 흰색 구급차 등의 구조화 정도가 높고 사실적인 놀잇감이 상징놀이에 사용되지만, 연령이 증가함에 따라 빈 과자상자와 같은 구조화 정도가 낮은 놀잇감을 갖고 구급차나 택배 화물차 등 여러 자동차로 가작화하는 것이 가능하게 된다(엄정애, 2002). 즉, 2~3세 유아의 가장놀이는 사실적인 놀잇감에 의해 확장되지만, 연령이 증가하면서 사실적 자료에 대한 요구는 감소한다는 것이다. 그러나 3~5세 유아들도 구조성이 높은 사실적인 놀잇감을 가지고 극놀이를 하는 것에 홍미를 잃지는 않는다(Trawick-Smith, 1990).

또한 놀잇감의 수량도 놀이 행동에 영향을 미친다. 놀잇감의 수량 변화가 놀이 행동에 미치는 효과를 연구한 존슨(Johnson, 1935)의 연구에서는 놀잇감의 수량이 많을 때 대근육을 활용한 놀이를 많이 했을 뿐만 아니라 놀잇감과의 접촉도 많았다. 반면에, 놀잇감의 수량이 적을 때는 대근육 운동 놀이가 감소했으며 놀잇감보다 유아들 간의 사회적 접촉이 더 빈번하게 일어났다. 김태연(1984)의 연구에서도 놀잇감의 수량이 부족한 상황에서는 유아의 공격성뿐만 아니라 창의적인 활동이 증가하는 경향을 보였다. 그리고 놀잇감의 수량이 부족하고 종류가 다양하지 않을 때에는 비놀이 행동과 신체운동이 증가한 것으로 나타났다.

이처럼 놀잇감의 종류, 구조화, 수량의 정도 등이 유아의 놀이에 영향을 미친다는 것은 놀잇감이 유아의 놀이에 직접적으로 영향을 주는 중요한 요인임을 시사한다. 따라서 유아들의 놀이 효과를 극대화할 수 있도록 놀잇감에 대한 연구가 더욱 활발히 이루어져야 할 것이다.

3) 교 사

가정에서의 부모 역할과 마찬가지로, 교육기관에서 교사의 역할은 유아의 놀이에 중요한 영향을 미친다. 유아에게 알맞은 놀이 활동과 놀잇감을 제공하고, 지속적인 관찰과 개입으로 놀이가 홍미롭고 놀이의 지속 시간이 증가하도록 영향을 미친다(Ward, 1997). 교사는 교사와 유아의 상호작용과 유아와 또래의 상호작용, 놀잇감과 유아의 상호작용을 증진시켜서 유아의 놀이 수준을 향상하는 등 놀이의 질에 영향을 미치는 중요한 요인이다.

비고츠키는 놀이에서 교사의 적절한 개입이 유아의 발달에 비계설정 역할을 하는 것으로 설명하면서 교사의 역할을 강조한 바 있다. 교사의 적극적인 개입은 유아의 놀이를 확장하고 보다 높은 수준의 놀이를 가능하게 한다는 것이다 (Roskos & Neuman, 1993). 존슨, 크리스티와 워들(Johnson, Christie, & Wardle, 2005)도 교사가 적절히 놀이에 참여하면 유아의 인지적 능력이 보다 높은 수준으로 향상해 유아의 놀이가 좀 더 복잡하게 발전된다고 하였다. 또 자발적으로 상징놀이를 하지 않은 유아의 경우도 교사가 개입했을 때 상징놀이가 증진되고 발산적 사고와 상상력이 증진되었다(Feitelson & Ross, 1973). 우리나라 유아의 사회극놀이에서도 교사 개입이 이루어졌을 때 유아들의 사회극놀이 수준이 높아졌을 뿐 아니라 어휘력, 언어 이해력과 같은 언어능력 향상까지 이루어진 것으로 나타났다(이윤경, 김여경, 2000).

이렇듯 많은 연구에서 교사가 유아의 놀이에 개입하면 놀이의 지속 시간이 증가하고(Sylva, Roy, & Painter, 1980), 높은 수준의 놀이가 나타나 놀이가 확장되고 사회적 상호작용이 증가하며(Rubin, Fein, & Vandenberg, 1983), 인지적 활동이 증가하고(Howes & Smith, 1995), 문해 활동이 증가하는 것(Johnson, Christie, & Yawkey, 1999)으로 나타났다.

또한 교사의 유아 놀이에 대한 신념과 그에 따른 교수 효능감은 놀이를 교육적 활동으로 재구성하는 데 영향을 미치는 요인이며, 교사의 교육 경력과 학력이 높아지면 놀이에 대한 교수 효능감과 운영 실제 신념이 높아진다고 밝힌 신은수(2000)의 연구결과는 교사로 하여금 놀이에 대한 신념을 지니게 하고 교수 효능감을 향상할 수 있는 체계적인 교사교육 프로그램의 필요성을 부각시켰다.

이와 같이 놀이과정에서 교사의 역할에 따라 유아의 놀이는 상당히 달라질 수 있다. 놀이과정에서 유아의 교사와의 상호작용은 보다 안정적인 애착을 형성하게 하고 나아가 또래와의 친사회적 행동을 증가시키며, 놀이를 적절하게 제한하여 상징놀이를 더욱 수준 높게 발전시키고 문제해결 능력이나 새로운 아이디어를 만들어 내도록 이끌 수 있다. 무엇보다도 유아의 놀이를 대하는 교사의 즐겁고 적극적인 태도는 유아로 하여금 현재 참여하고 있는 놀이를 중요한 것으로 인식하게 하며, 더욱 발전된 놀이로 이끌 것이다.

4) 또 래

놀이를 함께하는 또래는 유아의 놀이 참여와 흥미, 놀이 지속 시간에 영향을 미친다. 유아의 연령이 증가할수록 놀이과정에서 또래의 의견에 동조하거나 놀이에 즉각 반영하는 등 또래의 영향력은 더욱 커지게 된다(Rogers & Evans, 2008).

특히 또래와의 친밀도가 놀이에 영향을 미치는데, 친밀도가 높을수록 사회적 놀이를 더 빈번히 하며 수준 높은 인지적 놀이에 참여하는 것으로 나타났다 (Doyle, Connolly, & Rivest, 1980). 또래들에게 인기 있는 유아는 또래와 함께하는 병행놀이, 협동놀이를 많이 하며, 고립된 유아는 쳐다보고만 있거나 돌아다니는 등의 비놀이, 부정적 놀이를 많이 한다(김수영, 2000).

남아와 여아로 구별되는 성 유형화된 놀이 양상도 또래의 영향을 받는 것으로 나타났다. 또래 없이 혼자 놀이할 경우 남녀 구별 없이 상대 성의 놀잇감을 가지고도 놀이를 하지만, 또래와 놀이하는 과정에서는 남아는 남아, 여아는 여아만의 성 유형화된 놀이를 한다. 이는 유아의 놀이 행동에 대한 동성 또래들의 반응이 성 유형화된 놀이를 하도록 강화하는 역할을 하기 때문인 것으로 보인다. 즉, 유아의 성 유형화된 놀이는 자신의 놀이 행동에 대한 또래의 반응이 어떤가에 따라 결정됨을 보여 준다(Rogers & Evans, 2008).

4. 문화환경 요인

유아의 놀이에 영향을 주는 요인으로 인적 요인, 환경 요인과 더불어 문화적인 요인을 간과할 수 없다(Csikszentmihalyi, 1990).

문화는 그 자체가 놀이적인 성격을 갖는다. 많은 문명이 놀이 속에서 발생하고 전개되었기에 문화와 놀이를 따로 떼어 생각할 수 없다(Huizinga, 1981). 일곱

살 무렵 카니발 행렬을 보고 그 광경에 매료되어 평생을 놀이 연구에 빠지게 된 하위징아(Johan Huizinga)는 '놀이의 인간'이라는 신조어를 만들어 낸 유명한 그의 저서 『호모루덴스(Homo ludens)』에서 모든 문화 속에 나타나는 놀이의 기능에 주목하면서, 고대 이후 어떠한 사회를 막론하고 문화의 동력은 바로 '놀이'에 있다고 단언하였다. 인간은 놀이를 할 때 더욱 창조적이고 생산적이 되며, 이것이 문화를 만들어 온 원동력이 되었다는 것이다. 놀이가 인간의 내적 원동력을 발동하게 하여 순수한 즐거움으로 성취를 이루어 내어 문화를 창조한다는 것이다.

동시에 그는 놀이를 문화화 기제의 한 형태라고 보았다. 놀이가 문화 학습 전파의 중요한 매개물로서 문화를 전승하는 역할을 한다는 것이다. 성인은 유아의 놀이에서 문화적인 메시지를 전달하며, 유아는 문화적 가치에 영향을 받은 놀이를 하게 되고, 문화 내에서 공유된 이해를 놀이를 통해 실행해 봄으로써 문화를 습득하게 된다는 것이다.

이상과 같이 놀이는 문화의 원동력인 동시에 결과이면서 새로운 문화를 창조하고 변화시켜 나간다고 볼 수 있다.

문화 환경을 좀 더 세부적으로 민족 특성에 따른 문화, 지역 특성에 따른 문화, 첨단기술 발달에 따른 문화 등으로 나누어 놀이와의 관계를 살펴볼 수 있다. 세계 여러 민족마다 고유한 놀이가 있으며, 그것은 그 민족의 역사, 지리, 기후, 인종 등 복합적인 요소가 만들어 낸 결과물이다. 잦은 분쟁이 있던 민족의 놀이는 창과 칼이 동원되면서 호전적이며, 긴 겨울 동안 집 안에 갇혀 지내는 시간이 많은 북유럽 민족의 놀이는 좁은 테이블 공간을 이용하는 것이 많다. 또 입신양명의 유교 문화권에서는 칠교판과 같이 자녀의 학업적인 성취를 위한 놀이가 선호되었다. 물이 많은 곳, 산골짜기, 들판 등 그곳의 지리적 특성 또한 놀이와 밀접한 관련이 있다. 예를 들어, 서유럽에서는 넓은 초록 들판을 가로질러 집과 학교를 걸어 다니다가 무료하여 막대기로 공을 멀리 쳐 놓고 그만큼 걸어가서 또 멀리 쳐 놓고 걸어가기를 반복하는 놀이를 하였는데, 이것이 오늘날 골프의 유래가 되었다. 반대로 산간지역에서는 가파른 산의 경사를 타고 내려오는 놀이가 지금의 썰매나 스키로 발전하고, 해안지역에서는 넘실대는 파도를 타고 넘던 놀이가 지금의 서핑으로 발전하였다. 이처럼 놀이는 민족적 · 지리적 특성에 따른 문화와 밀접한 관련이 있음을 알 수 있다.

문화적 환경에서 빼놓을 수 없는 것이 최근의 첨단기술 발달이다. 하루가 다르게 변화하고 발전하는 첨단기술은 우리의 생활에 깊숙이 관여하여 생활 양상을 많이 바꾸어 놓았다. 예전에는 유아들이 집 앞 골목길이나 산과 들 같은 자연환경에서 뛰어놀며 또래와의 상호작용을 통해 사회 구성원으로서 필요한 다양한 사회적 기술을 배웠다. 그러나 현대의 유아들에게는 이미 컴퓨터, TV, 전자오락기, 스마트폰 등 오락적 기능을 가진 각종 전자 매체가 주된 놀이 친구가 되고 있음을 주변에서 쉽게 볼 수 있다.

〈뽀로로〉와 같은 TV 프로그램은 유아가 태어나면서부터 접하게 되며, 이미 3~4세의 어린 유아들도 다양한 전자 매체의 단순한 게임 등을 시작하고 있다. 화려한 그래픽, 자극적인 소리와 반응 등 첨단기술을 이용한 오락물은 유아기부터 게임에 중독되게 하고, 장시간 몸 움직임을 제한하며, 또래나 형제, 부모와 함께 하는 소중한 놀이 시간을 빼앗고 있는 실정이다.

이러한 현상은 전자 게임에서 가상의 폭력이 외상의 기억을 담당하는 뇌 부위에 영향을 끼쳐 실제 폭력과 같은 결과를 이끈다는 허시-파섹과 골린코프(Hirsh-Pasek & Golinkoff, 2003)의 연구결과에 비추어 볼 때 심각하게 우려된다.

안타까운 현상 중의 하나는 유아뿐만 아니라 부모 또한 하루 종일 진행되는 홈쇼핑, 드라마 등의 TV 프로그램이나 인터넷 쇼핑, 온라인 게임 등에 몰입하느라 자녀들과 놀이를 함께 하는 시간이 부족해지고 있다는 것이다. 최근 스마트폰의 등장은 장소를 가리지 않고 온라인상의 정보와 의사소통을 가능하게 하여, 실제로 가장 가까이에 있는 가족끼리의 대화가 단절되고 부모와 자녀가 함께 놀이할 수 있는 기회가 감소되는 등의 심각한 상황을 가중시키고 있다.

클레멘츠와 네스터시(Clements & Nastasi, 1993)의 연구에 따르면, 유아들이 TV

■ 그림 4-1 ■ 태블릿 PC로 온라인 게임을 하고 있는 4세 남아

시청에 많은 시간을 보내고 있으며 생후 1년이 되기도 전에 하루 평균 1~2시간을 시청한다고 한다. 심지어 자녀의 양육을 힘들어하는 부모를 위해 애를 봐 주는 비디오 프로그램까지 등장하였다. 또한 어린 시기부터 외국어 학습을 위한 어학용 비디오를 많은 시간 틀어 놓고 있어, 영아가 부모와의 상호작용보다 더 많은 시간을 TV와 함께 보내는 경우가 많다.

이렇게 TV를 시청하거나 전자 게임을 하기 위해 화면 앞에 앉아서 많은 시간을 보내게 되면 운동 부족으로 인해 과도한 비만 상태가 된다거나 이후에 심장 혈관에 위험한 초기 증상이 발생한다는 결과도 자주 보고되고 있다. 가장 우려스러운 것은 앞서 언급한 바와 같이 유아와 부모의 상호작용 기회가 오락으로 빠르게 대체된다는 것이다(Honing, 1983).

싱어와 싱어(Singer & Singer, 1986)도 TV를 많이 시청하는 유아는 적게 시청하는 유아보다 상상력이 떨어지며 놀이에 적극적으로 참여하지 않는다고 하였다. 또한 폭력성이 높은 프로그램을 많이 시청하는 유아는 공격적인 행동을 많이 나타내며 규칙을 잘 지키지 않거나 인내심이 적은 경향이 있다고 한다. 슈퍼

맨, 배트맨 등의 슈퍼 영웅을 다룬, 신체적 공격성과 언어적 공격성이 높은 프로그램을 시청하는 유아는 교실 내에서 규칙을 잘 지키지 않거나 인내심이 부족한 것으로 나타났다는 것이다.

이러한 이유로 독일의 발도르프(Waldorf) 프로그램에서는 구조화되고 정교한 놀잇감, 비디오, TV를 유아들에게 제공하지 않는 것으로 널리 알려져 있다. 이 프로그램에서는 TV 등이 유아들의 상상력을 펼칠 시간과 기회를 빼앗을 뿐만 아니라 건강한 성장과 집중력을 방해한다고 보았다(홍지연, 2002).

한편, TV 프로그램의 질에 따라 유아에게 미치는 영향이 다르다는 의견이 제시되었는데, 유아의 인지 발달이나 사회성에 긍정적인 영향을 미치는 TV 프로그램의 시청은 오히려 유아의 친사회적 발달에 도움이 된다는 것이다(Clements & Nastasi, 1993). 느린 화면에 이야기 맥락이 있는 유아 프로그램은 유아에게 유해하지 않고 친사회적 발달에 도움이 되지만, 〈스펀지밥〉과 같이 이야기 맥락이 부족하고 정신없이 화면이 전환되는 프로그램은 유아들의 집중력과 문제해결력에 부정적인 영향을 미친다는 것을 밝혔다. 유아에게 영향을 미치는 TV 프로그램 시청에 있어서 좋은 프로그램에 대한 정보를 갖고 정해진 시간에만 시청하게 하는 부모의 노력이 있다면, 이러한 부정적인 영향은 감소될 것이다.

■ 그림 4-2 ■ 만화 〈스펀지밥〉

■ 그림 4-3 ■ 이야기 맥락이 있는 만화

하지만 아무리 양질의 프로그램이라 하더라도 지나친 미디어 시청이나 컴퓨터 게임 같은 오락기의 사용은 유아기에 가져야 할 또래와의 상호작용 등 유아의 사회적 놀이 기회를 빼앗고 신체의 움직임을 제한하므로 그에 대한 한계 설정이 필요하다.

놀이 환경

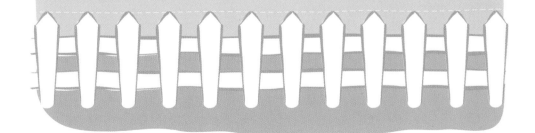

놀이 환경은 유아의 발달과 놀이 행동에 직접적인 영향을 미치며, 질적으로 우수한 환경에서 유아들은 보다 잘 집중하고, 적극적이고 지속적으로 놀이에 참여하게 된다. 놀이 환경의 요소는 놀이가 일어나는 공간, 그 공간에 제시되는 자료, 공간 구성 및 배치이며, 이러한 요소는 유아의 놀이에 영향을 미친다(Johnson, Christie, & Yawkey, 1999). 질적으로 우수한 놀이 환경을 위해서는 개방성과 폐쇄성, 단순성과 복잡성, 활동성과 비활동성, 집단놀이와 단독놀이, 부드러움과 딱딱함, 접촉과 은둔, 도전과 안전 등의 조건을 갖추어야 한다(Prescott, 1984). 또한 유아의 놀이에 대한 욕구 충족과 유아의 흥미를 고려해야 하며, 도전감, 신기함, 복잡성 및 다양성을 고려한 놀이 자료를 제공하여 다양한 유형의 인지적·사회적 놀이 행동이 나타날 수 있게 함으로써 유아의 발달적 요구를 충족시켜 주어야 한다(Frost, Shin, & Jacobs, 1998).

이 장에서는 유아교육기관의 놀이 환경을 실내놀이 환경, 실외놀이 환경, 놀이 자료로 나누어 살펴보고자 한다.

1. 실내놀이 환경

유아교육기관의 실내 공간은 일반적으로 교실, 유희실, 원장실, 교사실, 자료실, 화장실 등으로 구성된다. 그중 유아들이 하루 일과의 대부분의 시간을 보내고 있는 교실환경이 가장 중요하며, 특히 교실의 크기는 유아의 놀이 행동에 영향을 미치므로 놀이가 일어날 수 있는 충분한 공간을 확보하는 것이 좋다. 유치원에서 보통 유아당 필요한 최소 공간 면적은 2.13제곱미터(0.64평)가 되어야 하므로 40명의 유아의 활동 면적은 최소 85.2제곱미터(25.6평)이나, 종일반의 경우 최소 3.2제곱미터(약 1평) 이상이 되어야 한다. 따라서 학급수가 20명일 경우 교실 최소 면적은 20평 이상이어야 한다(고등학교 이하 각급 학교 설립·운영규정 제3조, 2007. 5. 29. 개정). 어린이집 보육실의 크기는 거실, 포복실 및 유희실을 포함하여

2.64제곱미터(약 0.8평) 이상이어야 한다(「영유아보육법」 시행규칙 제9조, 2012. 10. 31. 개정). 여기에서는 실내놀이 공간을 교실로 제한하여 설명하고자 한다.

1) 실내놀이 공간 구성

실내놀이 공간은 영유아들이 하루 일과를 진행하는 과정에서 먹고, 놀고, 자

■ 표 5-1 ■ 실내놀이 공간 구성이 암시하는 메시지

실내놀이 공간 구성	암시하는 메시지
• 자극적인 색보다 편안함을 주는 파스텔 톤 사용 • 깨끗하고 튼튼한 가구 • 지나친 벽장식을 피하고 여백의 미, 유아 눈높이에 맞는 게시 • 쿠션이나 테이블 보 등을 이용한 장식	즐겁고 행복한 곳
• 개인 사물함 준비 • 유아 크기에 적합한 가구 배치 • 각 유아의 작품 전시 및 보호 • 교실의 모든 영역에서 놀이 자료를 선택할 기회 제공	우리의 것
• 일관된 하루 일과 계획 제시 • 자료 사용이 용이하도록 정리정돈 • 흥미 영역 표시와 교구 및 자료 배치	신뢰할 수 있는 곳
• 유아 스스로 자료를 선택할 기회 제공 • 각 영역에 주제에 적합한 자료 제시 • 자료 선택과 정리가 용이하도록 그림이나 사진 부착	스스로 할 수 있는 독립적인 곳
• 조용한 영역에 놀이집 등 숨을 수 있는 공간 마련 • 베개나 쿠션이 있는 공간 제공 • 조용히 감상할 수 있도록 카세트나 헤드폰 준비	혼자 있을 수 있는 곳
• 소집단 활동을 위한 조용한 영역 마련 • 물놀이나 미술 활동에서 옷이 더러워지는 두려움을 갖지 않고 자신 있게 표현할 수 있도록 작업복 마련 • 왕래가 적은 곳에 다양한 블록을 가지고 놀 수 있는 쌓기 영역 마련 • 유아의 호기심을 자극할 수 있는 자료 전시 • 유아의 흥미를 고려하여 정기적인 놀이 자료 교체	탐색하고 시도하기에 안전한 곳

고, 배우는 모든 활동이 이루어지는 곳으로, 즐겁고 안전하며 편안하도록 구성되어야 한다. 〈표 5-1〉과 같이 잘 정돈된 실내놀이 공간은 유아에게 편안함을 주고, 탐색하며 집중할 수 있다는 메시지를 준다(한임순, 1997).

(1) 흥미 영역 구성의 원리

실내놀이 공간은 교실의 크기, 교실의 현재 상태, 교육 목적 및 프로그램 내용, 유아의 인원수와 연령 등을 고려하여 흥미 영역을 구성하고, 각 영역에 일정한 공간과 놀이에 필요한 시설물이나 놀이 자료를 제공한다. 흥미 영역(interest center)이란 분리대나 칸막이를 사용하여 분명한 경계를 두어 구분하는 교실의 각 영역을 말한다(Seefeldt, 1980). 유아들은 흥미 영역으로 구성된 교실에서 놀이할 때 공격적인 행동이나 뛰어다니는 행동, 다른 유아를 방해하는 행동이 줄어드는 반면, 협동적 상호작용이나 탐색적 활동이 증가하고, 교사 개입에 있어서도 긍정적인 효과가 있다(이숙재, 2006; Field, 1980; Moore, 1986; Sheehan & Day, 1975).

이숙재(2006)와 시펠트(Seefeldt, 1980)는 흥미 영역으로 구분하여 배치하면 다음과 같은 교육적 효과가 있다고 하였다.

- 각 놀이 간의 경계가 뚜렷해지므로 다른 놀이를 하는 유아의 방해를 받지 않고 놀이에 집중하는 시간이 길어진다.
- 각 영역별로 놀이를 하는 데 필요한 놀이 자료와 공간이 제공되어 유아가 좀 더 발전된 형태의 놀이를 할 수 있다.
- 제공된 여러 종류의 놀이 중에 유아가 원하는 놀이를 스스로 선택하게 되므로 의사결정 능력과 자율성 및 독립심이 증진된다.
- 유아 개개인의 놀이 속도에 따라 활동을 진행할 수 있다.
- 유아의 흥미에 따라 폭넓은 경험의 기회를 제공해 준다.

건조한 곳

언어 영역 컴퓨터 영역 수학 영역 조작 영역 휴식 공간	쌓기 영역 역할 영역 음률 영역 목공 영역 신체 영역
과학 영역 요리 영역 간식 미술 영역	화장실 세면대 물 · 모래 영역 물감 사용하는 미술 활동 물을 사용하는 과학 활동 등

조용한 곳 / 활동적인 곳

물이 있는 곳

■ 그림 5-1 ■ 흥미 영역 구성 원리

출처: Frost & Kissinger (1976).

따라서 효과적인 흥미 영역 구성을 위해서는 [그림 5-1]에 제시한 프로스트와 키싱어(Frost & Kissinger, 1976)의 흥미 영역 구성 원리를 적용하면 도움이 된다.

(2) 흥미 영역 구성 시 고려할 사항

흥미 영역 구성에는 유아의 놀이 행동에 영향을 미치므로 놀이 공간을 어떻게 구성할 것인지에 대한 세심한 주의가 필요하다. 효과적인 흥미 영역이 되기 위해서는 다음과 같은 점을 고려하는 것이 좋다.

① 각 흥미 영역은 놀이의 특징을 고려하여 적절한 인원이 들어가서 놀이할 수 있는 충분한 공간을 제공한다

유아는 혼자놀이도 즐기지만 다른 유아와의 상호작용을 통해 사회성을 기르며 문제를 해결해 보는 경험을 갖게 되므로, 충분한 공간을 주어 유아와 유아 간, 유아와 교구 간, 유아와 교사 간에 상호작용이 일어날 수 있도록 한다.

② 교사가 모든 영역을 한눈에 볼 수 있도록 함과 아울러, 유아의 프라이버시를 보호한다는 느낌을 주기 위해 영역 배치 시 교구장 및 칸막이를 L, U형으로 설치한다

놀이 공간의 구분을 위해 낮은 교구장을 사용하면 유아가 다른 영역에서 일어나는 활동에 의해 방해받지 않고 주의 집중할 수 있으며, 유아의 안전을 위한 관리 · 감독이 용이해진다.

③ 여러 종류의 활동이 가능하도록 쌓기, 역할, 언어, 수 · 조작, 과학, 미술, 음률, 컴퓨터 영역 등을 구성 · 배치하고 각 놀이 영역에 글씨나 그림으로 구성된 영역 표시판을 붙인다

유아교육의 중요한 목적은 유아가 스스로 선택하는 것을 배우도록 도와주는 데 있다. 영역을 구성하고 표시하는 일은 유아들에게 선택할 내용을 명확하게 제시해 준다.

④ 조용한 영역과 활동적인 영역은 분리하여 배치하며, 서로 연관되는 영역은 인접하게 배치하여 놀이 효과를 높인다

역할 영역과 쌓기 영역을 서로 가까이 배치하면 남아와 여아가 함께 놀이하도록 자극할 수 있을 뿐 아니라 쌓기놀이와 역할놀이가 혼합된 보다 발전된 놀이로 유도할 수 있다. 그러나 언어, 수, 조작 영역 등 조용한 영역과는 떨어진 곳에 배치하는 것이 좋다.

⑤ 유아가 필요로 하는 교재 · 교구는 쉽게 사용할 수 있도록 교구장에 진열하며, 그림이나 명칭 카드를 붙인다

유아는 교재 · 교구를 쉽게 이용할 수 있을 때 환경에 대한 책임감을 배우고 자아존중감을 키울 수 있다. 또한 교재 · 교구의 체계적인 분류는 적절한 사용을 증진시키며, 각 교구가 속하는 장소에 그림이나 명칭 카드를 붙이는 것은 유아 스스로 정리정돈하게 한다.

⑥ 유아가 휴식을 취할 수 있고, 혼자서 또는 친구와 함께 숨을 수 있는 편안한 공간을 제공한다

유아교육기관에서 오랜 시간을 보내는 유아는 은밀하게 숨는 공간이 있을 때 편안함과 안정감을 갖는다.

⑦ 놀이 영역의 배치는 필요에 따라 변경할 수 있도록 한다

교구장이나 기타 시설물은 이동하기 쉽도록 제작하여 유아의 요구 및 참여 인원수에 따라 놀이 영역을 확대 혹은 축소시킬 수 있도록 한다. 또한 생활 주제나 주제에 따라 놀이 영역의 배치를 변화시키거나 연령별, 학기별로 변화시킬 수 있다.

⑧ 놀이 결과로 생산된 유아 작품을 유아의 눈높이에 맞게 전시한다

유아는 자기 눈높이에 있는 그림에 집중하며, 유아의 독창적인 작품을 전시하는 것은 성인이 유아 자신의 노력을 존중하고 중요하게 여기고 있음을 느끼게 해 준다.

⑨ 영역 간의 통로를 만들어야 하며, 교실의 출입구 가까이에는 영역 배치를 피하도록 한다

한 영역에서 다른 영역으로 이동하기 쉽도록 통로를 확보하고 출입구 가까이에 영역을 배치하지 않으면 서로의 놀이를 방해하지 않으며 보다 잘 집중할 수 있다.

⑩ 영역에 따라 물을 사용하거나 소음을 줄이기 위한 바닥재를 고려한다

주로 건조한 영역에서는 유아들이 바닥에 앉아서 하는 활동이 많으므로 소음을 줄이기 위하여 부분 카펫 등을 깔아 주며, 물을 필요로 하는 영역에서는 바닥이 젖지 않고 쉽게 닦아 낼 수 있는 바닥재를 사용하도록 한다.

2) 흥미 영역별 환경

(1) 영아를 위한 흥미 영역별 환경

영아를 위한 놀이 환경은 가능하면 가정과 같은 분위기를 조성하고, 영아가 보고, 듣고, 만질 수 있는 다양한 경험을 제공하며 안전하고 위생적인 환경이어야 한다.

영아를 위한 실내놀이 공간은 놀이 영역으로 일상생활 영역과 구분하여 배치한다(보건복지부, 2013).

- 0세반: 신체 영역, 언어 영역, 감각·탐색 영역, 일상생활 영역(수유 및 이유, 낮잠, 기저귀 갈이)
- 1세반: 신체 영역, 언어 영역, 감각·탐색 영역, 역할·쌓기 영역, 일상생활 영역(점심 및 간식, 낮잠, 기저귀 갈이·배변활동)
- 2세반: 신체 영역, 언어 영역, 감각·탐색 영역, 역할·쌓기 영역, 미술 영역, 음률 영역, 일상생활(점심 및 간식, 낮잠, 배변활동)

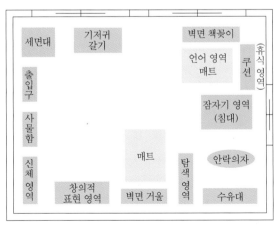

0~1세 영아반 흥미 영역

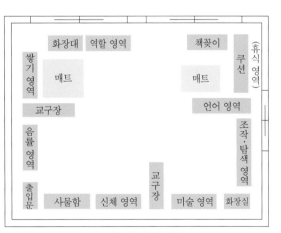

2세 영아반 흥미 영역

교실이 작다면 역할 영역과 쌓기 영역, 언어 영역과 휴식 영역, 음률 영역과 미술 영역을 통합하여 구성할 수 있다. 여기에서는 영아반 교실의 흥미 영역 구성에 대하여 0~1세반과 2세반으로 구분하여 그림으로 제시하고, 영역별 환경에 대해서는 쌓기 영역, 역할 영역, 언어 영역, 감각·탐색 영역, 창의적인 표현 영역, 신체 영역, 휴식 영역, 일상생활 영역으로 구분하여 살펴보기로 한다.

① 쌓기 영역

영아는 복잡한 구조물을 쌓기는 어려우나 여러 종류의 블록을 탐색하고 단순한 탑 쌓기, 한 줄로 늘어놓기, 다리 만들기 등의 놀이가 주로 이루어지므로 충분한 공간을 제공하는 것이 바람직하다. 공간이 좁을 때는 역할놀이 영역과 통합하여 활용할 수 있으며, 조용한 영역과는 떨어진 곳에 위치하는 것이 좋다.

0~1세반은 우레탄 블록이나 스펀지 블록, 종이벽돌 블록, 헝겊으로 감싸 있는 블록 등이 적합하며, 2세반은 나무 블록, 종이벽돌 블록, 우레탄 블록, 스펀지 블록, 재질이 부드럽고 구멍이 큰 끼우기형 블록 등이 적합하다. 영아반은 기본 형태의 가볍고 커다란 블록을 충분한 수량으로 제공하고, 실제 형태와 유사한 장난감 자동차, 동물 모형 등의 소품을 제공한다.

② 역할 영역

영아들은 주로 일상생활에서 경험한 단순한 내용의 역할놀이를 한다. 그러므로 이 영역에는 사실적인 인형이나 봉제동물 인형(예: 머리카락과 움직이는 눈을 가진 인형, 유아에게 친숙한 동물 인형과 가볍고 유아 손에 맞는 손인형 등), 사실적으로 보이는 가구, 전신거울, 어린이용 싱크대, 오븐, 냉장고 등을 제공한다. 특히 영아는 발달 특성상 한두 가지 놀이 자료를 반복적으로 사용하고, 혼자놀이를 즐기며, 자신이 좋아하는 놀이 자료를 또래에게 양보하기가 어려우므로 영아가 좋아하는 같은 종류를 여러 개 준비하는 것이 바람직하다.

0~1세반은 다양한 크기와 재질의 촉감인형, 자동차류 등을 제공한다. 2세반은 여러 가지 소꿉그릇이나 과일, 전화기, 인형 등 단순한 역할놀이용 자료를 제공한다.

③ 언어 영역

언어 영역은 영아가 안정되고 편안한 가운데 책보기와 듣기가 이루어지므로 가장 조용하고 밝은 곳에 배치하는 것이 좋다. 영아가 편안한 자세로 그림책을 보거나 자료를 사용할 수 있도록 부드러운 느낌의 카펫을 깔아 주고 등받이가 있는 쿠션이나 방석, 낮은 소파, 낮은 탁자나 책상, 앞면 책꽂이, 끼적일 수 있는 낙서판 등을 준비한다. 공간이 충분하지 않을 때는 언어 영역에 휴식 공간을 통

합하여 구성할 수 있다.

　0~1세반의 언어 자료는 그림 자료, 사진 자료, 헝겊인형, 입체책, 헝겊책, 전화기 등을 제공한다. 2세반은 손인형, 사진 자료, 그림카드, 친숙한 내용의 짧은 이야기책, 다양한 그림책, 카세트 등을 제공한다.

④ 감각 · 탐색 영역

　영아는 오감을 통해 사물을 인식하고, 주변을 탐색하면서 환경을 이해하게 되므로 다양한 감각, 조작, 탐색 자료 등을 제공해야 한다. 이 영역은 조용하고 햇빛이 드는 곳에 위치하는 것이 좋으며, 낮은 책상과 함께 배치하여 동식물을 키우기도 하고, 관찰할 수 있도록 한다. 또한 소근육을 사용하여 조작하는 놀이 자료, 사물의 특성을 탐색하는 놀이 자료, 수감각과 분류 능력을 기를 수 있는 놀이 자료 등을 제공한다.

　0~1세반은 소리 나는 상자, 누르면 뛰어오르는 놀잇감, 고무나 플라스틱으로 된 고리 끼우기, 구슬을 조작하여 이동을 볼 수 있는 레일, 모양 찾아 맞추기, 색깔 맞추기 등을 제공한다. 2세반은 퍼즐, 모양 맞추기, 구슬 꿰기 등의 조작 활동 자료, 돋보기, 자석, 동식물, 나무껍질, 조개껍질 등의 자연물, 촉감상자, 소리상자 등의 탐색 활동 자료 등을 제공한다.

⑤ 창의적 표현 영역(음률 영역 및 미술 영역)

영아기에는 다양한 악기, 소품, 그리기 도구 등을 탐색하고 그것을 가지고 노는 과정에서 자신의 고유한 생각이나 느낌을 자유롭게 표현하면서 즐거움을 경험하고, 창의성과 미적인 감각을 발달시킬 수 있다. 이를 위해 움직임, 음악, 미술을 통한 창의적 놀이가 활발하게 일어날 수 있도록 다양한 자료를 제공해야 한다. 0~1세반의 경우에는 음률과 미술을 통합하여 창의적 표현 영역으로 구성할 수 있으며, 2세반의 경우에는 음률 영역과 미술 영역을 구분하여 구성할 수 있다.

0~1세반은 음악과 동작 활동을 위하여 소리 나는 물건을 흔들거나 두드리는 것을 좋아하므로 딸랑이, 안전한 방울, 마라카스, 음악 듣기 자료, 소리 나는 장난감 등을 제공하고, 미술 활동을 위하여 벽이나 바닥, 책상 위에 넓게 붙인 큰

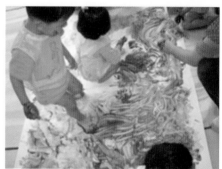

도화지와 무독성 크레파스, 색연필, 밀가루점토, 스티커, 모양도장 등을 제공한
다. 2세반은 동작과 음악 활동을 위하여 북, 리듬악기, 음악 듣기 자료, 동작 표
현에 도움을 주는 소품 등을 제공하고, 미술 활동을 위하여 다양한 재질과 색깔
의 종이류, 색연필, 무독성 크레파스 등 그리기 도구, 우유갑, 잡지책, 안전가위,
풀, 밀가루점토, 스티커, 모양도장 등을 제공한다.

⑥ 신체 영역

건강한 영아는 움직임에 대한 욕구가 강하여 잠시도 쉬지 않고 움직인다. 뒤
집고, 앉고, 기고, 서고, 걷고, 달리는 등 이동운동 능력이 향상되고, 쥐고, 잡는
등의 협응 능력도 발달된다. 따라서 신체 영역은 영아들이 대소근육 발달 및 협
응력을 기르고 연습할 수 있는 충분한 공간을 마련하고 다양한 활동 자료를 제

공한다.

0~1세반의 경우 영아용 침대에서 사용 가능한 놀이 기구, 낮게 오르내리는 기구, 그네, 운동기구, 잡고 걸을 수 있도록 벽에 설치된 봉, 스펀지 블록, 큰 공, 밀고 당기는 놀이 자료 등을 제공한다. 2세반의 경우는 미끄럼틀, 점핑 바운더, 종합놀이대, 볼풀놀이대 등 고정식 놀이 기구와 이동식 목마, 자동차, 끌차, 공, 후프 등을 제공한다.

⑦ 휴식 영역

영아는 유아교육기관에서 하루 종일 생활하다 보면 가정과 같이 휴식을 취하거나 혼자서 조용한 시간을 보내고 싶어 한다. 이러한 영아의 개별적인 요구를 수용하고 긴장감을 해소할 수 있도록 편안하고 안락한 공간을 배려해 주어야 한

다. 이를 위해 교구장의 높이, 조명 등을 고려하고, 부드러운 소재의 깔개, 쿠션, 소파 등을 마련해 준다. 휴식 공간은 쌓기나 역할 놀이 영역과는 떨어진 곳에 위치하는 것이 좋으며, 필요할 경우 언제든지 이용할 수 있도록 허용한다. 휴식 공간을 따로 두기 어려울 때는 언어 영역과 통합하여 구성할 수 있다.

⑧ 일상생활 영역

영아반의 일과는 먹고, 자고, 씻고, 화장실을 가는 등의 일상생활이 주로 이루어지므로 이러한 욕구가 충족될 수 있도록 해야 한다. 일상생활 영역은 수유와 이유를 위한 영역, 낮잠을 위한 영역, 기저귀를 가는 영역으로 구분될 수 있다.

수유 및 이유를 위한 영역에는 음식 보관, 준비, 먹는 공간을 분리하여 뒷정리가 쉽도록 싱크대 가까이에 배치하는 것이 좋다. 수유는 개별 영아의 이름을 표기하여 다른 영아의 것과 바뀌지 않도록 주의하고, 영아가 먹은 양과 시간을 기록할 수 있는 기록지를 마련해 둔다. 우유는 냉장고에 보관하고 적당한 온도로 데워 영아들에게 주도록 하며, 먹다 남은 우유는 버리도록 한다. 월령에 따라 낮은 책상에서 간식이나 점심을 먹을 수 있으며, 이유식을 하는 경우 이유식 전용 의자를 사용할 수 있다.

낮잠을 위한 영역은 소음이 나는 놀이 영역과 분리하고 교사가 쉽게 관찰할

수 있는 곳에 배치해야 한다. 영아가 원할 때는 언제든지 자유롭게 이용할 수 있
도록 아늑하고 편안함을 느낄 수 있는 공간으로 구성한다. 어린 영아반의 경우
자주 수면을 취하므로 침대를 두는 것이 좋으나, 공간이 좁을 경우에는 조용한

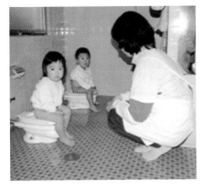

영역에서 각 영아의 침구를 이용하여 낮잠을 잘 수 있도록 한다.

기저귀 갈이 영역은 위생을 고려하여 음식을 준비하는 영역과는 분리되어 있는 것이 좋으며, 영아를 씻어 주거나 교사가 손을 씻을 수 있는 세면대가 있는 곳이 좋다. 기저귀 갈이대가 준비되어 있어 그 안에 기저귀, 로션, 수건, 파우더, 물티슈 등을 정리할 수 있도록 하는 것이 바람직하다. 그러나 기저귀 갈이대가 없어 바닥을 이용한다면 기저귀를 갈 때 바닥에 까는 천이나 가죽판을 준비해 두는 것이 좋다. 기저귀를 갈기 위해 영아를 눕힐 때 흥미를 자극할 수 있는 인형이나 모빌, 그림 등을 걸어 두는 것이 기저귀 갈기에 도움을 준다.

(2) 유아를 위한 흥미 영역별 환경

유아를 위한 흥미 영역은 일반적으로 쌓기, 역할, 언어, 수 · 조작, 과학, 미술, 음률, 컴퓨터 영역 등으로 구분한다. 각 영역별 환경을 살펴보면 다음과 같다.

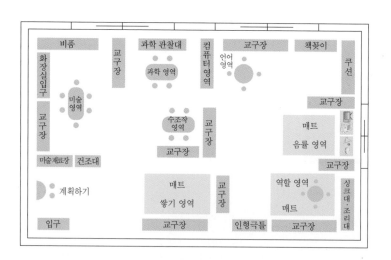

① 쌓기 영역

쌓기 영역은 블록을 분류하고, 쌓고, 비교하고, 배열하고, 또래와 함께 협동하여 구성하는 등 유아들에게 중요한 인지 경험과 사회적 경험을 제공한다. 이 영역은 활동적이고 건조한 장소에 배치하며, 혼자 혹은 여러 유아가 함께 다양한 자료로 구성 활동을 할 수 있도록 충분한 공간을 제공한다. 사람들의 왕래가 빈번한 교실 입구는 피하는 것이 좋으며, 너무 부드럽거나 두껍지 않고 평평하게 짜인 카펫을 깔아 주어 유아가 만든 구성물이 쉽게 무너지지 않도록 한다.

유아의 구성 능력과 자료를 조작하는 능력에 따라 생활주제에 적합하고도 다양한 블록과 소품을 제공한다. 자료는 유아가 쉽게 파악하고 정리정돈을 잘할 수 있도록 그림이나 사진을 교구장에 붙여 둔다. 쌓기 영역에서도 주제와 관련된 놀이가 일어나고 극화로 연결되기도 하므로 역할 영역에 인접하게 배치하여 놀이를 확장할 수 있도록 한다.

유아들에게 적합한 쌓기놀이 자료로는 다양한 종류의 블록류(종이벽돌 블록, 유니트 블록, 우레탄 블록, 속이 빈 공간 블록, 스펀지 블록, 우유갑 블록 등 쌓기놀이형 블록과 자석 블록, 와플 블록, 띠블록, 꽃블록, 눈송이 블록 등 끼우기형 블록 등)와 쌓기놀이를 촉진하는 소품류(모형 동물, 사람 인형, 로봇, 공룡 등의 인형류와 작은 자동차나 배 같은 운송 수단이 되는 탈것류, 기타 생활 주제와 관련된 동물가면, 교통표지판, 신호등, 간판 표시물, 운전대, 경찰이나 오토바이용 모자, 모형 건물이나 집 등)를 제공한다.

② 역할 영역

역할 영역은 엄마 · 아빠놀이, 운전사놀이, 소방서놀이, 병원놀이 등 다양한 주제의 상상놀이 및 사회극놀이가 일어나는 곳으로, 유아가 내면적 욕구를 표현하고 부정적인 감정을 발산하기도 한다. 또한 유아는 실생활에서 보고 경험한 다양한 역할을 맡아 해 봄으로써 지식을 견고화할 뿐 아니라 또래의 생각과 존재를 인식하게 됨으로써 탈중심화되어 가며, 사회적인 경험과 언어 발달을 촉진하게 된다. 역할놀이 영역은 움직임이 많고 활동이 다양하여 동적인 영역, 특히 쌓기놀이 영역 가까이에 두어 필요하면 언제든지 영역을 통합하여 놀이를 확장할 수 있도록 한다.

역할 영역은 생활주제 및 주제에 따라 주유소, 사무실, 병원, 가게, 소방서, 미용실, 식당 등으로 환경을 변화시킬 수 있다. 역할놀이의 소품들은 일부러 상업적인 놀잇감을 구입하기보다는 드라이기, 진찰용 청진기, 노트북, 전화기, 현금계산기 등 사용하지 않는 일상생활용품 등을 제공하는 것이 더 실제적이어서 역할놀이를 보다 흥미롭게 한다.

유아의 역할놀이를 위해서는 기본 가구류(유아 크기의 화장대, 식탁, 의자, 모형 싱크대, 레인지, 소품을 넣을 수 있는 장 등), 소꿉놀이류(냄비, 프라이팬, 밥솥, 접시 세트, 커피잔 세트, 국자, 주걱, 숟가락, 포크, 도마, 칼, 모형 음식 등), 역할놀이 소품(와이셔츠, 앞치마, 드레스, 의사 가운, 한복 등 의상류, 신발류, 장신구, 액세서리, 화장품, 모자, 가방 등), 각종 모형(농장, 동물원, 음식점, 기차역, 인형집, 소방서 등)을 제공한다.

③ 언어 영역

언어 영역은 유아들이 듣고, 말하고, 읽고, 써 보는 경험을 통해 언어 능력을 향상시키고 올바른 의사소통을 위한 태도와 습관을 형성하도록 돕는다. 유아들이 조용하고 안정된 분위기에서 집중할 수 있도록 하기 위하여 가능한 한 활동적인 영역과 떨어진 곳을 배치하고, 바닥에는 카펫을 깔고 쿠션, 소파, 콩의자 등을 두어 아늑한 분위기를 조성한다. 읽고 쓰기에 적합하도록 밝은 곳에 위치해야 하며, 앞면 책꽂이와 책상을 비치하는 것이 좋다. 또한 듣고 말하기에 도움이 되도록 카세트와 헤드폰을 두어 동화를 듣거나 유아가 직접 녹음하여 들어볼 수 있도록 하며, 또래들과 극놀이 등을 해 볼 수 있도록 인형극 틀과 다양한 인형들을 제공한다.

듣기와 말하기 활동 자료(카세트, 다양한 주제의 동화 테이프, 헤드폰, 목소리가 녹음된 테이프, 융판용 동화, 융판, 자석동화, 자석칠판, 그림 카드, 인형극 틀, 손인형, 막대인형 등), 읽기 활동 자료(다양한 주제의 그림책, 사진첩, 유아가 만든 그림책, 주제에 따른 화보 모음책, 동요, 동시집, 어린이용 잡지나 카탈로그, 인쇄물, 글자 퍼즐 등), 쓰기 활동 자료(크기와 모양이 다양한 종이, 굵은 색연필이나 연필, 사인펜 등 다양한 필기도구, 소형 화이트보드와 마커펜, 글자상자, 단어 카드, 자음모음 카드, 독서 카드, 글자 도장, 타자기 등)를 제공한다. 컴퓨터 영역을 따로 두지 않을 때는 언어 영역에 컴퓨터와 프린트기를 놓는 것이 언어 활동에 도움을 줄 수 있다.

④ 수 · 조작 영역

수 · 조작 영역은 구체물, 카드, 게임판, 퍼즐 등을 조작하여 수 · 공간과 도형, 비교, 분류 등의 수학적 개념과 소근육 발달을 촉진시키므로 일반적으로 수학 영역과 조작 영역을 통합하여 구성한다. 수 · 조작놀이 영역은 언어 영역, 과학 영역 가까이에 있는 조용한 공간이 적절하며, 보다 편리한 조작 활동을 위해 책상과 의자를 배치하는 것이 좋다.

조작 자료(다양한 퍼즐, 구슬 끼우기, 바느질하기, 나사 맞추고 조이기, 단추 끼우기, 리본 묶기 등), 수학 자료(동물 모형, 조개류, 바둑알 등 셀 수 있는 구체물, 수 세기 자석판, 숫자 카드, 양팔저울, 달력, 시계, 게임 자료 등)를 제공한다.

⑤ 과학 영역

과학 영역에서는 생물과 무생물, 여러 물질과 자연현상을 관찰하고 탐구하면서 과학 개념 형성을 위한 다양한 발견학습이 이루어진다. 특히 동물과 식물을 키워 보는 기회를 제공하므로 동식물의 성장과정과 생명체를 소중하게 여기는 마음을 배울 수 있다. 과학 영역은 햇빛이 잘 들고 조용하며 물의 공급이 쉽고 안정된 공간에 배치하며, 실험도구를 안전하게 사용할 수 있도록 유아들의 왕래가 많지 않은 장소에 배치하는 것이 적합하다. 또한 유아들이 수집한 물건을 전시할 수 있는 공간과 다른 유아들과 함께 관찰하고 기록할 수 있도록 기록용지

와 쓰기도구 등을 마련해 준다.

과학 영역에는 유아들이 교실에서 돌보고 키워 볼 수 있는 동물과 식물, 여러 가지 물체(거울, 자석, 확대경, 손전등, 건전지, 색안경, 돋보기, 백과사전, 활동 카드 등), 측정기구(온도계, 자, 저울, 천칭, 시계 등), 특수기계(현미경, 망원경, 카세트, OHP, 비디오 등), 실물 자료(낙엽, 씨앗, 조개껍질, 잡곡, 돌, 흙 등) 등을 제공한다.

⑥ 미술 영역

미술 영역에서는 유아가 다양한 자료를 가지고 감각 활동을 경험하게 되므로 자신의 내면세계를 표현할 수 있는 기회가 제공된다. 미술 활동은 물을 필요로 하는 영역이므로 화장실이나 교실 내의 싱크대 가까운 곳에 위치하는 것이 좋으며, 유아가 물감 등을 사용해도 쉽게 바닥을 닦아 낼 수 있는 바닥재를 사용한다. 미술 영역에는 자료 보관함, 책상과 의자, 화판, 이젤, 건조대, 작품 전시대, 비닐 가운 등이 구비되어야 하며 각 자료들의 보관상자 앞면에 그림이나 사진 등을 붙여서 사용과 정리에 도움이 되도록 한다.

유아들이 미술 활동에서 자유롭게 표현할 수 있도록 필기구(크레파스, 색연필, 연필, 볼펜, 사인펜 등), 물감(수채화물감, 한국화물감, 먹물 등), 종이류(도화지, 두꺼운 도화지, 색도화지, 신문지, 한지, 화선지, 색종이, 골판지, 박스종이, 소포지, 포장지, 광고지, 이면지, 잡지 등), 만들기 자료(풀, 가위, 펀치, 고무줄, 클립, 테이프, 수수깡,

모루, 솜, 나무젓가락, 면봉, 이쑤시개 등), 점토류(찰흙, 지점토, 밀가루점토 등), 폐품류(우유갑, 요구르트병, 상자, 천조각, 스티로폼 용기 등) 등 다양한 자료를 제공한다.

⑦ 음률 영역

음률 영역은 다양한 악기를 다루어 보고, 음악에 맞춰 자유롭게 신체를 움직여 봄으로써 정서적 감정과 감각 기능을 발달시키며, 언어와 창의력, 신체조절 능력 등에 도움을 주는 영역이다. 신체의 움직임이 많은 영역이므로 충분한 공간이 필요하며, 활동적인 영역인 쌓기 영역과 역할 영역 가까이에 배치하도록 한다. 바닥에는 바닥용 매트를 깔고, 한쪽 벽면에는 유아의 키에 맞는 거울을 부착해 두어 유아가 자신의 몸의 움직임을 볼 수 있도록 하는 것이 좋다.

음률 영역에는 다양한 종류의 악기와 음악 관련 자료를 제공해야 한다. 악기류

(리듬막대, 우드블록, 마라카스, 캐스터네츠, 탬버린, 트라이앵글, 작은북, 실로폰, 피아노, 키보드, 전통악기 등), 음악감상 자료(카세트, 음악 테이프, 헤드폰 등)를 제공하고, 그 외에 그림이 있는 노래가사, 그림악보, 리듬카드, 음악가나 악기사진, 악기를 연주하거나 노래 부르는 모습의 사진 등을 제공하여 음률활동을 자극한다.

⑧ 컴퓨터 영역

컴퓨터는 유아들에게 보다 새로운 흥미를 일으킬 뿐 아니라 어려서부터 첨단과학을 자연스럽게 접할 수 있게 도와줄 수 있는 영역이다. 유아 스스로 컴퓨터의 활용방법을 발견하고 서로 의견을 교환하면서 협력하는 경험을 할 수 있도록 한다. 컴퓨터 영역은 컴퓨터실을 따로 두는 것이 아니라 모든 경험이 교육 활동에서 통합적으로 이루어지도록 언어 영역과 인접하거나 통합하여 배치한다. 이 영역에는 컴퓨터, 프린터, 자판, CD, 스피커 등을 제공한다.

2. 실외놀이 환경

유아들의 신체적 · 정신적 · 사회적 건강을 위하여 실외놀이의 중요성을 인식하고 유아들이 밖에서 충분히 놀이할 수 있는 환경을 조성하는 일은 매우 중요하다. 실외놀이 환경은 실내와는 공간적으로 다른 특성을 지니기 때문에 유아에게 독특한 놀이 경험을 제공하게 된다. 무어와 영(Moore & Young, 1978)은 실외놀이 공간의 특징에 대해 생물체나 문화와의 교류가 빈번하게 일어나므로 의욕적으로 학습할 수 있으며, 자연환경과의 상호작용을 경험할 수 있는 교육적 공간으로 실내활동의 연장이며, 뛰기, 구르기, 균형 잡기 등의 신체 활동이 활발히 이루어지는 공간이라고 하였다.

이와 같이 실외놀이 환경은 유아가 마음껏 뛰어놀고 자연현상과 접촉하며 자유롭게 탐색할 수 있는 다양한 경험을 제공한다. 또한 대근육 활동을 통해 건강을 유지하고 증진시키며, 또래와의 사회적 상호작용을 통해 사회성을 기를 수 있다. 즉, 실외놀이 환경은 유아의 신체적·사회적·정서적·언어적·인지적 발달을 촉진하는 데 중요한 교육적 기능을 갖는다.

1) 실외놀이 공간 구성

실외놀이 공간의 위치는 가능하면 유아교육기관의 건물 앞쪽, 특히 남쪽에 위치하여 햇빛과 그늘을 적당히 제공받을 수 있도록 하며, 놀이 자료를 안팎으로 옮기기 쉽고 유아가 자유로이 드나들기 쉽도록 실내 공간과 연결되게 하는 것이 좋다. 또한 유아의 안전을 위하여 실내와 실외 공간 높이에 차이가 있을 때는 층계보다는 경사로를 설치하도록 하며, 배수가 잘 되거나 배수시설을 갖춘 입지라야 한다(법전편찬회, 1996).

유치원의 실외 공간의 법적 기준은 원아 40명 이하의 경우 160제곱미터(약 48.5평)이며, 41명 이상인 경우 '120 + 유치원아의 정원' 제곱미터(고등학교 이하 각급 학교 설립·운영규정 제5조, 2001. 10. 31. 개정)이며, 어린이집의 실외 공간의 법적 기준은 보육정원 50명 이상인 어린이집(12개월 미만의 영아반을 보육하는 어린이집은 제외)은 영유아 1인당 3.5제곱미터(약 1평) 이상의 규모로 옥외놀이터를 설치하도록 하고 있다(「영유아보육법」 시행규칙 제9조, 2012. 10. 31. 개정).

(1) 실외놀이 공간 구성 시 고려사항

실외놀이 공간을 구성할 때 고려해야 할 사항에 대하여 학자별로 살펴보면 다음과 같다.

① 데커와 데커

데커와 데커(Decker & Decker, 1988)는 실외놀이 공간이 갖추어야 할 조건을 다음과 같이 제시하였다.

- 실외놀이 공간은 다양한 놀이를 할 수 있어야 한다: 실외놀이는 실내놀이의 연장이기 때문에 실내에서 유아가 하는 모든 놀이를 실외에서도 할 수 있도록 공간을 구성해야 한다.
- 실외놀이 공간은 즐거움을 주는 장소여야 한다: 실외놀이 공간에서 유아가 여러 가지 감각 경험을 통하여 즐거움을 맛볼 수 있고, 아름다운 자연환경에서 즐길 수 있도록 배려해야 한다.
- 실외놀이 공간은 안전해야 한다: 공간의 효율적인 배치, 안전한 시설과 설비, 적절한 지도가 어우러지는 안전한 실외놀이 공간을 구성해야 한다.

② 프로스트 및 프로스트와 클라인

먼저, 프로스트(Frost, 1992)는 3세 미만의 영아를 위한 실외놀이 공간의 설계 기준으로 다음 네 가지를 제시하였다.

- 다양한 동작이 가능하도록 설계한다: 기어가기, 일어서기, 깡총 뛰기, 붙잡기, 잡아당기기, 밀기, 걷기, 뛰기, 균형 잡기, 회전하기 등과 같은 다양한 동작을 할 수 있도록 설계한다.
- 감각을 자극하도록 설계한다: 영아는 보고, 듣고, 맛보고, 냄새 맡고, 만지는 감각 경험을 통해 성장하므로 다양하고 적절한 수준의 감각적 자극을 받을

수 있도록 설계한다.

■ 신기함과 다양함을 맛보고 도전할 수 있도록 설계한다: 영아는 빠른 속도로 성장하며 새로운 것을 추구하고 도전하는 성향이 있으므로, 늘 신기하게 느낄 수 있고 다양하며 새로운 도전을 해 볼 수 있도록 설계한다.

■ 편안하고 안전한 실외놀이 공간이 되도록 설계한다: 영아는 잘 넘어지고 무엇이든지 입에 넣는 등 위험한 행동을 많이 하므로 실외놀이 공간의 바닥, 놀이기구의 높이, 형태, 재료, 페인트 등의 안전을 고려하여 설계한다.

다음으로, 프로스트와 클라인(Frost & Klein, 1979)은 3~8세 유아를 위한 실외놀이 공간의 설계 기준을 다음과 같이 제시하였다.

■ 유아의 놀이를 장려하도록 설계한다: 유아가 쉽게 접근할 수 있는 개방적이고 편안한 공간을 조성하며, 실내에서 실외로 자유롭게 이동할 수 있어야 하고, 유아의 연령에 적합한 놀이시설을 제공해야 한다.

■ 유아의 감각을 자극하도록 설계한다: 크기, 빛, 질감 및 색깔의 변화와 대조를 경험하도록 융통성 있는 시설을 제공하여 다양한 경험을 하도록 한다.

■ 유아의 호기심을 자극하도록 설계한다: 유아가 원하는 대로 재구성할 수 있는 놀이시설을 설치하고, 실험 자료와 구성놀이 자료를 제공한다.

■ 다양한 상호작용이 일어나도록 설계한다: 유아와 유아, 유아와 교구 간의 상호작용이 일어날 수 있도록 다양한 공간, 다양한 자료 등을 제공한다.

■ 유아의 사회적 · 신체적 욕구를 만족시켜 줄 수 있도록 설계한다: 유아가 안락함을 느끼도록 해야 하고, 유아의 신체 조건에 맞도록 하며, 위험하지 않도록 해야 한다.

■ 유아의 놀이가 발전된 놀이로 확장될 수 있도록 설계한다: 기능놀이, 대근육놀이, 구성놀이, 창의적 놀이, 극놀이, 사회적 놀이, 규칙 있는 게임 등을 할 수 있도록 한다.

③ 센다

센다(仙田, 1992)는 효율적인 실외놀이 공간 구성을 위해서는 다음과 같은 공간을 필요로 한다고 제안하였다.

- 개방 공간: 유아들이 달리기, 공놀이, 숨바꼭질, 게임 등을 할 수 있는 넓은 공간을 의미한다.
- 자연 공간: 동식물을 키우고 자연을 탐색하는 가운데 생명의 중요함을 배울 수 있는 공간을 의미한다.
- 통로: 서로 간의 만남의 장소이자 여러 가지 놀이의 거점을 연계하는 네트워크의 놀이 공간을 의미한다.
- 교구 공간: 놀이가 집약적인 곳, 놀이 공간의 상징성을 갖는 공간을 의미한다.
- 아지트 공간: 부모나 교사, 성인을 벗어난 자신들만의 비밀 기지로, 유아의 공동체로서의 의식을 키우고 우정이나 배려, 간혹 다툼과 갈등 등을 체험하기도 하는 공간을 의미한다.
- 창조적 공간: 쌓고, 부수고, 만드는 등 상상력을 자극하는 활동적인 공간을 의미한다.

[그림 5-2]에 나타난 바와 같이, 여섯 가지 공간에서 자연 공간, 개방 공간, 통로의 세 공간이 중심적인 공간이며, 교구 공간, 아지트 공간, 창조적 공간의 세 공간은 부수적으로 따라오는 공간이다.

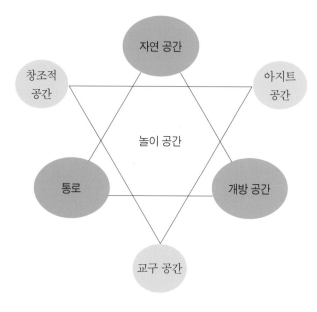

■ 그림 5-2 ■ 공간 구성

출처: 仙田(1992).

④ 에스벤슨

에스벤슨(Esbensen, 1987)은 실외놀이의 공간 구성을 다음과 같이 일곱 가지 구역으로 구획화할 것을 제안하였다.

- 이동 구역(transition zone): 유아가 실내에서 실외놀이 공간으로 이동할 때 접하게 되는 구역이다. 개방 공간으로 활용될 수도 있고 물놀이, 미술 활동 등의 정적 놀이를 할 수 있는 공간으로 구성할 수도 있다.
- 조작적/창의적 구역(manipulatic/creative zone): 유아의 소근육 운동 기술과 창의력을 증진시킬 수 있는 구성놀이 자료나 목공놀이 자료가 제공되는 구역이다. 유아가 방해받지 않고 놀이에 몰두할 수 있는 위치가 적합하다.
- 투시적/상상적 구역(projective/fantasy zone): 물·모래 이외에 교통기관 놀잇

감, 모조인형이나 동물 모형 등이 제공되는 구역이다.

■ 초점적/사회적 구역(focal/social zone): 유아가 친구나 교사와 담소하며 상호작용을 맺을 수 있도록 조성되는 구역이다.

■ 사회적/극적 구역(social/dramatic zone): 놀이집, 속이 빈 블록, 손수레, 커다란 상자 등이 제공되어 사회극놀이를 할 수 있는 구역이다.

■ 신체 활동 구역(physical zone): 기어오르기, 매달리기, 달리기, 구르기, 뛰기 등의 신체 활동을 할 수 있도록 조성된 구역이다.

■ 자연 구역(natural element zone): 유아가 실외놀이 공간에서 놀이를 하면서 자연의 다양한 향기, 질감, 색깔을 탐색할 수 있도록 각종 식물과 잔디가 조성된 구역이다.

⑤ 시펠트와 바버

시펠트와 바버(Seefeldt & Barbour, 1986)는 실외놀이의 공간 구성에서 다음과 같은 균형을 고려해야 한다고 하였다.

■ 정적 활동 공간과 동적 활동 공간의 균형: 실외놀이 공간에는 뛰어다니기나 기어오르기 등의 동적인 활동을 위한 공간과 구성놀이, 물·모래놀이 등의 소근육을 활용하는 정적인 활동을 위한 공간을 적절하게 배치한다.

■ 그늘진 공간과 양지바른 공간의 균형: 놀이의 종류나 계절에 관계없이 원활하게 놀이가 이루어지기 위해서는 그늘진 공간과 양지바른 공간이 있어야 한다. 만약 그늘진 곳이 없다면 나무를 심거나 천막을 쳐서 그늘을 만들어 준다.

■ 단단한 지면과 부드러운 지면의 균형: 유아가 실외놀이 공간에서 다양한 놀이를 할 수 있도록 아스팔트나 시멘트 바닥과 같이 단단한 지면과 잔디밭, 모래밭 같은 부드러운 지면을 조성한다.

■ 높은 곳과 낮은 곳의 균형: 유아의 흥미를 자극하기 위해서는 평지와 더불어 정글짐이나 언덕 등과 같이 높은 공간을 다양하게 조성한다. 실외놀이 공간

이 평지로만 구성되었다면 비탈길을 만들어 주거나 흙산이나 모래를 쌓아 언덕을 만들어 준다.

(2) 실외놀이 공간 구성의 방향

여기에서는 앞의 학자들의 제언을 토대로 실외놀이 공간 구성에서 통로, 빈 공간, 울타리, 바닥, 그늘진 공간, 창고에 대해 알아본다.

① 장소 간의 이동을 위한 통로

여러 유아가 함께 놀이하는 실외놀이 공간에는 서로의 왕래를 원활하게 해 주는 통로가 필요하다. 시설물들을 너무 가깝게 배치하면 통로와 놀이 영역이 구분되지 않아서 혼란이 생기므로 각 시설물과 시설물 사이에는 통로로 적절히 연결되도록 한다. 크리체프스키, 프리스콧과 월링(Kritchevsky, Prescott, & Walling, 1977)은 실외놀이 공간에 통로가 있으면 방해받지 않고 놀이에 집중할 수 있으며, 모든 실외공간이 유아의 시야에 잘 들어와 놀이 시설물 등의 위험으로부터 보호받을 수 있고, 쓸모없는 공간이 생기지 않는 이점이 있다고 하였다. 데커와 데커(Decker & Decker, 1988)는 유아가 다니기에 편리하고 놀이가 효과적으로 이루어지기 위해서는 통로의 넓이를 90~150cm 정도 확보하는 것이 좋다고 하였다.

② 융통성 있게 활용할 수 있는 개방된 공간

크리체프스키 등은 개방된 공간을 잠재적 공간(potential units), 즉 아무것도 제공하지 않아 그 용도가 잠재적인 공간이라고 해석하였다. 실외놀이 공간의 개방된 공간에서 집단 게임을 하는 등 언제든지 용도에 따라 융통성 있게 활용할 수 있다. 예를 들어, 빈 공간에 나무 널빤지, 사다리, 받침대 등을 여러 가지 형태로 배치하면 새로운 놀이 시설물이 여러 개 만들어질 수 있다. 따라서 유아교육기관의 실외놀이 공간에는 놀이 시설물이나 놀이 영역 이외에 융통성 있게 활용될 수 있는 개방된 공간을 꼭 마련해야 한다.

개방된 공간은 일반적으로 유아의 인원수나 실외놀이 공간의 전체 면적을 고려하여 결정해야 하는데, 파울러(Fowler, 1980)는 12평 정도의 개방된 공간이 필요하다고 보았고, 크리체프스키 등(1977)은 전체 실외놀이 공간 면적의 1/3~1/2을 개방된 공간으로 구성하는 것이 적절하다고 보았다.

③ 안전보호를 위한 울타리

관목이나 나무로 울타리를 설치하여 유아가 안전하게 보호받을 수 있게 하며, 외부의 방해를 받지 않고 자유롭게 활동할 수 있도록 한다. 유원장이 큰 길과 인접해 있는 경우는 적어도 120cm 높이로 울타리를 세워야 한다(Decker & Decker, 1992).

④ 다양한 유형의 바닥

실외놀이 공간은 배수가 잘되어 바닥이 빨리 마르도록 처리해야 한다. 유원장
의 바닥은 놀이 영역에 따라 다르게 처리되어야 하며 흙바닥, 포장된 길이나 딱
딱한 바닥, 모래밭, 잔디밭, 언덕 등으로 다양하게 구성한다.

텃밭, 정원, 흙놀이 등을 위해서는 흙바닥으로 하며, 탈것 등의 놀이 영역은
90~158cm 정도 폭의 딱딱한 바닥이 좋다. 유아들의 자유로운 사회적 놀이 영
역은 잔디밭으로 하는 것이 좋으며, 크기는 실외 공간 전 면적의 1/2~2/3 정도
가 적절하다(Decker & Decker, 1992). 그네, 복합놀이 기구 등이 있는 바닥은 모
래나 우레탄 고무바닥을 깔아 유아의 안전을 도모해야 한다. 사고 예방을 위하
여 지면에 모래를 깔 때는 20~30cm 정도의 두께로 깔아 탄력성을 유지한다
(Frost & Klein, 1979).

ⓢ 눈, 비, 햇빛을 막아 주는 공간

지붕이 있는 공간은 비나 눈이 오거나 더운 여름에도 날씨에 상관없이 실외에서 목공놀이나 미술 활동, 동화 듣기, 책 읽기 등의 놀이를 할 수 있게 해 준다. 통풍이 잘 되고 햇빛이 잘 드는 공간에 테라스나 놀이 정자를 설치하면 실외놀이를 하기에 용이하다.

ⓦ 놀이 자료 보관을 위한 창고

실외놀이 공간에는 고정된 놀이 시설 외에도 이동 가능한 대근육 활동자료들이 제공되므로 이러한 놀이 자료를 보관할 창고가 필요하다. 창고의 크기는 실외놀이 공간의 면적과 놀이 자료의 양을 고려하여 정하며, 놀이 자료의 운반이

용이하도록 문을 여닫이 혹은 상하 개폐식으로 설치하는 것이 좋다. 창고 내부
는 선반 등을 만들어 놀이 자료의 용도에 따라 정리, 보관하도록 한다.

2) 실외놀이의 영역별 구성

실외놀이를 효과적으로 즐길 수 있기 위해서는 영역 구성이 필요하다.
일반적인 실외놀이 영역은 대근육 영역, 물·모래 영역, 목공 영역, 동식물을
기르는 영역, 조용한 영역 등을 들 수 있다.

(1) 대근육 영역

대근육 영역은 대근육 활동을 통하여 유아들이 자신의 신체와 운동 기술을 마
음껏 발휘하게 하는 공간이다. 다양한 도구를 이용한 대근육 활동은 균형, 협응
력, 민첩성, 유연성 등 유아의 신체 발달과 안전에 대한 대처 능력을 향상시킨
다. 또한 차례 지키기, 양보하기, 협력하기, 존중하기, 자발적이고 적극적으로
참여하기 등의 경험을 통해 긍정적인 자아개념과 사회성 발달을 증진시킨다.

대근육 영역은 유아의 활동 형태에 따라 고정놀이 기구(미끄럼틀, 그네, 시소,
평균대 등)가 설치된 공간, 자전거나 끌차 등으로 이동할 수 있는 공간, 자유롭게
운동놀이(술래잡기, 달리기, 게임, 공놀이, 줄넘기, 터널 통과하기 등)를 할 수 있는

개방된 공간으로 구분하여 제공하는 것이 바람직하다.

대근육 발달을 돕는 개방된 공간의 바닥은 흙, 잔디, 시멘트 등으로 처리하여 활동에 따라 적절한 곳을 선택하도록 배려하고, 고정놀이 기구와 유동적인 놀이 기구를 적절히 배치하며 바닥에는 모래를 깔아 안전하도록 해야 한다.

(2) 물 · 모래 영역

물 · 모래 영역은 물과 모래(흙)를 활용하여 다양한 놀이를 할 수 있는 공간이다. 물과 모래(흙)를 담고, 쌓고, 파고, 쏟으면서 유아들은 내적 갈등을 이완시켜 정서적 안정감을 얻을 수 있다. 다양한 놀잇감을 제공해 주면 놀이를 한층 더 풍부하게 만들어 줄 수 있다. 유아들은 이 영역에서 물과 모래를 다양한 그릇이나 병 등에 담아 비교해 보거나 기본 측정도구를 이용하여 측정해 보고, 여러 가지 탐구 활동과 구체적 실험을 통하여 창의력과 문제해결력, 수학적 개념과 과학적 지식을 습득할 수 있다. 또한 이 영역에서의 놀이는 대소근육 발달, 운동 협응력을 증진시키며, 사회성 발달에 도움이 된다.

물 · 모래 영역은 수도시설 가까운 곳으로 배수 처리가 잘 되어야 하며, 사람들의 통행이 빈번한 통로는 피하는 것이 좋다. 물놀이 영역과 모래놀이 영역은 가까운 곳에 두되, 공간이 좁으면 통합하여 제공할 수 있다. 모래를 대신하여 흙을 이용할 수도 있으며, 유아의 다양한 탐색과 놀이를 위해서 흙산 등을 쌓아 주는 것도 바람직하다.

(3) 목공 영역

목공 영역은 다양한 자료나 공구를 만져 보고, 두드려 보고, 끼워 보고, 자신이 원하는 것을 만들어 볼 수 있는 공간이다. 유아는 목공놀이의 과정에서 공구 사용 기술을 익힐 수 있고 자신이 계획한 작품을 만들어 봄으로써 성취감을 맛볼 수 있으며, 공동 작업의 기회를 통하여 협동심을 키울 수 있다.

목공 영역은 소음이 많고 주변이 지저분해지기 쉬우므로 다른 놀이 영역과 떨어진 장소에 배치한다. 유아의 안전을 위해 사람의 통행이 빈번하지 않은 장소에 배치하는 것이 좋으며, 날씨에 상관없이 목공놀이를 할 수 있도록 지붕이 있는 공간이 좋다. 유아의 키에 알맞은 높이의 튼튼한 작업대를 설치하고, 자료나 공구를 보관할 수 있는 선반이나 서랍장을 마련하며, 못이나 망치 등의 공구는 최대한 안전한 것으로 준비해야 한다.

(4) 동식물을 기르는 영역

동식물 기르기 영역은 실내의 제한된 활동에서 벗어나 자연환경 및 동식물을 직접 탐색하고 관찰해 볼 기회를 제공하는 영역이다. 유아들은 식물과 동물을 길러 보는 경험을 통해 동식물의 성장과정을 이해할 수 있으며, 동식물의 성장에 필요한 환경과 변화의 모습, 동식물에서 얻은 수확의 기쁨, 생명의 소중함 등을 배울 수 있다.

동식물 기르기 영역은 유아가 쉽게 접근할 수 있는 곳에 텃밭이나 사육장을 마련해야 하고, 바람이 잘 통하고 햇빛이 잘 들고 배수가 잘 되는 장소에 배치해야 한다. 특히 유아의 건강과 위생을 위하여 사육장은 항상 안전하고 청결하게 관리되어야 한다.

(5) 조용한 영역

조용한 영역은 주로 동화책 읽기, 동화 듣기, 음악 감상, 그림 그리기, 조작놀이 등 정적인 활동이 주로 이루어지는 공간이며, 친구들과 함께 혹은 혼자 있기를 원하는 유아에게 휴식을 취할 수 있도록 하는 공간이다. 유아가 편안한 분위기에서 활동이 이루어질 수 있도록 지붕이 있는 원두막, 등나무, 벤치 등을 설치하는 것이 좋으나, 없을 경우에는 놀이집, 텐트, 돗자리 등을 마련해 주어 유아의 호기심을 자극할 수 있다.

3) 놀이터의 유형

실외놀이터는 놀이터가 갖추고 있는 시설·설비 및 놀이터의 기능적 측면에 따라 전통적 놀이터(traditional playground), 현대적 놀이터(contemporary or deginer playground), 모험적 놀이터(adventure playground)로 분류된다.

(1) 전통적 놀이터

흙이나 콘크리트로 덮인 땅 위에 철제로 만든 그네, 미끄럼틀, 정글짐, 시소, 회전그네 등과 같은 고정 시설물들을 일렬로 늘어놓은 것으로, 주로 대근육을 사용하여 단조롭고 반복적이며 제한적인 형태의 운동놀이가 이루어진다.

전통적 놀이터의 장점은 놀이터를 관리하는 데 시간과 경비가 절약되며, 대근육 운동을 할 수 있는 시설물과 공간이 충분하다는 것이다. 단점은 시설물이 고정되어 있어 놀이 활동이 제한적이며 단조로워서 지속 시간이 짧고, 주로 대근육 운동 놀이에 국한되며, 철재로 되어 있고, 노후된 시설이 많아 안전사고의 위험이 높다.

(2) 현대적 놀이터

현대적 놀이터는 나무, 금속, 플라스틱 소재와 돌, 콘크리트나 기타 건축 자료를 사용하여 놀이시설을 미적으로 구성·설비한 놀이터다. 나무, 오르기 기구, 타이어, 그물, 밧줄, 도르래, 터널, 미끄럼틀 등이 서로 연결되어 복합적으로 구성되어 있어 유아에게 다양한 경험을 제공한다. 놀이터의 바닥은 콘크리트, 아스팔트, 모래, 잔디밭 등 다양한 형태로 되어 있다.

현대적 놀이터의 장점은 유아들의 요구와 지역사회의 실정 및 기후 등을 고려한 놀이터이므로 보다 성숙한 놀이 활동을 유발한다는 것이다. 반면, 복합적으로 구성된 놀이 시설 등으로 인해 안전상의 문제가 있다.

(3) 모험적 놀이터

모험적 놀이터는 완성된 놀이터가 아니라 유아가 창조하여 완성시키는 유형으로, 유아가 구성물을 구성하고 해체할 수 있는 놀이

경험을 하도록 창의성을 자극할 수 있는 목공 연장, 건축 자재, 물감 등을 제공한다. 유아는 나무, 밧줄, 타이어, 망치, 못, 연장 등을 사용하여 조작하며, 다양한 자료를 사용하여 구성하고, 허물고, 땅을 파고, 진흙에서 놀이하기도 한다. 모험적 놀이터는 항상 적어도 한 명이상의 성인 놀이지도자가 유아의 놀이를 방해하지 않으면서 놀이를 감독하고 촉진해 주어야 한다.

모험적 놀이터는 유아들에게 다양한 활동을 할 수 있는 환경을 제공함으로써 여러 가지 재료를 다루는 기능 및 기술을 익힐 수 있으며, 창의적으로 활용할 수 있다는 장점이 있다. 반면, 외관상 아름답지 않고, 다양한 재료를 관리·보관하는 데 어려움이 있으며, 안전상의 문제가 있다.

3. 놀이 자료

놀이는 유아의 삶에서 분리될 수 없는 활동으로, 유아들은 놀이를 통해 세상에 대한 다양한 개념·지식·기술을 습득하고 적용하며 견고화한다. 이때 놀이 자료는 유아-유아, 유아-교사, 유아-환경 간 상호작용의 매개가 되어 놀이를 자극하고 확장해 주는 도구와 수단이 된다. 따라서 유아의 발달과 성장에 긍정적인 영향을 미치는 놀이 자료를 제공하는 일은 매우 중요하다.

여기에서는 효과적인 놀이를 위한 자료의 선택 방법과 놀이 자료의 종류에 대해 살펴본다.

1) 놀이 자료의 선택

교사는 수많은 놀이 자료 가운데 어떤 것을 유아에게 제공해 주어야 하는가의 문제에 부딪히게 된다. 어떤 놀이 자료는 교육적인 반면, 어떤 놀이 자료는 유아의 발달을 저해하거나 비교육적이거나 위험하여 놀이 자료로서의 기능을 하지 못하는 경우도 있다. 따라서 유아들에게 놀이 자료를 제공할 때는 교육적으로 유의미한 놀이 자료의 선택 기준을 고려해야 한다.

프로스트, 워덤과 라이펠(Frost, Wortham, & Reifel, 2001)은 놀이 자료의 선택 기준을 다음과 같이 제시하였다.

- 한 가지 목적으로만 사용되는 장난감(예: 총)이 아닌 다양한 목적을 가진 장난감을 선택한다.
- 자신이 만들고 조립할 수 있는 장난감(예: 조립 세트, 블록 등)을 선택한다.
- 발견을 확장할 수 있는 장난감(예: 씨앗, 흙, 확대경 등)을 선택한다.
- 공격적인 상상이나 신체적 위험을 부추기는 장난감은 피한다.

■ 유아의 요구를 반영하여 장난감을 선택한다.

■ 너무 많은 장난감을 한꺼번에 제공하지 말고, 장난감의 종류와 수를 제한한다. 특별한 주제가 있는 장난감이나 유아에게 적합한 장난감을 선택한다.

■ 민족 특유의 문화와 균형을 이룰 수 있는 장난감을 선택한다.

■ 유아의 신체 · 인지 · 정서 · 사회 · 언어 발달의 균형을 고려한 장난감을 선택한다.

퀴켄딜(Kuykendall, 2007)은 놀이 자료 선택의 주요 지침을 다음과 같이 7개의 질문과 그에 대한 설명으로 제시하였다.

■ 이 놀이 자료는 발달적으로 적절한가? 놀이 자료는 유아의 나이, 흥미, 능력에 적절해야 한다.

■ 이 놀이 자료는 여러 방법과 여러 연령의 유아에게 사용할 수 있는가? 만일 그렇다면 그것은 지속적인 가치를 가질 것이다.

■ 이 놀이 자료는 어린 유아의 활발한 놀이를 견딜 수 있는가, 아니면 몇 번 사용한 후에 부서질 수 있는 놀이 자료인가? 내구성이 좋은 놀이 자료의 선택이 더 경제적이다.

■ 이 놀이 자료는 유아의 상상력을 자극하는가? 간단히 디자인된 놀이 자료는 다양한 방법으로 창조적 활용을 가능하게 한다.

■ 이 놀이 자료는 안전한가? 놀이 자료의 사용을 위해 안전 메시지와 포장재를 점검해야 한다. 날카로운 물건이나 삼킬 수 있는 작은 조각 등의 자료는 피한다.

■ 이 놀이 자료는 조립하고 분해하고 쌓거나 연결하는 것을 허용하는가? 이런 과정을 통해 유아는 자신의 세계가 어떻게 함께하는지를 배우게 되고 창조할 기회를 갖게 된다.

■ 이 놀이 자료는 협동적 상호작용을 장려하는가? 전쟁놀이 자료(총, 단검, 장

검)와 다양한 캐릭터(TV 만화)는 협동놀이를 억제한다. 이런 종류의 놀이 자료는 싸움과 폭력을 야기시키므로 피해야 한다.

이숙재(2006), 유효순과 조정숙(2011)은 놀이 자료 선택 기준에 대해 놀이 자료의 기능적 조건과 교육적 조건으로 구분하여 설명하였다. '기능적 조건'으로는 안전성(재질 및 페인트, 강도, 크기 및 무게, 모양, 끝손질), 적합성(유아의 발달 수준, 유아의 흥미와 요구, 사회문화적 가치), 내구성, 경제성을 고려해야 하며, '교육적 조건'으로는 신체 발달 증진, 지적 · 창의적 발달 증진, 정서 및 사회성 발달 증진을 고려해야 한다고 하였다.

이를 토대로 유아의 놀이 자료의 선택 기준을 정리하면 다음과 같다.

- 영유아의 발달 수준 및 흥미의 적합성을 고려한다.
- 영유아의 신체, 언어, 사회, 정서, 인지 발달 등 전인 발달에 도움이 되는지를 고려한다.
- 영유아의 상호작용, 상상력, 창의력을 촉진하는가를 고려한다.
- 놀이 자료의 안정성, 견고성, 경제성을 고려한다.
- 놀이 자료의 융통성, 다양성을 고려한다.

2) 놀이 자료의 종류

놀이 자료의 종류는 분류 기준에 따라 다양하게 나눌 수 있다. 이숙재(2006)는 놀이 자료의 종류를 놀잇감의 특성, 유아의 연령, 놀이 영역에 따라 분류하였다. 페플러와 로스(Pepler & Ross, 1981)는 놀이 자료를 활용도에 따라 수렴적 놀이 자료와 확산적 놀이 자료로 분류하였으며, 펄래스키(Pulaski, 1973)는 구조성이 높은 놀이 자료와 구조성이 낮은 놀이 자료로 구분하였다. 또한 존슨 등은 놀이 자료를 교수 자료, 실제 자료, 구성 자료, 장난감으로 구분하였고(Johnson,

Christie, & Yawkey, 1987), 이후 모형 장난감, 교육용 놀이 자료, 구성놀이 자료, 대근육놀이 자료, 게임 자료, 실제적 놀이 자료 등으로 구분하였다(Johnson, Christie, & Wardle, 2005).

여기에서는 모형놀이 자료, 구성놀이 자료, 대근육놀이 자료, 실제 놀이 자료, 교육용 놀이 자료로 구분하여 살펴본다.

(1) 모형놀이 자료

모형놀이 자료란 큰 물체, 사람 및 동물을 소형화해서 만든 장난감이다. 이러한 놀이 자료를 역할놀이, 쌓기놀이, 물·모래놀이에 제공하게 되면 유아의 놀이를 보다 풍부하게 할 수 있다.

- 생물체 관련 놀이 자료: 사람 모형, 동물 모형, 식물 모형
- 교통수단 관련 놀이 자료: 기차, 자동차, 트럭, 짐차, 배, 비행기 등
- 극놀이 소품: 모자, 옷, 신발, 주방기기, 소품가구, 유모차, 요람, 장난감전화, 다양한 인형 등

(2) 구성놀이 자료

구성놀이 자료는 특별한 사용방법이 정해져 있지 않은 개방적인 형태의 놀이 자료로, 놀이 용도에 따라 언제든지 구성하고 부수고 재구성할 수 있는 것들을 말한다.

- 단위 블록: 블록의 크기가 하나의 단위에 기초하여 나무로 만들어진 표준 블록 세트를 말한다.
- 테이블 블록: 테이블 위에서 사용할 수 있는 작고 단위화된 블록으로, 레고나 듀플로 등이 있다.
- 속이 빈 큰 블록: 나무, 플라스틱, 종이 등으로 만든 크기가 큰 블록을 말하며,

집, 요새, 우주선 등 극놀이를 위한 구조물을 만들 때 주로 사용된다.

- 폼 블록 및 플라스틱 상자: 부드러운 플라스틱 폼과 내구성 있는 비닐 소재로 만든 큰 블록으로, 체조 활동(텀블링)에 주로 사용된다.
- 재활용 놀이 자료: 상자, 빈 달걀통, 스티로폼 소재의 땅콩 모양으로 된 충격 흡수용 포장 재료, 재활용품 등 주로 비구조적 놀이 자료로 사용된다.

(3) 대근육놀이 자료

대근육놀이 자료는 유아의 대근육 발달과 기본운동능력, 운동 협응력을 길러 주기 위해 고안된 놀이 자료다. 이러한 놀이 자료는 연령이 보다 높은 유아들에 게 있어서는 사회적 놀이와 구성놀이를 조장한다.

- 밀고 당기는 자료: 짐마차, 손수레 등
- 탈 수 있는 자료: 자전거, 자동차 등
- 고정식 놀이 기구: 미끄럼틀, 그네, 시소, 정글짐, 회전그네 등
- 이동식 놀이 기구: 레일, 매트, 터널, 평균대, 농구대, 축구골대 등
- 대근육놀이에 도움을 주는 소품: 다양한 공, 야구방방이, 줄넘기, 훌라후프 등

(4) 실제 놀이 자료

실제 놀이 자료란 자연물 재료, 물, 미술 재료, 목공놀이 재료 등 유아들이 놀이에 사용하는 실세계의 놀이 자료를 말한다.

- 자연물 재료: 모래, 물, 흙 등
- 미술 재료: 핑거페인트, 다양한 물감, 찰흙, 플레이도, 플라스틱 찰흙, 다양한 종이, 크레용, 펠트펜, 분필, 실과 천, 콜라주를 위한 다양한 재료, 스텐실, 염색용 모양틀, 나무토막, 판지, 플라스틱 폼, 다양한 재활용품 등
- 목공놀이 재료: 다양한 모양과 크기의 합판 및 단열판 조각, 다양한 크기의

목재, 다양한 지름의 장부못, 경첩, 나사못, 빗장, 페인트, 다양한 못, 나사
못과 볼트 등

(5) 교육용 놀이 자료

교육용 놀이 자료는 특정한 교육목표나 성취 결과를 가르치도록 고안된 놀이
자료를 말한다.

- 수조작 자료: 퍼즐, 지오보드, 구슬 꿰기, 서열·순서 짓기 자료, 끈 매기 판,
  지퍼 잠그기 판 등
- 문해 재료: 듣기, 말하기, 읽기, 쓰기 자료 등
- 게임 자료: 판 게임, 언어 게임, 카드 게임 등

제6장

놀이 관찰 및 평가

1. 놀이 행동 관찰 및 평가
2. 놀이 환경 평가

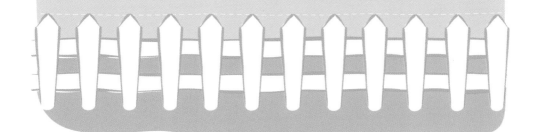

1. 놀이 행동 관찰 및 평가

그동안 여러 연구들에서 유아의 행동을 이해하고 올바르게 평가하기 위해 다양한 관찰기법이 소개되었다. 발달의 복잡성을 이해하면서 전인적인 발달적 존재로 유아를 간주하며 다양한 맥락 안에서의 이해와 평가를 강조한다. 현재 유아의 놀이를 촉진하고 잠재적인 학습에 영향을 미치는 문화적 · 상황적 영향까지 고려한 대안적 관찰기법이 현장에 소개되어 활발히 적용되고 있다.

놀이 행동을 연구하기 위한 평가는 '비구조화된 놀이 관찰'과 '구조화된 놀이 관찰'의 두 가지 범주로 나눈다.

'비구조화된 놀이 관찰'은 자연스런 상황에서 이루어지는 놀이 동안에 발달 영역의 여러 기술들을 평가하는 방법이며, 일화기록이 대표적인 예다. 놀이 환경, 놀이 자료, 시간 제한 없이 유아가 또래나 돌봐 주는 성인과의 자연스럽고 자발적인 상호작용과 놀이 과정에서 나타나는 모든 행동을 놀이 행동 기록의 형태로 남긴다든지 녹음이나 녹화 등의 다양한 자료수집 방식을 취하기도 한다.

'구조화된 놀이 관찰'은 유아의 놀이를 언어, 의사소통기술 등 유아의 지식과 인지 발달 단계를 드러내 주는 것으로 간주하여 각 단계별 놀이 행동과 발달 수준을 평가하는 인지주의적 접근방법(Piagetian Approaches)에서 소개되었다. 구조화된 관찰기법의 평가는 관찰된 놀이 행동 기록을 용이하게 하기 위해 특별히 고안된 방식을 취하므로 관찰과 기록화 과정을 보다 편리하게 만들어 준다. 평가를 실시하는 구체적인 환경과 준비자료, 실행방법 등의 구체적인 안내가 포함된 시간표집이나 체크리스트, 정도와 수준을 수량화나 진술문으로 표현한 평정 척도 방식이 대표적인 관찰기법이다.

이 장에서는 놀이 행동을 심도 있게 관찰하고 객관적인 평가 자료로 기록화하기 위한 여러 평가방식의 특성과 각 활용의 예를 제안하고자 한다. 비구조화된 관찰방식으로는 일화기록을, 구조화된 관찰방식으로는 시간표집과 행동 목록,

평정척도로 개발된 놀이 행동 관찰과 기록의 예들을 소개한다. 또한 이런 자료들을 교육현장에서 쉽게 활용할 수 있도록 모든 도구 양식은 부록에 그대로 실었다.

1) 일화기록

일화기록(anecdotal records)은 엄격한 형식의 검사나 진단도구가 아니라 자연스러운 관찰을 통해 유아가 자신의 감정을 느끼고 행동을 조절하는 능력을 어떻

■ 표 6-1 ■ '자유선택놀이 일화기록'의 예

유아명(월령): 강용준(4년 8개월), 성시현(4년 11개월)   관찰일시: 2016. 4. 28.
장소: 활동실 쌓기놀이 영역   관찰자: 이현주(실습교사)

용준이와 시현이가 극놀이 영역에서 여러 가지 모자를 쓰며 거울 앞에 서 있다. 시현이가 소방관 모자를 뒤통수에 쓰고 있는 것을 보고 낄낄거리며 웃을 뿐 서로 이야기를 하지 않는다(7~8분 지속). 교사가 다가가 건설노동자 모자를 쓰고 있는 용준에게 "이런 모자를 쓰는 사람은 어떤 일을 할까?" 하자 용준은 대답이 없다. "이건 일하는 모자인데, 빌딩을 짓는 거 같은 일 말이야. 그런 일을 할 준비를 하는 거니?" 하자 "음~~~ 우리는 집을 짓고 있어요." 한다. 용준이는 시현이와 교사에게, "우리 집을 짓는다고 하자. 그래 우린 일하는 사람이야. 선생님도 일하는 사람 하세요." 하며 말하고 교사에게 야구모자를 건넨다. 함께 여러 가지 소도구들이 있는 곳에 가서는 (플라스틱 드라이버, 망치, 드릴 등을 꺼내며) "이런 게 있어야 돼." "허리띠에 끼워야 해." "이래야 옮길 수 있거든."

　　　　　　　　　……

둘이서 공구를 사용하여 놀이를 진행하자 교사는 어디에 어떤 집을 지을지 질문한다. "집이요……. 더 큰 빌딩을 지을 거예요." 하며 쌓기 영역에 있는 블록을 가리킨다. 커다란 빈 적목을 빌딩이라 하면서 장난감 못과 드릴로 소리를 낸다. 교사는 용준이와 시현이가 상호작용하는 동안 한걸음 떨어져 지켜본다. "선생님은 좀 쉬려고. 너희들이 계속 집을 지으렴." 유아들은 교사가 놀이영역을 떠나는 것을 모르고 놀이에 열중한다.

비고: 사회극놀이는 중요하고 유아들이 즐기는 활동이다. 마치 다른 사람인 듯 가장하고 의미 있는 상황들을 만들어 놀이에 몰입한다. 처음부터 놀이를 조직하고 시작한 것은 아니나 교사의 적극적인 개입과 지원으로 놀이가 확장되었고 현명하게 지켜봄으로써 유아들 간의 상호작용을 더욱 촉진시켜 주었다. 어린 시기에는 비사회적이거나 상상력이 부족하여 놀이가 심화·확장되기 어렵기도 하다. 이때 교사가 사회적 상호작용과 가장(허구)을 더 촉진하는 방식을 취함으로써 적절한 개입의 효과를 가져온다. 아이들은 놀이를 더욱 다양하게 변화시키기 위해 토론하고 협상하고 협력한다. 조직화된 언어와 사고 발달을 이끌어 줄 수 있다.

■ 표 6-2 ■ '흥미 영역별 놀이 행동 기록' 의 예

관찰자명: _____안 소영_____

관찰의 목적: 유아의 호기심을 어떻게 촉진시켜 줄 것인가 모델링의 역할 개념화하기
유아명: 양안나, 신미진   활동 영역: 과학   활동 시간: 오전 자유선택놀이 시간

관찰기록

유아의 행동:	교사의 반응 및 조치:
과학 영역에서 씨앗의 꼬투리를 가지고 조사하고 있음. 토론은 거의 없고 흥미가 점점 떨어짐.	씨앗의 꼬투리를 가리키며 질문. "선생님은 이게 뭔지 궁금한데?"
(안나) "제 생각엔요. 그건 꼬투리가 붙어 있는 부분이에요."	"그래, 그렇구나."
(미진) "그건 씨가 있는 곳이에요. 보세요." (꼬투리에서 씨를 잡아당기고는 매끈한 부분을 가리키면서) "전 이게 더 궁금해요."	"여기 재미있는 게 있네. 이 부분은 뭐지?" "미진이는 뭐라고 생각해? 안나는?"
(안나) (작은 씨 전체를 가리키며) "이건 뭐예요?"	

☞ 토론하는 유아들이 꼬투리의 기능에 대해 질문하고 스스로 답을 발견해 가도록 한다. 교사의 질문이 유아의 호기심을 자극하고 교사가 모델링이 되어 과학적인 질문을 해 보도록 지도하는 상황.

• 관찰을 통해 제기되는 점은 무엇인가?
  교사의 질문하기는 매우 중요한 과학활동의 도구임. 호기심에 관해 모델링하는 교사의 역할에 대해 생각. 유아는 교사가 사물에 대해 관심을 갖는 모습과 질문을 통해 더 관심 갖게 되고 더 탐구하게 되고 더 많은 질문을 하게 됨.

• 이번 관찰을 통해 기억해 두어야 할 점들은?
  효과적인 질문의 기술과 방법에 대해

부모와의 협의: _____
_____
_____

■ 표 6-3 ■ '놀이 행동 기록'의 예

관찰내용	관찰기록
	일자: 05/03　　시간: 9:00 ~ 10:20 관찰자: 이경미 관찰 상황 및 장소: 활동실
다음과 같은 행동을 나타내는가? • 놀이에 참여한다. 　친구와 사귄다; 갈등을 해결하기 위해 협의한다; 친구에게 축하하고 위로한다 • 또래나 성인과 함께 활동에 참여한다. • 자신의 독특한 사고나 느낌, 아이디어를 표현한다. • 다른 사람을 배려한다. • 책임감 있게 행동한다.	유아의 행동 • 하루일과 중 많은 시간 동안 미소를 지음. • 몇몇 친구들과는 잘 어울리나 다른 친구(특별히 자기를 괴롭힌)에게는 관심을 보이지 않음. • 친구에게 자신의 느낌을 말로 표현하기 어려워함. • 위압적인 태도로 친구들을 대해도 친구들이 잘 따름. 친구의 놀잇감을 빼앗거나 차례를 지키지 않는 등의 행동을 하지는 않음. • 마음에 들지 않으면 입을 삐쭉거리거나 뽀로통 내놓고 고개를 돌림. 말대답을 하고 자리를 떠나 버리는 행동을 하기도 함.

게 습득해 가는지 알 수 있는 기회를 주며 참여 수준과 정도, 주의 집중 능력과 기간, 인내심, 다양한 탐색능력 등 유아의 능력과 발달 수준을 이해하는 데 도움을 준다.

일화기록은 유아의 흥미와 연령에 따라 달리 접근한다. 자연적인 상황 아래에서 놀이 행동과 상호작용을 관찰하기도 하고, 실생활의 과정 속에서 어떻게 과제를 완수하는지, 집단 게임을 하는 동안 태도와 역할은 어떠한지, 유아-교사, 유아-사물, 유아들 간의 상호작용 가운데 어떠한 놀이 행동 특성을 나타내는지 등을 기록하기 위한 다양한 방식을 개발할 수 있다.

2) 시간표집

시간표집(time sampling)은 특정 행동을 특정한 시점에 일정 시간 간격으로 관찰기록하는 방식이다. 이 방법은 관찰시간 동안 계속 관찰하는 것이 아니라 관찰하려는 행동 특성에 시간의 단위나 횟수, 간격 등을 선택하고 통제하여 관찰하는 것이다. 특정 행동에 중점을 두고 하는 경우 시간표집의 방식은 시간의 한계나 관찰하려는 행동에 대해 명확한 규정을 가지고 통제하므로 신뢰도와 객관성, 대표성이 높다. 수량화가 용이하여 통계처리가 가능하고 다른 변인과의 관계를 파악하고자 할 때 유용하다.

그러나 관찰 가능한 행동이 비교적 높은 빈도로 나타나는 경우가 아니면 사용에 어려움이 있다. 또한 특정 행동에만 초점을 두므로 상호 혹은 인과관계를 파악하기에는 제한이 있으며, 관찰범주가 미리 정해진 후 관찰하게 되므로 관찰자의 편견이 개입될 우려가 높다. 관찰자가 미리 숙지한 관찰의 내용에 부합하는 행동에만 집중하게 되어 중요한 다른 행동 특성을 놓칠 수 있기 때문에 반드시 시간표집의 방식으로 개발된 관찰척도를 사용할 때는 예비관찰을 실행하고 본관찰을 실시해야 한다.

관찰의 대상이 적고 짧은 시간 내에 집중적으로 관찰을 실행해야 하는 경우 관찰간격이 짧아지고, 관찰대상이 많거나 다양한 측면의 관찰이 필요한 경우는 간격이 길어진다. 사용이 간편하고 관찰시간도 짧게 구성한 척도는 행동수정연구에서 많이 활용된다.

시간표집 방식을 취한 놀이 행동 연구로는 유아의 놀이 행동을 분류한 파튼의 연구와 루빈의 '놀이관찰척도', 하우즈와 매더슨의 '또래놀이척도'가 대표적이다.

(1) 루빈의 '놀이관찰척도'

미국 메릴랜드대학교 아동관계문화연구소(The Center for Child, Relations, and Culture) 소장인 케네스 루빈(Kenneth Rubin) 교수는 유아기 놀이의 복잡성과 발달 관련성을 강조하며 유아기의 놀이 행동 유형을 분류하고, 이후 위축·고립된 유아들의 놀이 행동과 비놀이 행동 특성을 연구하였다.

유아기 놀이를 기능놀이, 구성놀이, 극놀이, 규칙 있는 게임으로 분류한 인지적 놀이 유형과 혼자놀이, 평행놀이, 집단놀이의 사회적 놀이 유형을 양 축으로 하여, 이 둘 간의 교차적인 놀이 행동(혼자-기능놀이, 혼자-구성놀이… 집단-규칙 있는 게임)과 아무것도 하지 않는 행동, 목적 없이 돌아다니는 행동, 거칠게 구는 행동, 공격성, 탐색 등의 비놀이 행동 개념까지 모두를 유아기의 놀이 유형으로 구분하고 각 놀이의 특성을 구체적으로 설명하였다. 이 도구는 관찰되는 유아의 놀이 행동을 체크함으로써 유아의 놀이 선호도를 쉽게 파악할 수 있으며 유아의 기질과 애착관계, 부모의 양육행동과 또래관계와 관련된 유아행동연구에서 널리 활용되고 있다.

1983년에는 파인, 반덴버그와 함께 파튼(Parten, 1932)이 분류한 사회적 놀이와 피아제(Piaget, 1962a)가 구분한 인지적 놀이 간의 상관성을 연구하면서 자유선택놀이에서 유아의 '놀이 선호도(play preference)'를 평가하기 위해 '놀이관찰척도(play observation scale: POS)'를 새롭게 개발하였다(Rubin, 1989).

이후 루빈은 극놀이와 구성놀이를 포함하여 유아의 연령과 성, 사회·경제적

■ 표 6-4 ■ 루빈의 '놀이관찰척도(1989년도판)'

놀이관찰척도 기록표

유아명: _____   관찰일자: _____

비놀이 행동						혼자놀이						평행놀이						집단놀이						Affect(+0-)
전이 행동	아무것도 하지 않는 행동	방관자적 행동	공격성	교사와의 대화	또래와의 대화	기능놀이	탐색	읽기	구성놀이	극놀이	규칙 있는 게임	기능놀이	탐색	읽기	구성놀이	극놀이	규칙 있는 게임	기능놀이	탐색	읽기	구성놀이	극놀이	규칙 있는 게임	

출처: Rubin (1989).

■ 표 6-5 ■ 루빈의 '놀이관찰척도(2001년도 개정판)'

놀이관찰척도 기록표

유아명: _____   연령: _____

놀이 상황: _____

	관찰시간(초)						
	:10	:20	:30	:40	:50	:60	
분류 · 기록할 수 없음							
교실 밖으로 나가는 행동							
전이 행동							
아무것도 하지 않는 행동							
방관자적 행동							
혼자놀이행동:							
참여적							
구성적							
탐색적							
기능적							
극적							
게임							
평행놀이행동:							
참여적							
구성적							
탐색적							
기능적							
극적							
게임							
집단놀이행동:							
참여적							
구성적							
탐색적							
기능적							
극적							
게임							
또래와의 대화							
이중부호화 행동:							
불안반응							
목적 없이 돌아다니는 행동							
공격성							
거칠게 구르는 행동							

대화/상호작용 대상: 1_____ 2_____ 3_____ 4_____ 5_____ 6_____

출처: Rubin (2001).

배경, 놀이의 생태학적 환경의 영향과 문화, 다양한 인지놀이가 나타나는 사회적 맥락, 개인차 등 놀이에 영향을 미치는 요소들을 고려하여 10초마다 지속되어 나타나는 유아의 놀이 행동 특성을 시간표집 방식으로 관찰·기록하는 『놀이관찰척도(개정판)』(2001)을 소개하였다. 이 척도는 특히 공격성이나 극도의 위축 등과 같은 심리적 문제를 가진 유아를 개념화하는 데 활용할 수 있도록 개발되었다.

(2) 하우즈와 매더슨의 '또래놀이척도'

'또래놀이척도(peer play scale: PPS)'는 유아의 사회적 능력을 평가하기 위해 또래놀이 가운데 사회적 능력에 주안점을 둔 행동연구의 대표적인 관찰도구다(Howes & Matheson, 1992). 파튼(1932)의 연구 이후 발달적 맥락에서 또래놀이가 갖는 의미를 발견하기 위한 많은 발달이론가들의 노력이 있어 왔다. 하우즈 등은 놀이관찰을 통해 유아기에 나타나는 놀이 양상의 변화 가운데 질적인 변화, 즉 사회적 능력의 변화가 나타나는 발달적 맥락과 위계(developmental sequences)를 반영하는 도구를 개발하고(1980) 수정해 왔다(1992).

이 도구는 평행놀이와 가장놀이로의 발달적 맥락에서 6수준으로 나누고 혼자놀이의 범주를 포함하여 놀이 동안 나타나는 사회적 유능감과 인지 발달 양상을 모두 관찰하여 기록할 수 있도록 구성하였다. 또한 교사와의 상호작용은 물론 놀이 영역과 유아가 사용한 놀이 자료 등을 간단히 기록할 수 있는 칸을 포함한다.

이 척도를 이용하여 유아의 사회적 놀이 행동을 평가하기 위해서는 매회 15초를 관찰하고 나타나는 놀이 행동 특성과 수준을 해당 칸에 기록하며, 교사와 상호작용이 있었으면 표기하고 놀이 영역과 사용한 놀이 자료들을 기록해 둔다. 이러한 관찰기록을 반복함으로써 유아가 놀이하는 가운데 사회적 인식능력과 의사소통능력, 다른 유아와의 협력 수준 등을 알게 되고 교사와의 상호작용 유무와 자주 참여하는 놀이 영역과 좋아하는 놀이 자료 등을 파악할 수 있어 사회적 놀이의 수준을 이해하고 질을 높여 주기 위한 정보를 얻을 수 있다.

■ 표 6-6 ■ 하우즈와 메드슨의 '또래놀이척도' 기록지

유아명: _____
관찰자: _____

월/일	0 혼자놀이	1 단순한 평행놀이	2 상호인식 평행놀이	3 단순한 사회적 놀이	4 상호 호혜적 놀이	5 협동적인 사회적 허구놀이	6 복합적인 사회적 허구놀이	교사 개입/ 상호작용	흥미 영역/ 놀잇감
/									
/									
/									
/									
/									

예를 들면, 한 유아의 자유선택놀이 관찰 결과로 단순한 모방이나 평행놀이, 순서 기다리기와 같은 행동에서 친구와 역할을 바꾸고 다양한 역할을 수행하는 놀이 행동이 빈번히 나타난다면, 사회적 놀이가 좀 더 구조적이고 복잡한 형태로 발달하고 있음을 알 수 있다. 특히 언어적이든 비언어적이든 사회적인 가장 놀이는 상위인지 발달을 예견해 준다. 교사는 정기적인 관찰과 기록지 활용을 통해 유아의 사회적 능력과 인지 발달에 따라 놀이의 양과 횟수는 줄어드나 놀이 상황과 구조, 역할 등의 복잡성이 증가되는 것을 발견할 수 있으며 그 결과 유아기 놀이의 발달적 의미를 살펴볼 수 있게 된다.

3) 행동 목록

행동 목록(class behavioral log)은 유아의 활동이나 놀이 과정, 환경 등 관찰 가능한 요소로 미리 정해 놓은 항목에 '예/아니요' '그렇다/아니다' 혹은 '관찰된다/관찰되지 않는다'로 평가하는 체크리스트(Checklist) 방식으로, 놀이와 활동

을 관찰하는 평가도구로 개발된다. 유아가 놀이와 작업에 참여하는 동안 관찰된 행동들을 좀 더 단순하면서도 특별한 정보로 기록하는 방법으로, 자연적으로 정보를 모으는 것이다.

일반적으로 행동 목록의 내용은 교사와 연구자가 관찰하려는 목적에 입각하여 어떤 상황에서 흔히 나타날 것이라 예상되는 구체적인 행동의 목록들로 구성한다. 명확하게 관찰될 수 있는 사실이어야 하고 주관적 판단의 여지를 남겨 놓아서는 안 되며, 관찰 가능하고 구체적인 행동이 중복되지 않고 골고루 포함되는 내용들로 구성해야 한다. 또한 행동 목록을 구성하고 배열함에 있어 논리적으로 일정한 체계를 가져야 한다(Leong & McAfee, 2002).

놀이 행동 목록 평가를 실시할 때는 반드시 관찰일자와 시간까지 남겨야 하며, 실제 관찰하면서 사용하기도 하고 관찰 후에 기억한 것을 기록하기도 한다.

일반적인 지침에 입각하여 다양한 행동 목록을 구성하면, 여러 행동에 관한 자료를 빠르고 효율적으로 기록할 수 있기 때문에 활용도가 높다. 특히 어린 영아의 경우 행동 목록을 활용하여 특정한 발달 특성이나 놀이 행동, 대·소근육 사용, 부모와 헤어지기, 화장실 다녀오기와 같이 일과에서 자주 일어나는 상황들을 파악하기 쉽게 해 준다. 또한 일자별로, 주제별로 관찰기록을 모아 둠으로써 개별 유아의 발달 단계와 놀이 행동 양상을 이해하는 데에도 유익하다.

구체적인 놀이 행동 목록을 구성하면 단순한 놀이 행동뿐 아니라 놀이 행동, 놀이 자료의 사용, 상호작용 패턴 등을 이해하는 데 유용하다. 학급의 모든 유아들을 기록할 수 있고 비교를 위해 손쉽게 사용할 수 있지만, 놀이 행동 목록에 나타난 결과로는 놀이 행동의 빈도나 지속성, 질적 수준, 참여와 동기, 상황적 맥락 등에 대해서는 알 수가 없다. 관찰기록 결과가 단순한 표기로만 남을 뿐 관찰자의 판단을 검증할 수 있는 어떠한 구체적인 사실이나 자료가 기재되지 않으므로 폐쇄적이라는 비판도 있다. 그러나 신체·언어·사회성·인지 발달 등에 관한 자료를 수집하게 되고 이를 기초로 다음 단계에 나타날 기능이나 행동을 예견하게 해 줌으로써 교사가 다음 단계에서 어떤 경험을 제공해 줄 것인지를 제안할 수 있게 된다.

다음에 소개하는 '놀이 행동 및 발달 체크리스트' 외에도 〈부록〉에 소개한 '참고 13'의 '연령별 놀이 행동 관찰 체크리스트(3, 4, 5세 유아용)'를 활용하여 유아의 발달 상황과 성장 유형, 때로는 지연된 상황을 이해할 수 있다. 발달과 학습을 촉진시켜 주는 적합한 놀이 활동을 계획하는 데 유익하며, 부모와 교사가 놀이를 통한 유아의 발달과 학습과정에 대한 공동의 이해를 위한 면담 자료로 활용함으로써 바람직한 교사와 부모 역할을 제안할 수 있다.

■ 표 6-7 ■ '놀이 행동 및 발달 체크리스트' 의 활용 예

유 아 명 :	성시현	
관찰일시 :	2016 년 3 월 31 일	

놀이 행동과 자조 기술	관찰된다	관찰되지 않는다
• 도움 없이 활동에 참여한다.	☑	☐
• 자료를 스스로 선택한다.	☑	☐
• 자료를 도움 없이 사용한다.	☑	☐
• 사용 후 정리정돈한다.	☐	☑
• 작업 결과물에 이름을 쓴다.	☐	☐
• 적당한 장소에 자기가 만든 결과물을 전시한다.	☐	☐
• 자료를 보관함에 정리한다.	☐	☐
• 혼자서 손 씻기가 가능하다.	☐	☐

자아개념	관찰된다	관찰되지 않는다
• 활동 참여를 두려워하지 않는다.	☐	☐
• 자기를 표현한다.	☐	☐
• 개성 있게 행동한다.	☐	☐
• 만족해하고 자기를 존중한다.	☐	☐
• 자신과 가족을 표현한다.	☐	☐
• 성 정체성을 나타낸다.	☐	☐
• 사회집단의 구성원임을 깨닫기 시작한다.	☐	☐
• 표상하기를 즐긴다.	☐	☐

⋮

(후략)

■ 표 6-8 ■ '놀이 행동 목록: 사회관계 능력'의 활용 예

유아명: <u>김민수</u> 유아연령: <u>4세 8개월</u>

관찰일시 <u>2016</u>년 <u>5</u>월 <u>6</u>일(<u>09</u> : <u>34</u> ~ <u>10</u> : <u>15</u>)

개별적 특성 및 자기 표현	사회적 관계 및 기술	또래관계
1. 항상 긍정적인 정서를 갖는다. ☑그렇다 ☐아니다	1. 다른 친구에게 긍정적인 태도로 대한다. ☐그렇다 ☐아니다	1. 다른 친구들로부터 무시되고 거부되지 않고 잘 받아들여진다. ☐그렇다 ☐아니다
2. 교사나 또래에게 지나치게 의존하지 않는다. ☑그렇다 ☐아니다	2. 자신의 바람이나 선호, 행동이나 이유를 분명하게 말한다. ☐그렇다 ☐아니다	2. 가끔 다른 친구들로부터 함께 놀자고 초대받는다. ☐그렇다 ☐아니다
3. 항상 기쁜 마음으로 등원한다. ☑그렇다 ☐아니다	3. 자신의 권리와 요구를 적절한 방법으로 주장한다. ☐그렇다 ☐아니다	3. 또래의 행동을 모방한다. ☐그렇다 ☐아니다
4. 항상 거절하거나 반대로 행동한다. ☐그렇다 ☑아니다	4. 쉽게 방해받지 않는다. ☐그렇다 ☐아니다	4. 친구와 상상놀이를 함께 한다. ☐그렇다 ☐아니다
5. 감정 이입하는 능력을 보인다. ☑그렇다 ☐아니다	5. 자신의 분노와 좌절을 효과적으로 표현한다(때리거나 던지는 행위를 하지 않음). ☐그렇다 ☐아니다	5. 교대로 차례를 지킨다. ☐그렇다 ☐아니다
6. 친구와 긍정적인 관계를 갖고 보살피는 행동을 보이며 친구가 없을 때 그리워한다. ☑그렇다 ☐아니다	6. 활동이나 놀이과정에서 꾸준히 집단을 유지한다. ☐그렇다 ☐아니다	6. 친구들과 놀잇감을 공유한다. ☐그렇다 ☐아니다
7. 유머가 풍부하다. ☑그렇다 ☐아니다	7. 계속되는 토론에 참여하며 활동이 지속되는 데 기여한다. ☐그렇다 ☐아니다	7. 친구의 놀잇감을 빌리려고 허락을 구하며 기다린다. ☐그렇다 ☐아니다
8. 예민하거나 외로워하지 않는다. ☐그렇다 ☑아니다	8. 차례 지키기를 잘한다. ☐그렇다 ☐아니다	8. 다른 친구에게 관심을 나타낸다. ☐그렇다 ☐아니다
9. 불끈불끈 화를 잘 낸다. ☐그렇다 ☐아니다	9. 다른 사람에게 정보를 부탁하고 함께 교환하는 등 다른 사람에게 관심을 갖는다. ☐그렇다 ☐아니다	9. 어려움에 처한 친구를 돕는다. ☐그렇다 ☐아니다
10. 옳고 그른 행동을 안다. ☐그렇다 ☐아니다	10. 적절한 방식으로 타협한다. ☐그렇다 ☐아니다	10. 친구의 놀잇감을 부수거나 방해한다. ☐그렇다 ☐아니다
11. 놀이에 대한 자기의 생각을 말로 표현한다. ☐그렇다 ☐아니다	11. 친구들의 놀이나 활동을 방해하는 등의 부적절한 방식으로 관심을 끌려고 하지 않는다. ☐그렇다 ☐아니다	11. 집단 활동에 참여하기를 거부한다. ☐그렇다 ☐아니다
12. 학급 안의 규칙을 따르고 자기 조절이 가능하다. ☐그렇다 ☐아니다	12. 인종·문화적 차이가 있는 친구를 잘 이해하고 받아들이며 함께 잘 논다. ☐그렇다 ☐아니다	12. 타협이 가능하다. ☐그렇다 ☐아니다
13. 변화나 실망에 대해 울거나 소리치며 물건을 던지는 등의 과도한 감정을 표현한다. ☐그렇다 ☐아니다	13. 미소 짓기, 손짓하기, 끄덕이기 등의 적절한 몸짓을 사용하여 비언어적인 상호작용을 한다. ☐그렇다 ☐아니다	13. 규칙을 함께 정하고, 어기는 경우 함께 놀지 못함을 표현한다. ☐그렇다 ☐아니다

4) 평정척도

평정척도(rating scale)는 발달과 상황에 대해 기술된 평가항목에 '예/아니요'로 답하는 수직적인 구조가 아니라, 관찰된 것 중 기술된 항목에 가장 밀접한 것을 선택하는 평가방식이다. 최소~최대, 단순~복잡, 초기~후기로 기술된 목록에 대해 '그렇다~그렇지 않다'의 3단계 평정에서부터 '매우(항상) 그렇다~전혀(거의) 그렇지 않다'의 5단계 또는 7단계 평정 중에서 선택을 하면 된다.

따라서 특정 행동의 유·무만이 아니라 행동 출현 빈도의 수준을 파악하고자 할 때 유용하다. 관찰하고 평정하는 행동의 차원을 연속선상의 범주로 보고 관찰행동의 수준을 가장 잘 표현하는 진술문이나 수량화 혹은 도식화된 평정척도로 구분한다.

평정척도는 사용이 간편하고, 특히 많은 평가항목을 관찰해야 할 경우 효과적이다. 또한 평정척도를 사용하여 놀이 행동을 관찰한 결과는 유아의 발달상 지체를 인식하게 해 주거나 일정한 기간을 두고 재사용하는 방식으로 진보된 영역을 알 수 있어 유아 이해와 연구에 유용한 방식이다. 그리고 유아의 발달이나 행동, 환경, 프로그램을 관찰하는 부모, 교사, 외부 전문가에 의해 활용될 수 있으며 기술된 항목의 내용들이 관찰되지 않을 경우 다음 계획을 위한 척도로 추후 무엇을 달성할 것인가의 기준이 되기도 한다.

유아의 놀이 행동을 관찰하고 평정척도를 사용할 때는 반드시 평가항목에 기술된 내용을 사용 전에 숙지해야 하고, 관찰자의 판단이 아니라 관찰된 사실에 입각해서 평정해야 한다. 여럿이 관찰하며 협의하고 가장 높고 낮은 점수를 뺀 평균점수를 참조함으로써 편견을 줄이고 타당도를 증가시켜 활용하도록 하는 것이 바람직하다.

(1) 바넷의 놀이성 척도

바넷(Barnett, 1990)의 '놀이성 척도(children's plyfulness scale: CPS)'는 5점 평

■ 표 6-9 ■ 바넷의 놀이성 척도 세부내용

		놀이성 수준[*]				
		1	2	3	4	5
신체적 자발성 (physical spontaneity)	놀이하는 동안 운동-협응 능력과 활동 수준					
	1. 운동 협응력(coordinated movement)					
	2. 활동에의 적극적인 참여(physical activities)					
	3. 능동적 활동과 조용한 활동의 균형(active vs. quiet)					
	4. 달리기, 건너뛰기, 뛰어오르기(runs, skips, and jumps)					
사회적 자발성 (social spontaneity)	놀이와 친사회적 행동 동안 상호작용의 질					
	5. 또래 놀이 친구에 대한 반응(response to playmate)					
	6. 놀이 주도(initiates play)					
	7. 협력적 태도(cooperation)					
	8. 놀이에서의 리더 역할(leadership role)					
인지적 자발성 (cognitive spontaneity)	창조적인 놀이와 놀잇감의 창의적인 활용과 같은 놀이의 창의적이고 상상적인 측면					
	9. 창안성(inventive)			✓		
	10. 전형적/인습적이지 않은 행동(unconventional)				✓	
	11. 놀이의 다양성(variety of play)				✓	
	12. 다양한 활동(different activities)			✓		
즐거움 (manifest joy)	놀이 동안 긍정적이거나 부정적인 표현 수준					
	13. 놀이하는 동안의 즐거움(enjoys play)				✓	
	14. 놀이에 대한 충만감(exuberance)			✓		
	15. 놀이에 대한 열정(enthusiastic)				✓	
	16. 놀이하는 동안의 표현력(restrains emotions)				✓	
	17. 노래 부르기와 말하기(sing and talks)				✓	
유머 감각 (sense of humor)	자신의 유머 감각 표현과 타인의 유머에 대한 반응					
	18. 농담(jokes with others)			✓		
	19. 놀리는 행동(gently teases)			✓		
	20. 재미있는 이야기 말하기(tells funny stories)				✓	
	21. 재미있는 이야기 듣고 웃기(laughs at funny stories)				✓	
	22. 돌아다니며 익살 부리기(clowns around)					

* 1. 전혀 나타나지 않는다/ 2. 약간 나타난다/ 3. 어느 정도 나타난다/ 4. 많이 나타난다/ 5. 아주 많이 나타난다
출처: Barnett (1991).

정척도로서, 유아기 놀이 행동을 포괄적으로 평가하는 유용한 도구로 인정받는다. 바넷은 놀이에 관한 정의를 유아가 놀이하려는 내적 성향에 초점을 둔다. 리버만(Lieberman, 1965, 1966, 1977)의 놀이 정의에 기초하여 신체적 자발성, 사회적 자발성, 인지적 자발성, 즐거움, 유머 감각 등으로 정의하였다(Barnett, 1990). 이후 놀이성을 주어진 상황과 상호작용의 질에 따른 유아의 내적 성향으로 간주하고 외적인 환경과 성취요인에 초점을 두며 유아기 놀이성을 연구하는 과정에서 이 도구를 타당화하였다(Barnett, 1991).

최근에는 놀이성과 놀이에 대한 인식을 파악하기 위해서나 혹은 자녀의 놀이 성향과 부모의 놀이에 대한 관점을 알아보기 위한 질문지로 사용되기도 한다.

(2) 펜 상호작용적 또래놀이척도

'펜 상호작용적 또래놀이척도(the penn interactive peer play scale: PIPPS)'는 펜실베이니아대학교 아동발달연구센터(Penn Child Development Research Center)에서 유아기에 형성되는 사회적 능력이 후일 학업과 사회적 성공에 영향을 미친다는 가정하에 놀이를 통해 이루어지는 또래 간의 긍정적인 관계 형성을 연구하고자 고안된 것이다(Fantuzzo, Sutton-Smith, Coolahan, Manz, Canning & Debnam, 1995).

즐거움, 유머, 충동, 활동성, 모험심, 사교성, 행복감, 바보짓, 농담, 놀리기 등 상황을 재구성하고 유아기의 놀이 성향(disposition)을 정의하면서 두 달간 유아 교육기관과 가정에서 또래와의 놀이 행동을 관찰·평가할 수 있는 도구이며 총 32문항 4점 평정척도로 개발되었다(www.gse.upenn.edu/child/products/pipps).

놀이의 차원을 놀이 상호작용(Play Interaction: 1, 6, 13, 19, 21, 23, 25, 29, 31), 놀이 방해(Play Disruption: 2, 4, 10, 12, 14, 15, 18, 20, 22, 27, 30, 32), 놀이 단절(Play Disconnection: 3, 5, 7, 8, 9, 11, 16, 17, 24, 26, 28)로 범주화된 놀이 행동 특성을 32문항으로 항목화하였고 '전혀 관찰되지 않는다~항상 관찰된다'의 4수준으로 평정한다(〈표 6-10〉 참조).

■ 표 6-10 ■ '펜 상호작용적 또래놀이척도(PIPPS)' 기록의 예

항목	전혀 관찰되지 않는다 (never)	가끔 관찰된다 (seldom)	종종 관찰된다 (often)	항상 관찰된다 (always)
1. 다른 유아를 돕는다.		✓		
2. 싸움을 걸거나 논쟁을 시작한다.	✓			
3. 또래친구들에게 거부당한다.	✓			
4. 책임지거나 역할을 바꾸지 않는다.		✓		
5. 놀이 영역 주변을 배회한다.		✓		
6. 친구들과 놀잇감을 나누고 함께 사용한다.				
7. 위축된다.				
8. 고집을 부린다.				
9. 목적 없이 쳐다본다.				
10. 놀이하자는 권유를 거절한다.				
11. 다른 친구들에게 무시당한다.				
12. 고자질한다.				
13. 친구들 간의 갈등을 없애려고 한다.				
14. 다른 친구의 놀잇감이나 물건을 망가뜨린다.				
15. 싸우지 않고는 자기 주장을 버리지 않는다.				
16. 친구들의 놀이 초대를 거절한다.				
17. 놀이를 시작할 때 도움이 필요하다.				
18. 언어적인 공격을 한다.				
19. 예의바르게 행동한다.				
20. 울거나 불평하거나 화를 낸다.				
21. 다른 친구가 함께 놀이에 참여하도록 안내한다.				
22. 친구의 물건을 빼앗는다.				
23. 다치거나 슬퍼하는 친구를 위로한다.				
24. 놀이하는 동안 갈팡질팡한다.				
25. 놀이하는 동안 이야기를 말로 표현한다.				
26. 놀이하는 동안 교사의 지도와 안내가 필요하다.				
27. 다른 친구의 놀이를 방해한다.				
28. 불행한 것처럼 보인다.				
29. 미소나 웃음 등 긍정적인 정서를 표현한다.				
30. 신체적인 공격을 한다.				
31. 놀이활동과 이야기 구성에 창의성을 보인다.				
32. 다른 활동으로의 전이에 어려움을 보인다.				

출처: Sobihan Casey 연구에서 재인용. http://www.interprofessional.ubc.ca/EarlyYears/documents/C8_Casey_000.pdf

놀이 방해와 놀이 단절은 역코딩하므로 놀이 상호작용 범주는 점수가 높을수록, 놀이 방해와 놀이 단절 범주의 놀이 행동들은 점수가 낮을수록 긍정적인 놀이 행동 특성이라고 해석된다.

우리나라에서는 최혜영 등(2008)에 의해 놀이 상호작용, 놀이 방해, 그리고 놀이 단절의 3개 하위항목, 총 27문항으로 구분, 4점 척도로 점수가 높을수록 유아의 놀이 상호작용이 긍정적임을 의미하는 도구로 타당화되었다. 이 책의 〈부록〉 '참고 7'에는 원래의 '펜 상호작용적 또래놀이척도(PIPPS)'의 내용을 그대로 소개한다.

(3) 역할놀이 기술척도

레옹(Deborah J. Leong)과 보드로바(Elena Bodrova)는 『정신의 도구(Tools of the Mind)』(2007)라는 저서에서 놀이지도와 평가의 결정적인 요소로 ① 놀이 계획 능력(Plan), ② 언어, 행동, 정서적 표현을 모두 포함한 놀이자로서 역할(Role), ③ 현실적인 것과 상징이나 상상을 가능하게 하는 놀잇감(Porps), ④ 놀이가 지속되는 상황과 시간(Extended time frame), ⑤ 놀이 동안 그리고 새로운 놀이 상황을 만들어 내는 언어능력(Language), ⑥ 극화능력(Scenarios)의 여섯

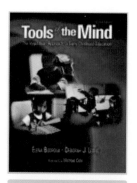

레옹과 보드로바의
『정신의 도구』

가지를 두문자어로 표기하며 'PRoPELS'라 제안하였다.

유아기 역할놀이를 놀이지도와 평가의 여섯 가지 요소에 기초하여 5단계로 구분하고 각 단계마다 유아의 놀이 행동 특성을 기술하고 있다(〈표 6-11〉 참조). 이들은 관찰을 통해 유아기의 역할놀이 수준을 파악하고 놀이를 심화·확장시켜 주기 위한 비계설정(scaffolding)으로 활용할 수 있는 기술척도를 소개하였다(Leong & Bodrova, 2012).

■ 표 6-11 ■ '역할놀이 기술척도(PRoPELS)'의 내용

역할놀이의 5단계				
	1. 놀이 시작	2. 놀이 참여	3. 놀이 규칙과 놀이 상황 극화	4. 새로운 극화 및 놀이 자료 계획	5. 극화와 다양한 역할 수행 및 통합
놀이 계획 (P)	놀이 동안 계획하지 않는다.	놀이 동안 계획하지 않는다.	놀이 역할을 계획한다. 놀이가 시작되기 전에 역할을 정한다.	놀이 상황을 미리 계획한다.	놀이 주제와 복잡한 놀이 상황을 정교화시키며 놀이 상황을 창조하는 데 놀이 참여보다 더 많이 사용한다.
역할 (Ro)	놀이 역할이 없다.	우선 놀고 이후에 역할을 정한다. 놀이 규칙은 없다.	갈등이 생길 소지가 있는 경우의 규칙을 정하고 역할을 맡아 놀이한다.	보다 복잡하고 다양한 규칙이 있다.	사회적 관계에 놓인 여러 역할을 할 수 있다.
놀이 자료 (P)	사물을 사물 그 자체로 가지고 논다.	사물을 놀이 소도구로 활용한다.	맡은 역할을 위해 소도구를 필요로 한다.	상징적 또는 허구적인 놀이를 위한 소도구를 선택한다.	실제적인 것보다 허구적인 소도구를 선택하며 한 역할에만 국한하는 소도구를 필요로 하지 않는다. 사물들마다 역할이 다르다.
놀이 시간 (E)	놀이 상황이 아닌 사물을 탐색한다.	창의적인 놀이 상황이 몇 분간 지속된다.	창의적인 놀이 상황이 10~15분간 지속된다.	창의적인 놀이 상황이 60분 이상 지속된다. 추후 며칠간 놀이를 새로 창조하고 확장해 간다.	놀이를 방해받더라도 다시 시작한다. 창의적인 놀이 상황이 하루 종일 이어지고 추후 며칠까지도 이어가고 확장시킨다.
언어 능력 (L)	언어 사용을 하지 않는다.	행동을 언어로 표현한다.	역할과 행동을 언어로 표현한다.	역할과 행동을 언어로 설명하며 역할에 따른 언어 표현을 한다.	놀이 상황과 역할, 행동들을 구체화하여 언어로 표현한다. 책에 나온 언어적 표현을 역할에 따라 적합하게 표현한다.
시나리오 (S)	놀이 상황의 극화가 일어나지 않는다. 교사의 단순하고 반복적인 지시에 따를 수 있다.	제한적이거나 전형적인 놀이 상황의 극화가 이루어진다. 놀이 상황 속에 있는 모델이 되는 역할이나 행위는 가능하다.	친숙한 상황의 놀이 전개가 가능하다. 새로운 아이디어를 받아들인다.	이전의 놀이나 하고 싶은 놀이에 맞게 변화된 상황에 잘 어울린다. 놀이 상황의 줄거리나 역할, 행동을 확장시켜 간다.	이전의 놀이나 하고 싶은 놀이에 맞게 변화된 상황에 잘 어울린다. 이야기와 문학의 주제를 사용하여 놀이 상황의 줄거리나 역할, 행동을 확장시켜 간다.

출처: Leong & Bodrova (2012).

2. 놀이 환경 평가

유아들에게 환경을 통한 다양한 놀이 경험을 제공해 주는 것은 물론이고 잠재된 위해 요소들로부터 안전하게 보호하고 건강을 유지시키는 것이 바로 유아교사의 책임이다. 유아의 발달에 적합하고 풍부한 놀이 환경을 고안하고 지원하기위해 교사가 매일 혹은 정기적으로 놀이 환경과 놀이 자료를 점검하고, 교육과정 재구성을 위해 실시하는 물리적 환경의 평가에서 다루어야 할 내용은 다음과같다(NAEYC, 2005).

- 청소가 용이하고 안정감을 주는가?
- 학급 배치가 잘 정돈되어 있는가?
- 시설·설비와 교재·교구가 파손과 분실 없이 잘 갖추어져 있는가?
- 해당 영유아의 연령에 적합한 다양한 자료가 구비되어 있는가?
- 흥미 영역이 잘 구분되어 있는가?
- 일과 중 정리정돈 시간이 마련되어 있는가?
- 유아가 활동한 결과물이나 작품들을 교실 안에 전시하는가?
- 실내외 놀이 공간은 충분한가?
- 유아 개별적으로 쉴 수 있는 공간이 마련되어 있는가?

그동안 실내외 놀이 환경과 놀이 자료 등의 요소별 평가를 위해 다양한 방식이 개발되고 소개되었다. 여기에서는 교사가 간편하게 활용할 수 있도록 엘리엇(Elliott, 2002)에 의해 제안된 '놀이 환경 평가 체크리스트'를 소개한다.

표 6-12 놀이 환경 평가 체크리스트

실내 환경	활동실	☐ 개방된 공간 구성으로 신체 기술 발달, 인지 · 사회성 · 정서 · 언어 등 다양하고 의미 있는 학습이 일어난다. ☐ 영유아의 활동적인 신체적 움직임과 발달단계상 비틀거리는 행동 특성을 모두 고려하여 충분한 공간이 확보된다. ☐ 통풍이 잘 된다. ☐ 환기가 잘 된다. ☐ 영아반의 경우, 먹고 낮잠 자는 활동 등도 모두 실내에서 이루어진다. ☐ 가구는 유아의 신체 크기에 적합하다. 유아가 서 있을 경우 허리를 넘지 않는다. ☐ 행정실과 교사 휴게실 등은 유아들의 활동실과 분리되어 있다.
	창문 및 출입문	☐ 외부인 출입이 제한된다. ☐ 안전유리로 시공되었다. 　(아닌 경우, 유리에 그림을 부착하는 등의 방법으로 유리 깨짐 방지조치를 취한다.) ☐ 유아가 바깥을 볼 수 있도록 시야를 확보한다. ☐ 손가락 끼임 방지를 위해 고무로 된 문틀 끝처리로 마감한다. ☐ 대피도를 마련하고 게시해 두며 정기적으로 훈련을 실시한다.
	계단	☐ 실내외 계단의 안전을 항상 점검한다. 상시 안전을 유지한다. ☐ 계단 난간 아래로 낙상사고를 방지하기 위해 밑에서 위까지 그물이나 울타리가 설치되어 있다. ☐ 유아의 보폭에 맞춰 적절한 계단 높이를 준수한다. ☐ 사고의 위험이 크므로 계단에 놀잇감을 두지 않는다.
	부엌	☐ 유아의 출입을 제한한다(울타리 사용). ☐ 가스레인지 위에 그릇을 놓을 때 손잡이 방향이 안쪽을 향하도록 한다. ☐ 환기 필터를 정기적으로 교환한다. ☐ 전자레인지는 유아의 손이 안 닿는 곳에 두며 유아가 사용하지 못하게 한다.
	화장실	☐ 유아 수에 충분한 개수의 변기를 구비한다. ☐ 활동실, 특히 식당과 약간 거리를 둔다. ☐ 배변 보조도구 등을 세척할 때는 반드시 소독제를 사용한다.
	온도	☐ 활동실 내의 온도가 적정하다(여름 20~27℃/겨울 18~23℃, 습도 0~70%). ☐ 냉방을 위해 선풍기를 설치할 경우 손가락 상해를 대비한 방지망이나 설비가 있다. ☐ 온방을 위한 히터는 화상방지를 위해 안전받침이 있어 넘어지지 않도록 하며 사용하지 않을 때에는 커버로 덮어둔다. ☐ 연료를 사용한 온방일 경우 일산화탄소와 같은 독소에 유의한다.

실외 환경	건물	☐ 각 영역별 안전과 독소의 위험은 없다. ☐ 오염, 소음, 교통, 깊은 구덩이와 같은 위해요소들이 없다.
	유원장	☐ 외부 공간과 구별해 주는 울타리가 있으며 울타리 난간들의 간격이 9cm를 넘지 않는다. ☐ 소음으로부터 안전하다. ☐ 전기변압기나 높은 전압의 전력선, 전기공급사업소, 유독성 가스와는 적어도 1m 이상 거리를 유지해야 한다. ☐ 물이 채워진 수영장이나 채석장, 구덩이, 연못 등 주변에 익사의 위험요소들이 없다. ☐ 출입문은 외부와의 경계를 분명히 해 준다. ☐ 대피 시 2층에서 외부 아래층으로 직접 연결된다. ☐ 유원장 안에서 놀이 시설물 간의 거리와 울타리와 놀이 시설물 간의 최소한 거리를 유지한다. ☐ 유아를 화상으로부터 보호하고 편안히 쉴 수 있도록 그늘이 있는 영역을 마련한다[선크림을 준비한다든가 적당한 실외 활동시간(오전 9시/오후 3시경)을 구성한다]. ☐ 금속으로 된 시설·설비를 점검(온도, 날카로움 등)한다. ☐ 자전거를 탈 경우 도로, 계단, 복도 등과 떨어진 위치의 충분한 공간(도로)을 확보한다. ☐ 외부와 분명한 경계를 해 주는 울타리가 잘 유지된다. ☐ 자동잠금장치를 설치하며 성인의 손에 닿도록 되어 있다. ☐ 다양한 바닥재질과 자료들이 갖추어져 있다(나무껍질, 톱밥 등과 혹은 세 모래와 굵은 모래, 작은 자갈류 등). ☐ 부드러운 깔개와 속이 비고 큰 적목 등이 비치되어 있다.
놀잇감 및 놀이 기구	놀이 자료	☐ 영아반의 경우 혼자서 보행기에 두지 않는다. ☐ 영유아용 식탁의자에 앉을 때는 반드시 안전띠를 한다. ☐ 침대의 난간들 간격은 5cm 이하다. ☐ 가구나 놀이 자료의 모서리가 날카롭지 않게 부드럽게 굴린 마무리로 되어 있다. ☐ 좋은 놀이 자료의 특성을 고려하여 구입한다. 　　세척이 용이한지, 방염처리되어 있는지, 안전을 위한 부대설비를 모두 갖추고 있는지 등(예: 세발자전거의 연결 부분 점검과 안전모 착용)을 살핀다. * 좋은 놀잇감 기준 숙지(ASTM: 놀잇감의 안전과 놀이 단계 및 활용 수준)
	놀이 시설·설비	☐ 놀이 기구 설치 기준과 디자인, 재질, 관리 등의 안전권고 및 허가관리 지침을 참고한다. ☐ 가시가 일어나 있는지, 녹슬어 느슨해진 곳은 없는지, 튀어나온 부분이 있는지, 위험한 작은 조각들로 쪼개어져 있는지, 납 중독의 위험은 없는지 등을 세세히 살핀다. ☐ 사용 인원을 제한한다. ☐ 활동실과 유원장이 직접 통할 수 있으면 좋고 반드시 싱크대가 설치되어야 하며 유아들이 마실 물을 근처에 비치해 두어야 한다.

기타	화재 안전	☐ 화재대비훈련 계획이 마련되어 있다.
		☐ 대피계획, 연기 감지기, 화재 경보기 설치 등 기본 설비가 갖추어져 있다.
		☐ 화재예방을 위한 정기점검과 대피훈련을 실시한다.
		☐ 화재확산과 2차 폭발을 피하기 위해 경보가 울리면 긴급 대피한다.
		☐ 화재가 나면 일단 유아를 건물로부터 멀리 대피시킨 후 신고한다.
		☐ 화재안전교육 방안으로 유아를 대상으로 정기훈련과 안전교육을 실시한다.
		☐ 카펫 밑으로 전기선을 배치하지 않는다.
		☐ 전선구(아울렛)를 사용하지 않을 때 가리개를 꽂아 둔다.
		☐ 화재의 위험과 대피의 중요성을 항상 기억하도록 훈련한다.
	토양 안전	☐ 기관 주변에서 토양의 표본을 수집하여 실험실에 의뢰한다.
	약물 안전	☐ 의약류, 미술재료, 식물의 독성 여부를 고려한다.
	질병 안전	☐ 유아 신체 크기에 적합하여 사용이 편리한 세면시설이 갖추어져 있다.
		☐ 기저귀 갈이 영역과 화장실은 서로 인접하게, 음식을 준비하거나 건조한 영역과는 멀게 위치한다.
		☐ 센서가 달린 수도꼭지, 종이수건 등의 비품이 유용하다.

출처: Elliott (2002).

놀이지도

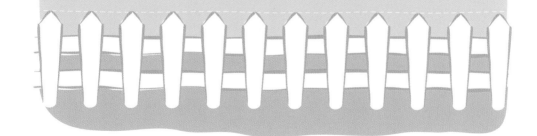

1. 놀이지도의 의의 및 교사의 역할

1) 놀이지도의 의의

유아 놀이의 본질은 유아 스스로가 흥미 있는 활동을 선정하여 능동적으로 참여함으로써 즐거움을 마음껏 느낄 수 있다는 것이다. 때문에 놀이에서의 교사의 지도가 유아의 의미 있는 활동에 오히려 부정적이라는 견해를 가질 수도 있다.

'유아의 놀이는 교사가 개입할 때만 가능한 것인가? 교사의 개입이 유아의 창조적 표현과 상상력을 제한하지 않을까?'라는 질문을 던지며 놀이지도에 반대하는 사람들이 있다. 그들은 교사의 놀이지도가 유아 놀이의 본질에 어긋나며, 유아의 놀이 권리와 요구를 침해하고, 놀이를 중단하거나 방해하고, 유아의 놀이 능력을 제한하며, 또래 상호작용의 기회도 감소시킬 우려가 있다고 생각한다(박찬옥, 정남미, 곽현주, 2008). 특히 정신분석학적 입장에서는 성인의 유아 놀이 참여가 유아의 상상놀이와 감정 표현에 방해가 되며, 놀이치료에서 얻을 수 있는 효과를 감소시킨다고 하였다. 그러나 1960년대 이후 유아의 인지, 사회 발달에서 놀이의 중요성을 강조한 피아제, 비고츠키, 서튼–스미스 등의 견해가 인정됨에 따라 놀이에서 성인의 역할을 최소화해야 한다는 정신분석 이론의 영향이 감소되었다(Christie & Johnson, 1983).

실제 놀이 상황을 관찰해 보면, 교사의 지도 없이도 유아들 간의 활발한 상호작용으로 놀이가 잘 진행되는 경우가 있는 반면, 놀이도구의 사용법이나 진행방법의 미숙으로 놀이가 중단되거나 또래와의 상호작용 부족 및 충돌과 갈등에 의해 유아 스스로 해결할 수 없는 문제 상황이 발생하기도 한다. 문제 상황이 관찰된 경우, 교사는 적극적인 개입을 통하여 유아와 함께 문제를 해결하고 유아 간의 적절한 언어 · 사회적 상호작용을 지도하여, 놀이의 질을 높여 주고 놀이를 지속 · 확장시킬 수 있게 도와줄 수 있다.

유아 놀이지도에 관한 연구에서는 성인의 놀이 개입은 놀이의 질을 높여 주고, 유아의 발달을 촉진해 주며(유애열, 김온기, 조혜진, 1996; 장혜순, 2004), 무의미하게 끝날 수 있는 놀이를 교육적 측면에서 의미 있고 가치 있는 활동으로 유도할 수 있다고 주장한다(지성애, 2002; Johnson, Christie, & Yawkey, 1987).

따라서 교사는 유아의 놀이에 필요한 자료나 환경을 준비해 주고 자료의 사용법과 놀이방법에 대하여 적절하게 안내해 주어야 한다. 또한 놀이 도중 이루어지는 상호작용에 대하여 지도해 주거나 놀이자로 함께 참여함으로써 놀이를 촉진시켜 주며 놀이의 질을 높이고 확장시켜 주어야 한다. 그렇기에 유아의 놀이에 있어서 교사의 놀이지도는 반드시 필요하다고 본다.

이러한 놀이지도의 의의에 대해 박찬옥, 정남미, 곽현주(2008)는 다음과 같이 여섯 가지로 제시하였다.

- 교사와 유아 간에 친밀한 인간관계를 형성할 수 있다: 놀이 시 교사와 긍정적인 상호작용을 하기 때문에 다른 어떤 활동 시간보다도 교사와 친밀감을 형성하기가 쉽다.
- 놀이의 지속 시간이 늘어나게 되어 놀이가 더 정교해진다: 교사가 유아들의 놀이에 관심을 보이며 쳐다보거나 옆에 있어 주기만 해도 놀이 시간이 증가한다.
- 유아가 다른 사람들과 어울려 지내는 방법을 익히게 된다: 놀이지도는 협동심, 공유하기, 협상하기, 리더십 및 문제해결 기술을 발달시킬 수 있는 기회를 제공한다.
- 탐색 활동을 증가시킨다: 비고츠키는 풍부하고 다양한 자료를 갖춘 환경이 제공될 때 적절한 인지 활동이 일어난다고 하였다. 유아들의 놀이는 성인과의 상호작용과 격려에 의해 촉진된다. 교사가 정서적인 안정감을 준다면 유아는 안정감을 느껴 주변 환경을 탐색하게 된다.
- 유아의 언어와 문해력 발달이 촉진된다: 교사가 놀이 지원과 참여, 다양한 필기

도구 제공을 통하여 유아의 언어와 문해력 발달을 촉진시킨다.

■ 자유롭게 감정을 표현하게 하고 부정적인 감정을 감소시킨다: 유아들은 교사의 지도를 통해 그들의 감정을 놀이를 통하여 표현하며, 놀이 속에서 안정감을 느끼고, 자신의 모든 감정을 놀이 속에 담아낸다.

존슨, 크리스티와 야키(Johnson, Christie, & Yawkey, 1987)는 놀이지도의 의의를 놀이 인정, 친밀감 형성, 놀이 지속, 보다 정교하고 성숙된 놀이의 네 가지로 제시하였다(지성애, 2002 재인용).

■ 놀이 인정: 교사는 유아가 참여한 놀이에 흥미를 보여 줌으로써 유아의 놀이가 가치 있는 활동이라는 점을 인식시켜 줄 수 있다. 놀이 인정은 부모와 교사가 유아 놀이에 직접 참여하는 것보다 더 강한 의미를 전달할 수 있다.

■ 친밀감 형성: 교사의 유아 놀이 참여는 유아들로 하여금 교사를 권위적이 아닌 좀 더 편하고 쉽게 접근할 수 있는 놀이자로 인식시키는 기회가 된다. 즉, 교사는 유아의 놀이에 함께 참여함으로써 유아와 친밀감을 형성하게 된다.

■ 놀이 지속: 교사는 유아 놀이에 직접 참여함으로써 놀이의 지속을 방해하는 주의 산만과 혼란을 완화시킬 수 있다. 따라서 교사는 유아의 놀이에 개입하는 기회를 계획하여 놀이 시간을 지속시킴으로써 유아의 주의 집중력을 신장시킬 수 있다.

■ 보다 정교하고 성숙된 놀이: 교사는 효율적인 놀이지도를 통하여 성숙된 놀이로 이끌 수 있으며, 그 결과로 유아 발달을 극대화할 수 있다.

지금까지의 내용을 기초로 하여, 놀이지도의 의의는 다음과 같이 다섯 가지로 정리할 수 있다.

■ 놀이의 가치 인식: 교사가 유아의 놀이에 관심을 보이면, 유아는 그 놀이에 더

욱 적극적으로 참여한다. 이때 교사의 흥미와 관심은 유아에게 자신의 놀이가 가치 있는 활동임을 인식시켜 주는 것이다. 따라서 교사는 유아 놀이에 대한 흥미와 관심을 보여 줌으로써 유아들이 놀이의 가치를 인식하고 더 많은 흥미를 가지고 더욱 적극적으로 참여할 수 있게 한다.

■ 친밀감 형성: 놀이에서 유아는 함께 놀이하는 또래나 교사와 가장 허용적인 분위기에서 신체를 가까이 하고 적극적인 언어적 상호작용을 함으로써 친밀감을 형성할 수 있다. 교사는 유아 놀이에 직접 참여함으로써 유아와 가깝고 친밀한 관계를 유지하여 유아가 교사와의 상호작용에 능동적으로 참여하게 한다.

■ 놀이 지속: 유아가 놀이 자료 및 놀이 방법에 미숙하거나, 함께 놀이하는 친구와 갈등이 생겼을 때 놀이 활동은 지속될 수 없다. 교사는 관찰을 통하여 이러한 문제점을 발견하고 적절한 지도로 문제를 해결해 줌으로써 놀이 시간을 지속시켜 줄 수 있다.

■ 놀이의 질적 수준 향상: 유아의 놀이가 정교화되고 확장될 때, 놀이의 효과는 극대화된다. 놀이의 정교화와 확장을 위해서는 창의적인 문제해결 능력이 요구된다. 교사는 다양한 자료를 제공해 주고 유아들 간의 질 높은 상호작용을 유도하여 새로운 놀이 방법을 창안하고 적용하게 함으로써 놀이의 질을 높여 줄 수 있다.

■ 발달 촉진: 놀이의 교육적 효과는 유아의 신체적·인지적·언어적·사회적·정서적 발달을 돕는 것이다. 유아 놀이에서 교사의 적절한 지도는 유아의 놀이 시간을 지속시켜 주고 놀이의 질을 향상시켜 교육적 효과를 극대화할 수 있다. 따라서 교사는 놀이에 참여하는 유아로 하여금 또래와 밀도 높은 언어적·사회적 상호작용을 수행하게 하고, 깊이 탐구하여 창의적으로 문제를 해결하게 하며, 보다 허용적인 분위기에서 자신의 감정을 자유롭게 표현하게 함으로써 유아의 발달을 더욱 촉진시켜 줄 수 있다.

2) 놀이에서 교사의 역할

유아의 놀이에는 다양한 변인이 있지만, 교사는 특히 유아의 놀이를 향상할 수 있는 중요한 인적자원으로서 놀이를 정교화하는 데 도움을 주고, 유아가 성공적인 놀이자로 발달하도록 하는 데 중요한 변인이 된다. 1960년 이후 인지적 놀이 이론의 영향으로 인지적·사회적 발달을 위한 놀이에서 교사의 역할에 대한 관심이 증대되었다(신은수, 김은정, 유영의, 박현경, 백경순, 2011).

교사는 일과 중에 자유선택놀이나 집단 게임과 같은 놀이 시간을 확보하고, 놀이를 계획하며, 놀이에 적합한 환경을 구성하고, 다양한 놀잇감을 제공한다. 또한 체계적인 관찰을 통하여 놀이 중 발생하는 여러 문제를 발견하고, 그에 대하여 적절한 지도 전략과 문제해결 기술로 직간접적인 지원을 해 주며, 유아와 함께 놀이에 참여하기도 한다. 이와 같은 교사의 역할은 유아의 놀이를 지도하는 과정 중에 이루어지며, 교사는 이러한 계획, 준비, 관찰, 개입, 참여 등을 통하여 유아 놀이를 활성화하고 양적·질적으로 향상해 줄 수 있다.

유아의 놀이 발달을 위한 교사의 역할에 대하여 신은수 등(2011)은 놀이 관찰자, 놀이 계획 및 환경 구성자, 놀이 참여자, 놀이 지도자, 놀이 평가자로 제시하였으며, 존스와 레이놀즈(Jones & Reynolds, 1992)는 무대 관리자, 중재자, 놀이자, 작가, 평가자와 의사소통하는 자, 계획자, 놀이 지원자 등의 역할로 제시하였다(장혜순, 2004 재인용).

이들의 내용을 기초로 여기에서는 유아 놀이에서 교사의 역할을 놀이 계획 및 환경 구성자, 놀이 관찰자, 놀이 개입자, 놀이 평가자로 제시한다.

(1) 놀이 계획 및 환경 구성자

유아의 자발적 선택과 능동적 참여를 통하여 유아 발달에 긍정적 영향을 미치는 놀이가 되기 위해서는 교사가 유아의 발달 수준과 흥미 및 관련 주제 등을 고려하여 놀이를 계획하여야 한다. 또한 유아는 놀이를 통하여 학습하게 되므로,

놀이는 교육과정의 생활 주제와 관련되어야 한다. 교사는 주간 교육 활동의 자유선택놀이를 계획할 때 주제의 목표와 관련된 놀이를 영역별로 균형 있게 선정하여야 하며, 요일별로 운영되는 놀이 활동 수는 일과의 자유선택놀이 시간을 고려하여 적정 수만큼 계획하고, 처음 소개하는 놀이 종류 및 개수도 요일별로 균형 있게 안배하여야 한다.

놀이 환경은 시간, 공간, 놀이 자료, 사전 경험 등으로 구성되어 있다(Johnson, Christie, & Yawkey, 1999; Wardle, 2003). 이러한 놀이 환경이 체계적이고 조직적으로 구성될 때, 유아의 놀이는 보다 교육적이고 의미 있는 활동이 될 수 있으므로 교사는 놀이 계획과 환경 구성 시 다음과 같은 점에 유의해야 한다. 첫째, 자유선택놀이와 집단 게임 시간을 적절하게 계획해야 한다. 자유선택놀이 시간은 일반적으로 일과의 1/3~1/4 정도 배정하며, 한 번에 50~60분 정도가 적당하다. 대 · 소집단 활동의 하나로 운영되는 대집단 게임은 다른 대집단 활동 시간과 유사하게 배정할 수 있으며, 놀이자 수에 따라 적절하게 조정할 수 있다. 둘째, 놀이의 유형에 따라 알맞은 크기의 공간을 마련하고 놀이에 필요한 공간 배치를 준비해야 한다. 셋째, 자유선택놀이를 위한 흥미 영역에는 영역의 종류, 연령, 생활 주제에 따라 놀이 자료를 준비하고, 대집단 게임을 위해서는 게임 주제에 따라 필요한 자료를 계획하고 준비해야 한다. 넷째, 체험학습, 자원 인사 활용, 동화책 읽기 등의 사전 경험을 제공함으로써 더 풍부하고 의미 있는 놀이가 될 수 있도록 지원해 주어야 한다.

(2) 놀이 관찰자

효율적인 놀이지도를 위해서는 주의 깊은 놀이 관찰이 선행되어야 한다. 놀이의 관찰은 교사의 간접적인 역할뿐만 아니라 유아 놀이에 직접 개입해야 할 적절한 시기를 알려 주기도 한다. 놀이 관찰은 교사를 통하여 놀이에 이미 존재하는 것이 무엇인지 알도록 하고, 유아의 현재 흥미와 요구에 기초하여 개입할 수 있도록 돕는다. 교사가 개입하기 전에 놀이를 관찰하지 않으면 교사의 참여는 바람직하기보다는 오히려 해를 끼칠 수도 있다(신은수 외, 2011).

교사는 놀이 관찰을 통하여 유아의 신체 · 사회 · 정서 · 언어 · 인지 발달 수준을 파악하고 수준에 적합한 놀이를 계획할 수 있으며, 선호하는 놀이 유형과 놀이 또래 등을 파악하여 개별 지도 계획을 세울 수 있다. 또한 적절한 교사의 개입 유형과 시기 등을 결정하여 효율적인 지도를 가능하게 하며, 객관적 평가가 이루어질 수 있게 한다.

(3) 놀이 개입자

교사는 유아가 놀이를 수행하는 과정에서 적절한 상호작용을 통하여 유아의 놀이를 확장시켜 주고 놀이 효과를 극대화해 줄 수 있다. 이와 같은 교사의 놀이 개입에 대하여 일부 연구자들은 적절한 개입은 유아의 놀이 경험을 풍부하게 해 주지만, 주의 깊은 관찰에 기초하지 않은 개입은 오히려 놀이의 가작화 맥락이나 기본 틀을 무너뜨려 놀이를 중단시키는 부정적 역할을 초래할 수도 있다(Manning & Sharp, 1997)고 지적한다. 또한 개입의 양이 너무 적거나 지나칠 경우에도 효율적 지도가 어려우며, 특히 교사의 개입이 너무 많을 때에는 지나친 감시자나 통제자의 역할을 수행하게 되어 유아의 자발적 · 주도적 활동을 방해할 수 있다. 따라서 교사의 놀이 개입은 면밀한 관찰을 통하여 개입 시기, 유형, 양이 결정되어야 한다.

놀이 개입의 유형은 학자마다 다른 범주 체계로 구분하고 있으며, 주로 교사의 개입 정도에 따라 최소한의 개입 유형에서 최대한의 개입 유형까지 연속선상에서 설명되고 있다.

(4) 놀이 평가자

놀이 평가자로서의 교사는 체계적이고 구체적인 평가 계획을 수립하고 관찰을 비롯한 다양한 방법을 통하여 유아의 발달과 학습 정도, 놀이 흥미와 참여도, 교사의 역할 수행 등에 대하여 평가할 수 있다. 이러한 놀이 평가 결과는 유아의 발달 수준과 흥미를 고려한 놀이를 선정하고 발달과 학습에 효율적인 놀이 방법 및 자료를 구안하는 놀이지도 계획 수립을 위한 기초 자료로 활용할 수 있다. 즉, 교사는 놀이 평가 결과를 피드백하여 또 다른 놀이를 위한 시간, 공간, 놀이 자료 및 사전 경험에 대한 계획을 세우고 효율적인 놀이지도를 할 수 있으며, 유아의 학습과 발달을 적극적으로 도울 수 있다.

2. 자유선택놀이 지도

자유선택놀이란 유아가 개별적인 흥미, 욕구 및 발달 수준에 따라 스스로 흥미 영역별 놀이 및 자료를 선택하여 참여하는 놀이 활동을 의미한다. 유아교육 기관에서는 자유선택놀이를 '자유선택 활동' '자유놀이' '작업 활동' '코너 학습' '흥미 영역별 학습' 등으로 다양하게 부르고 있다.

유아의 자유선택놀이가 보다 효율적으로 이루어지기 위해서는 즉흥적 흥미에 따른 자유분방한 놀이 전개에 그치지 않고, 유아 스스로 놀이를 계획하고 수행한 후 평가해 볼 수 있는 기회가 필요하다. 이에 여기에서는 먼저, 자유선택놀이의 특성 및 의의, 흥미 영역별 교육적 가치를 살펴보고, 자유선택놀이의 지도 전략을 놀이 계획 단계, 수행 단계, 평가 단계로 나누어 정리한다.

1) 자유선택놀이의 특성 및 가치

(1) 자유선택놀이의 특성 및 의의

실내외 흥미 영역에서 유아가 개별적인 흥미, 욕구에 따라 자발적으로 선택하고 참여하는 자유선택놀이의 특성을 정리하면 다음과 같다.

■ 생활 주제와 관련되며, 유아의 흥미와 발달을 고려하여 제시된 흥미 영역별

활동으로 이루어진다.

■ 유아의 개인적인 흥미, 욕구, 관심에 따라 스스로 선택한다.

■ 놀이를 선택하고 순서를 결정하는 놀이 계획, 놀이 수행, 놀이 평가의 과정
이 유아 주도적으로 이루어진다.

■ 흥미 영역별 규칙이나 놀이 방법도 유아가 중심이 되어 결정하고 준수한다.

■ 대집단으로 진행되는 집단 게임에 비하여 좀 더 편안하고 자유로운 상태에
서 놀이할 수 있다.

■ 대집단으로 진행되는 집단 게임에 비하여 주로 소집단이나 개별적 활동으
로 진행된다.

■ 실내 · 실외, 오전 · 오후 놀이로 구분하여 주로 등원 직후, 하원 직전, 점심
식사 후에 실시한다.

이와 같은 특성을 지닌 자유선택놀이의 교육적 의의를 정리하면 다음과 같다
(교육과학기술부, 2009; 이숙재, 2006).

■ 유아 스스로 선택하고 결정하는 경험을 통하여 의사결정 능력을 기를 수
있다.

■ 유아의 개별적인 흥미, 욕구, 관심에 따라 자율적으로 선택하여 놀이하게
되므로 능동적이고 적극적인 학습이 이루어진다.

■ 주로 개별 활동이나 소집단 활동으로 이루어지므로 유아와 교사 간의 개별
적인 상호작용이 충분히 이루어질 수 있다.

■ 허용적이고 자유로운 분위기에서 교사나 친구와 자연스럽게 바람직한 인
간관계를 맺을 수 있다.

■ 유아의 관심과 흥미가 존중되는 가운데 편안한 상태에서 즐겁게 놀이함으
로써 긍정적인 정서 발달에 도움이 된다.

■ 여러 영역의 놀이 경험을 통하여 하나의 개념을 반복 · 통합하여 습득하므

로 효과적인 학습이 이루어진다.

(2) 흥미 영역별 교육적 가치

① 쌓기놀이

유아의 마음대로 자유롭게 활용할 수 있는 블록은 어린 영아기부터 학령기의 아동들에게까지 매력적인 놀잇감이다. 다양한 크기와 모양으로 만든 블록 구성물은 아이들의 상상에 따라 다리가 되고, 집이 되고, 우주선이 되고, 마법의 성까지 된다. 유아는 자신의 의도대로 자유롭게 이루어지는 쌓기놀이를 통해 성취감과 긍정적 자아개념을 형성해 간다. 또한 쌓기놀이는 또래와 함께 하면서 서로 나누고 협력하는 과정을 통해 사회성을 기르는 등 유아의 발달에 있어 매우 긍정적인 가치를 지닌 놀이 활동이다. 코플리와 오토(Copely & Oto, 2006), 새뮤얼(Samuel, 2010) 등도 유아가 쌓기놀이에서 블록을 쌓아 올리고 유아 자신의 계획 안에서 구성물을 만들면서 신체 발달을 이루게 되고, 또래들과의 상호작용으로 사회성과 정서 발달을 이루며, 수학적 개념과 과학적 사고, 조형 능력의 발달을 이루게 된다고 하였다.

유아는 큰 블록들을 옮기고 쌓아 올리면서 대근육을 사용하며, 다양한 크기의 블록들을 정확히 쌓아 올리고 끼워 넣는 과정에서 손가락과 같은 소근육을 발달시키고 눈과 손의 협응력을 기르게 된다.

또한 또래들과 어울려 쌓기놀이를 하면서 여럿이 함께 동물원이나 동네와 같은 구조물을 만드는 과정에서 남의 의견을 존중하고 받아들이는 경험, 나의 의견을 제시하고 책임 있게 완성해 가는 경험, 토의를 통한 문제해결의 경험 등을 갖게 된다. 활동의 결과로 멋진 구조물이 완성되었을 때 또래와 함께 했다는 소속감, 일치감, 만족감은 쌓기놀이가 주는 귀한 가치다. 이러한 과정을 통해 유아는 혼자만이 아닌 사회 구성원으로서 필요한 존중, 배려, 규칙, 책임, 양보와 같은 덕목을 기를 수 있다.

② 역할놀이

어린 유아기부터 귀에 무엇인가를 대고 전화를 거는 것처럼 흉내를 내거나, 생일 케이크의 촛불을 끄는 것처럼 가작화 요소(as-if elements)가 포함된 역할놀이를 즐긴다. 성장함에 따라 가작화의 대상도 다양해져 가정놀이뿐 아니라 경찰관놀이, 주유소놀이, 햄버거 · 피자 배달놀이, 그리고 우주, 병원, 은행, 시장놀이 등의 역할놀이에 참여하게 된다.

유아는 또래들과 함께 상호작용하며 역할놀이를 하는 과정에서 역할을 분담하고 그에 맞는 역할을 수행하고 협력하는 경험을 하게 된다. 소속감을 갖고 다른 사람을 이해하며 순서 기다리기, 양보하기, 공유하기와 같이 상황에 맞는 적절한 친사회적 기술을 배우게 된다. 뿐만 아니라 엄마, 아빠, 선생님, 경찰관 등과 같이 내가 아닌 다른 사람이 되어 봄으로써 자기중심적인 성향에서 벗어나 타인의 감정을 이해하고 공감하는 타인 조망 능력도 갖게 된다. 이러한 능력은 유아가 유능한 사회인으로 성장하는 데 필수적이다.

또한 은행놀이, 시장놀이, 교통놀이, 미장원놀이 등의 역할놀이를 통해 유아는 주변 세계에 대한 지식을 갖게 되고, 역할에 맞는 언어와 행동을 모방하면서 다양한 상황을 간접적으로 경험하는 기회를 갖게 된다.

현실에서는 성인의 절반에도 미치지 못하는 몸집에 운전을 할 수도 없고 무거운 것도 들 수 없는 힘 없는 존재이지만, 역할놀이에서는 아빠, 슈퍼맨, 스파이더맨, 의사, 용감한 대장, 왕자가 되어 의기양양한 자신감과 희망을 표출해 볼 수 있는 경험을 갖는다. 영웅적인 감정을 역할놀이 안에서 경험함으로써 기쁨과 활기찬 정서를 갖게 된다. 억지로 주사를 맞아야 했던 경험과 같이 현실에서 갖게 된 부정적인 감정을 의사나 간호사처럼 힘 있는 존재가 되어 반대의 역할을 통해 발산할 기회를 갖게 되어 정서적인 발달에 도움이 된다.

③ 언어놀이

유아는 학습지와 같은 형식적인 방법으로 언어를 접하기보다 놀이를 통하여 접하는 것이 바람직하다. 유아 주변은 온통 음성언어와 문자언어로 가득 차 있다. 가족이나 또래들과 말하고 듣고, 가게 간판, 그림책, 과자 봉지를 읽고 선택하는 언어와 함께하고 있는 것이다. 이러한 언어에 대한 기본적인 능력과 관심을 지니고 있는 유아는 유아교육기관의 언어놀이 영역에서 이루어지는 다양한 놀이를 통해 언어능력을 더욱 발달시킨다.

동화 속 주인공 막대인형을 들고 역할에 맞는 대사를 말하고, 사물의 그림에 맞는 낱말카드를 찾아 짝을 맞추는 놀이 등을 통해 유아는 자연스럽게 듣기, 말하기, 읽기와 같은 언어능력을 기르게 된다. 언어놀이 영역에 비치된 그림책들 또한 유아에게는 매력적인 놀이 매개체가 되어 이야기 내용을 그림 그리기, 역할극 놀이하기, 이야기 꾸미기, 동화내용 바꿔 보기와 같은 다양한 놀이로 이어질 수 있다. 공책에 필기구를 이용하여 단어를 반복하여 여러 번 쓰는 것보다 언어놀이 영역에서 이루어지는 모래글자놀이, 점토로 글자 모양 만들기, 글자 바느질 놀이 등이 문자를 즐겁게 접하게 함으로써 유아의 언어 발달에 더 효과적이다. 이 밖에도 글자 찾아 오려 붙이기 놀이 등도 유아에게 주변의 신문, 잡지, 전단지의 글자를 유심히 살피고 식별하는 기회를 제공하여 문자를 인식하는 능력을 기르게 한다.

④ 수 · 조작놀이

조작놀이는 퍼즐이나 구슬 꿰기, 도미노 게임과 같이 일반적으로 유아가 앉아서 손과 손가락의 소근육을 사용하여 놀잇감을 맞추고 분리하며 재배열하는 등 여러 가지 방법으로 다루는 놀이다. 바서만(Wassermann, 2000)은 다른 놀이에 비해 정적이고 탐색적인 조작놀이가 유아 스스로 문제를 해결해 나가면서 집중력과 지구력 및 자신감을 갖게 하는 데 효과적이라고 보았다.

스스로 조작해 보는 경험을 통하여 유아는 개별적인 탐색의 기회를 갖게 되며, 이러한 탐색과정은 유아의 소근육 발달과 눈과 손의 협응력을 촉진한다. 일정한 시간 동안 과제에 집중하여 해결해 나가는 과정에서 집중력과 문제해결 능력을 기르게 되며, 어떠한 과제를 수행할 때 끝까지 완수하는 책임감을 기르게 된다.

또한 다양한 조작놀이 사물을 다루어 보고 다양한 준거에 따라 분류하고 짝 맞추고 조각을 완성해 보는 경험을 통하여 유아는 수, 모양, 크기의 개념을 형성할 수 있다. 단순히 사물을 연결하거나 끼우는 활동뿐 아니라 다양한 준거에 따라 사물의 속성을 구별하여 분류하고 서열화해 보는 경험은 유아의 물리적 지식과 논리-수학적 지식 형성에 기초가 된다.

⑤ 과학놀이

주변의 모든 것이 궁금하고 지적 호기심이 가득한 유아는 타고난 과학자다. 이것이 유아의 '왜?'라는 질문을 충족시켜 줄 수 있는 과학놀이가 유아교육기관에서 활발히 진행되어야 하는 이유다. 동물의 생활모습, 우주의 모습 등 생활주제와 관련된 과학 게시판이 유아의 호기심을 자극할 것이며, 직접 실험해 볼 수 있는 다양한 자료들은 유아를 과학의 세계로 이끌 것이다.

물, 공기, 햇빛 등 식물의 성장에 필요한 조건을 통제한 콩나물 기르기, 물에 뜨는 것과 가라앉는 것, 자석에 붙는 것과 붙지 않는 것을 찾아 분류하기와 같은 놀이를 통해 과학적 지식을 갖게 된다.

당근, 무, 미나리, 감자, 고구마, 강낭콩 등 성장이 빠른 식물을 비롯해 투명한 용기에 옮겨진 개미집, 올챙이와 개구리, 지렁이, 장수풍뎅이, 물고기 등을 기르고 관찰하면서 동식물의 생태에 관련된 지식뿐만 아니라 동식물을 사랑하는 마음을 갖게 되어 정서적 안정감까지 도모할 수 있다.

고장 난 시계 속을 분해해 보면서 주변의 기계에 관심을 갖게 되고, 구 모양과 각이 있는 사물을 굴려 보는 놀이를 하면서 더 멀리 굴러 가는 사물의 특징을 찾아내는 등 다양한 과학놀이 속에서 스스로 탐색하여 문제해결 능력을 기르게 된다.

낙하산놀이에서 공기 저항의 힘은 어떠했는지, 더 빨리 떨어지는 물체의 속성은 무엇이었는지 찾아보며, 식빵에 생긴 곰팡이가 어떤 조건에서 더 빨리 번식하는지 알아보고, 색소를 탄 물에 백합 줄기를 담아 두어 식물의 물관을 찾아보는 등 유아에게 어려울 수 있는 어려운 과학 개념도 과학놀이를 통해서라면 구체적이며 직접적인 체험이 되어 유아의 이해를 돕는다.

유아는 이러한 다양한 과학놀이에 즐겁게 참여하면서 과학적 현상에 관심을 갖게 되고 책의 테두리에서 벗어나 직접적으로 탐구하는 태도를 기르게 되어 미래 과학자의 자질을 갖추게 된다.

⑥ 미술놀이

주변의 모든 자연물과 재료가 미술놀이의 놀잇감이다. 나뭇잎, 돌, 조개껍질, 다양한 종이, 물감, 크레용, 점토 등 다양한 재료는 미술놀이를 더욱 풍요롭게 한다. 타고난 예술가인 유아들은 병마개 4개와 과자상자를 이용해 훌륭한 자동차를 만들어 내고, 빨간 물감을 묻힌 거친 붓놀림으로 화산 폭발을 멋지게 그려낸다. 실내뿐 아니라 실외 나무 그늘 아래 이젤과 평상 위에서 물과 흙 등 자연물과 같은 다양한 미술놀이를 자유롭게 마음껏 경험하면서, 유아는 자신이 가지고 있는 능력을 발산할 것이다.

주변 사물의 아름다움을 예민하게 인식하고 다양한 재료를 이용하여 자신만의 독특한 방법으로 표현해 보는 미술놀이는 유아의 창의력을 촉진한다. 미술기법을 강요하거나 멋진 결과를 기대하는 것이 아니라 표현하고자 하는 주제나 재료의 선택, 표현방법을 유아가 스스로 결정하여 자유로운 분위기에서 표현해 나가는 과정 자체가 유아에게 내재되어 있는 창의력을 마음껏 표출하게 한다.

이렇듯 외부의 강요 없이 마음껏 자신의 느낌과 생각을 표현해 보는 미술놀이는 유아 스스로 해냈다는 자부심과 성취감을 갖게 한다. 미술놀이의 결과물을 자랑스러워하면서 유능한 자신을 좋아하게 되는 감정은 긍정적 자아개념을 갖게 한다. 미술놀이 자체만으로도 유아들은 기쁨과 즐거움의 정서를 경험하지만, 또래와 함께 미술놀이를 하는 과정에서 재료를 나누고, 함께 공유하고, 협동하는 경험 또한 집단 속의 유능한 자신을 발견하게 한다. 또한 표현하려는 대상의 아름다움을 더욱 예민하게 느끼고 그것을 표현하는 다양한 색상과 질감에서도 아름다움을 경험하면서, 세상을 사랑하는 따뜻한 정서를 갖게 되어 정서적 안정감 또한 갖게 된다.

⑦ 음률놀이

음악을 듣고, 노래를 부르며, 여러 가지 악기를 다루고, 몸으로 표현하는 음률놀이는 정적인 활동으로, 상대적으로 신체적 움직임이 적은 현대의 유아들에게 필요한 놀이다. 악기를 탐색하고 연주해 보며, 아름다운 음악을 감상하며 다양한 방법으로 표현해 보는 음률놀이는 유아의 기쁨과 즐거움과 같은 긍정적 정서를 바탕으로 창의력을 기르게 한다.

유아는 탬버린, 우드 블록, 마라카스와 같은 리듬악기를 연주하면서 곡의 전체적인 흐름이나 속도감을 느끼고 리듬에 대한 감각을 기르게 된다. 실로폰과 같은 가락악기를 통해 소리의 높고 낮음을 알게 되고 곡의 분위기를 느끼게 된다. 곡의 분위기와 리듬에 맞추어 유아 자신의 생각과 감정을 신체를 통해 자유롭게 표현해 보는 활동은 창의력과 음악에 대한 예민한 감각뿐 아니라 즐거움과 자신감 등 긍정적인 자아개념을 갖게 한다.

⑧ 물·모래놀이

유아들에게 물, 모래, 흙과 같은 자연물로 하는 놀이는 꼭 필요한 놀이이며 유아의 정서를 안정시키고 순화시키는 치료의 힘을 가지고 있다. 특별한 형태가 정해져 있지 않고 저항이 거의 없으며 부드러운 감촉을 주는 물과 모래를 이용한 놀이는 유아가 갖고 있는 불안, 불만, 긴장, 공격성 등을 발산·해소하게 하여 정서적 안정감을 갖게 한다. 물과 모래를 가지고 자유롭게 놀이를 하는 동안, 유아는 진지한 탐색자가 되어 기쁨과 성취감을 느끼게 된다.

또한 물·모래놀이를 통해 물의 특성, 즉 유동성, 증발, 수압 등을 학습하며, 페트병과 같은 다양한 용기나 장난감 트럭, 플라스틱 삽 등을 이용하여 물과 모래를 담고 쏟는 과정에서 양을 측정하기, 비교하기 활동을 하면서 양의 보존 개념을 획득할 수 있다. 사물의 특성에 따라 물에 뜨는 것과 가라앉는 것을 구별하면서 물에 뜨기 위한 조건을 탐색해 볼 수 있으며, 모래가 물에 젖었을 때와 젖지 않았을 때의 상태에 따른 차이를 경험해 볼 수 있다. 이 밖에도 물에 녹는 것과 녹지 않는 것 등 여러 물질의 용해를 경험해 볼 수 있고, 물이 떨어지는 힘을 이용한 여러 장치 등을 경험하면서 과학적 지식을 얻게 된다.

2) 자유선택놀이의 지도 전략

(1) 놀이 계획 단계

자유선택놀이는 놀이 계획하기, 수행하기, 평가하기로 이루어진다(교육과학기술부, 2009). 자유선택놀이의 지도 단계도 놀이 계획, 놀이 수행, 놀이 평가 단계로 나누어지며, 단계별 지도 내용은 [그림 7-1]과 같다.

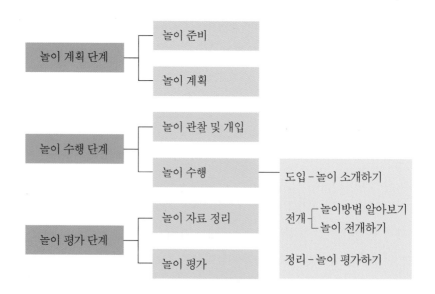

■ 그림 7-1 ■ 자유선택놀이의 단계별 지도 내용

놀이 계획 단계에서 교사는 생활 주제에 따라 유아의 욕구나 발달 수준을 고려하여 흥미 영역별 놀이를 계획하고 자료를 준비하여, 유아가 개인적인 흥미나 관심에 따라 놀이를 계획할 수 있도록 지도한다.

① 놀이 준비

교사는 자유선택놀이에 필요한 시간, 공간, 놀이 자료, 사전 경험을 제공하여 유아의 놀이 계획 및 수행이 효과적으로 이루어지도록 도와주어야 한다.

• 시간

유아교육기관의 일과 중 자유선택놀이는 실내와 실외, 오전과 오후 활동으로 구분하여 이루어진다. 유아들에게 한번에 제공되는 자유선택놀이 시간은 일과의 1/3~1/4 정도이며, 놀이 시간이 너무 짧게 주어질 경우 놀이의 지속과 확장을 저해한다. 자유선택놀이 시간에는 놀이 계획, 수행, 평가까지 포함되며, 대부분 두세 가지 흥미 영역의 놀이를 수행하기에 충분한 시간이 제공되어야 한다.

• 공간

놀이를 할 수 있는 공간의 확보와 배치는 유아가 참여하는 놀이의 유형과 질에 중요한 영향을 준다(Johnson, Christie, & Yawkey, 1999). 소음의 정도가 비슷한 흥미 영역끼리 근접하게 배치해야 하며, 유아의 활동 반경에 따라 영역별 공간의 크기도 달라져야 한다. 또한 놀이의 연계나 확장과 관련하여 두 개 이상 영역의 통합과 분리가 쉽게 이루어질 수 있도록 구성한다.

• 놀이 자료

흥미 영역에 따라 놀이에 사용되는 자료의 유형은 달라지며, 제공된 놀이 자료는 유아의 놀이 활동에 커다란 영향을 미친다. 특히 사회극놀이의 경우 유아의 표상 능력과 놀이 자료의 구조성은 밀접한 관계가 있다. 표상 능력 수준이 낮은 2~3세 유아에게는 보다 구조성이 높은 자료가 효과적이며, 표상 능력 수준이 좀 더 높은 4~5세 유아에게는 구조성이 더 낮은 놀이 자료가 주어졌을 경우에 보다 창의적인 놀이가 가능하다(Johnson, Christie, & Yawkey, 1999).

• 사전 경험

교사는 견학, 자원 인사 활용, 동화책 읽기 등의 활동으로 사전 경험을 제공함으로써 유아가 놀이 내용이나 역할에 대하여 더 잘 이해하도록 돕고, 관련 경험을 풍부하게 제공하여 보다 수준 높고 의미 있는 놀이 활동을 유도할 수 있다(이숙재, 2006; 지성애, 2002). 특히 사회극놀이에서 역할을 이행하는 능력은 유아의 사전 경험이나 예비적 기초 지식을 기반으로 한다. 즉, 유아의 일상생활과 밀접한 주제를 다룬다 하더라도 유아에게 익숙하지 못한 역할의 경우에는 주제와 관련된 사전 경험이 제공되어야 의미 있는 놀이를 전개할 수 있다.

② 놀이 계획

놀이 계획은 유아가 자유선택놀이를 시작하기 전에 어떤 놀이를 할 것인지 스스로 결정하는 것을 말하며, 교사의 놀이 소개와 유아의 놀이 계획으로 이루어진다. 유아는 놀이 계획을 통하여 자율적 의사결정 능력을 향상할 수 있으며 다양한 놀이 활동에 능동적으로 참여하고 시간을 효율적으로 활용할 수 있게 된다.

• 놀이 소개하기

교사는 주간교육계획안에 생활 주제 및 주제에 관련된 흥미 영역별 놀이를 계획한다(〈표 7-1〉 참조). 이를 토대로 요일별 놀이의 방법 및 자료를 소개함으로써 유아가 놀이를 선택하는 데 도움을 준다.

놀이 소개는 대집단, 소집단 또는 개별적으로 실시할 수 있으며, 일과 계획에 따라 그날 처음 시작하거나 교사의 안내가 필요한 놀이에 대하여 놀이명과 놀이 자료, 놀이방법 등을 안내한다.

■ 표 7-1 ■ 생활 주제 및 주제 관련 주간교육계획안(만 5세)

생활 주제		교통기관		주제	교통기관의 종류	
목표		• 여러가지 교통기관의 종류와 특성을 안다. • 교통기관과 관련된 경험을 다양한 방법으로 표현한다.				
활동 \ 날짜/요일		1(월)	2(화)	3(수)	4(목)	5(금)
소주제		내가 이용한 교통기관 알아보기		육상 교통기관 알아보기	항공 교통기관 알아보기	해상 교통기관 알아보기
자유 선택 활동	쌓기	교통기관 만들기*			길 만들기*	
	역할	주유소 놀이*			항공놀이	
	언어	'내가 이용한 교통기관' 작은 책 만들기			교통기관 글자자석	
	수·조작	모양조각으로 교통기관 구성하기				방향 길찾기 게임*
	과학	비탈길 자동차 경주*				
	미술	북적북적 자동차를 그려요		점토로 교통기관 만들기*		
	음률			자전거 클랙슨으로 연주하기		뱃노래
대·소 집단 활동	이야기 나누기	내가 이용한 교통기관		바퀴 수가 달라요	어떤 항공 교통기관이 필요할까요	여러 가지 배를 비교해 보아요
	동화,동시,동극	〈동화〉토끼와 거북이의 두 번째 경주	〈동화〉햇빛섬을 찾아서	〈동시〉바퀴야 바퀴야		〈동화〉쪼꼼 나라의 게으른 공주
	음악		더 빠른 것 더 느린것			돛단배
	신체				비행기야 날아라	
	게임	교통기관 소리 알아맞히기				징검다리 건너뛰기*
	요리		고구마 스프레드로 만든 교통기관			
바깥놀이					낙하산을 띄워요	스티로폼 배 띄워 보기

출처: 교육과학기술부(2012b), pp. 16-17.
* 이 책의 '제2부 유아 놀이의 실제' 편에 수록된 활동임.

205

• 놀이 계획하기

놀이 소개 후 유아들은 각자 어떤 놀이를 어떤 차례로 수행할 것인지 계획을
세우게 된다. 놀이 계획은 유아의 발달 수준, 집단의 크기에 따라 다양한 방법으
로 이루어질 수 있다. 일반적으로 대집단이나 소집단으로 모여서 자신이 하고
싶은 놀이를 말로 발표하기, 계획판에 표시하기, 개별 용지에 기록하기 등의 방
법을 활용한다(이숙재, 2006).

말로 발표하기는 유아가 하고 싶은 놀이를 말로 표현하는 방법이다. 놀이 계
획판은 유아들이 놀이 계획을 한눈에 알아볼 수 있도록 구성되어야 하며, 유아
는 이름 옆에 원하는 흥미 영역을 선택하여 ○표나 순서를 표시한다. 개별 계획
용지는 주로 일주일용으로 구성하여 사용하며, 〈표 7-2〉와 같이 계획과 평가를
동시에 나타낼 수 있도록 구성한다. 유아들은 개별 놀이 계획표에 자신이 하고
싶은 놀이를 [그림 7-2]와 같이 계획할 수 있다.

놀이 계획에 따라 유아들은 흥미 영역
표시판에 자신의 이름표를 붙이고 들어
가 놀이하며([그림 7-3] 참조), 이동할 때
에는 이름표를 떼어 다른 흥미 영역 표시

〈 개별 놀이 계획표 〉

■ 그림 7-2 ■ 개별 용지에 놀이를 계획하는 모습

■ 표 7-2 ■ 개별 자유선택놀이 계획 및 평가표

_____반 이름: _____

영역＼요일	월(일)	화(일)	수(일)	목(일)	금(일)
쌓기	☺ 😐 ☹	☺ 😐 ☹	☺ 😐 ☹	☺ 😐 ☹	☺ 😐 ☹
역할	☺ 😐 ☹	☺ 😐 ☹	☺ 😐 ☹	☺ 😐 ☹	☺ 😐 ☹
언어	☺ 😐 ☹	☺ 😐 ☹	☺ 😐 ☹	☺ 😐 ☹	☺ 😐 ☹
수·조작	☺ 😐 ☹	☺ 😐 ☹	☺ 😐 ☹	☺ 😐 ☹	☺ 😐 ☹
과학	☺ 😐 ☹	☺ 😐 ☹	☺ 😐 ☹	☺ 😐 ☹	☺ 😐 ☹
미술	☺ 😐 ☹	☺ 😐 ☹	☺ 😐 ☹	☺ 😐 ☹	☺ 😐 ☹
음률	☺ 😐 ☹	☺ 😐 ☹	☺ 😐 ☹	☺ 😐 ☹	☺ 😐 ☹
물·모래	☺ 😐 ☹	☺ 😐 ☹	☺ 😐 ☹	☺ 😐 ☹	☺ 😐 ☹

♠ 계획할 때: 놀이하고 싶은 영역에 ○ 표시를 하세요.
♠ 평가할 때: 놀이가 끝난 후 계획한 대로 얼굴 표정에 색칠하세요.

판에 붙인 후 놀이를 시작한다. 이때 흥미 영역 표시판에는 영역별 적정 인원수만큼의 이름표를 붙일 수 있도록 구성되어 있으므로, 그 영역의 이름표가 다 채워졌을 경우에는 다른 놀이에 먼저 참여할 수 있도록 교사는 놀이 순서를 조정하거나 해당 영역의 놀이자 수를 조정하여 융통성 있게 참여할 수 있게 지도한다.

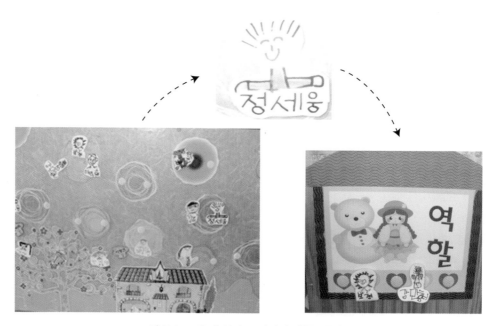

■ 그림 7-3 ■ 흥미 영역 표시판에 이름표를 붙이는 과정

(2) 놀이 수행 단계

놀이 활동이 진행되는 단계로서, 교사의 놀이 관찰과 놀이 개입 및 놀이 수행을 지도하는 내용들이 포함된다.

① 놀이 관찰 및 개입

자유선택놀이에서 놀이의 확장 및 지속을 위한 교사의 성공적인 개입은 주의 깊은 관찰에 의해 결정된다. 교사는 체계적인 관찰을 통해 유아 개개인의 흥미와 요구, 발달 특성, 놀이 특성에 대한 정보를 수집하고 이를 토대로 효과적인 개입 시기와 개입 유형을 결정하여, 유아의 놀이가 높은 수준으로 지속되고 확장되도록 도와줄 수 있다.

특히 놀이에 참여하지 못하거나 놀이에 몰두할 수 없는 유아를 지원하기, 놀이 도중 발생한 유아들 간의 갈등 해결하기, 놀이 자료나 시설에 의한 신체적 위험 요소 해소하기, 한두 가지 영역만 선택하는 유아에게 다양한 영역의 놀이 경험 제공하기, 놀이의 확장이 필요한 놀이 자료를 추가로 제공하기 등과 같은 기본적인 개입의 경우에도 구체적인 상황과 유아의 특성에 대한 관찰 결과에 따라 개입의 시기와 방법은 다르게 적용되어야 한다.

교사의 개입을 위한 효과적인 관찰을 위해서는 관찰 주제, 관찰 시간과 장면, 관찰 기록방법 등에 대한 체계적인 계획을 세워 실시해야 하는데, 이에 대한 구체적인 내용은 '제6장 놀이 관찰 및 평가'에서 자세히 다루었다.

유아 놀이에서 교사 개입의 목적은 교사와 유아 간의 적절한 상호작용을 통하여 놀이의 질을 높이고 확장시키는 데 있다. 교사의 개입이 너무 적거나 지나치게 많으면 부정적인 결과를 초래할 수 있다. 교사가 놀이에 전혀 개입하지 않을 경우, 유아는 쫓고 쫓기기나 거친 신체놀이를 주로 수행하게 되어 다양한 놀이 경험이 어렵게 된다. 이와 반대로, 교사가 지나치게 개입할 경우는 유아 놀이의 본질을 해치게 될 수 있다. 즉, 교사 중심으로 놀이 활동을 이끌어 가거나 결과 중심의 학업 성취를 위한 수단으로 이용함으로써 유아 놀이를 방해하고 유아 주도적인 놀이의 본질을 저해할 수 있다는 것이다.

따라서 교사는 유아 중심, 유아 주도적 활동이라는 놀이의 본질을 지지하면서 교수-학습 원리의 접근으로 통합시키기 위해 놀이에 따라 적절한 방법으로 개입하여 유아 놀이가 수준 높은 놀이로 확장될 수 있도록 지원해야 한다(신은수 외, 2011).

교사가 유아의 놀이에 참여하거나 중재하여 상호작용해 주는 개입의 유형은 주로 교사의 개입 정도에 따라 분류할 수 있으며, 학자들의 분류 유형을 소개하면 다음과 같다.

• 존슨, 크리스티와 야키의 개입 유형

존슨, 크리스티와 야키(Johnson, Christie, & Yawkey, 1999)는 교사의 개입 정도에 따라 최소한의 개입부터 최대한의 개입까지를 비참여, 응시자, 무대 관리자, 공동 놀이자, 놀이 지도자, 감독 및 교수자로 나누고 [그림 7-4]와 같이 제시하였다.

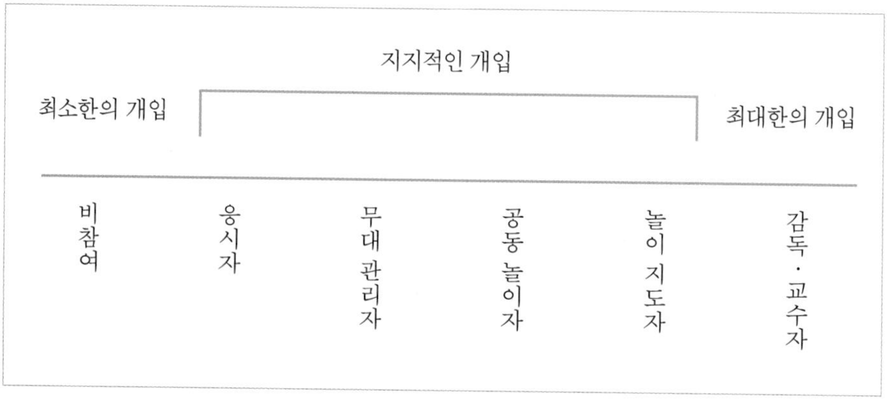

■ 그림 7-4 ■ 교사의 놀이 개입

출처: Johnson, Christie, & Yawkey (1999).

■ 비참여(uninvolved): 유아의 놀이에 주의를 기울이지 않는다.

■ 응시자(onlooker): 근접한 거리에서 놀이하는 유아를 지켜보고 비언어적 또는 언어적 상호작용을 해 준다. 예를 들어, 승인이나 동조의 뜻으로 눈짓을 해 주거나 고개를 끄덕여 주고 또 무슨 놀이를 하고 있는지 물어볼 수도 있다. 그러나 유아의 놀이에 직접 참여하거나 방해하지 않는다.

■ 무대 관리자(stage manager): 유아의 놀이 전개를 도와주고, 일단 놀이가 진행

되면 도움을 제공하는 등 보다 적극적인 역할을 수행한다. 예를 들어, 유아가 요구하는 자료를 제공하고, 유아와 함께 소품 제작이나 무대 구성을 한다. 또한 유아가 진행 중인 놀이를 확장할 수 있는 적절한 주제 관련 대본(script)을 제안해 줄 수도 있다.

■ 공동 놀이자(coplayer): 공동 놀이자는 유아의 놀이에 끼어들어 유아와 동등한 놀이 파트너로서의 기능을 수행한다. 예를 들어, 극놀이에서 유아가 대부분의 시간을 이끌어 가도록 하며, 놀이가 진행되는 동안 역할놀이, 가작화, 전이, 상호작용 전략 등과 같은 사회극놀이 기술의 모델을 보여 주는 기회를 제공할 수 있다.

■ 놀이 지도자(play leader): 놀이 지도자는 유아의 놀이에 직접 끼어들어 적극적으로 참여함으로써 공동 놀이자와 유사한 역할을 수행하나, 공동 놀이자에 비해 더 많은 영향력을 발휘하여 놀이 장면을 확장하고 정교화할 수 있도록 돕는다. 즉, 교사는 새로운 놀이 주제를 제안하거나 현재의 주제를 확장시키기 위한 새로운 소품이나 줄거리 등을 소개하여 놀이를 지도할 수 있다. 또한 놀이의 진행에 어려움이 있거나 놀이 장면에 문제가 생겼을 경우 조언하여 지도할 수 있다.

■ 감독 · 교수자(director/instruction): 감독 · 교수자는 유아의 놀이를 통제하고 유아가 해야 할 것을 직접 지시해 주거나 유아의 관심이 학습 과제로 전환될 수 있도록 가르친다. 즉, 교사는 놀이를 학습의 매개로 활용하여 인지 학습과 관련된 질문을 통하여 유아를 학습으로 유도한다. 예를 들어, 쌓기 영역에서 유아들이 '도로 만들기'를 하고 있을 때 교사는 "다리를 만들고 있는 블록의 모양은 무엇일까?" "이 긴 블록은 저 짧은 블록 몇 개와 같을까?" 등의 수학 도형이나 측정 등과 관련된 질문을 하여 유아로 하여금 수학 학습을 하게 한다.

• 볼프강, 매킨더와 볼프강의 개입 유형

볼프강, 매킨더와 볼프강(Wolfgang, Mackender, & Wolfgang, 1981)은 개입의 구조화에 따라 유아 중심의 개방적인 개입에서 교사 중심의 구조적인 개입까지 시각적 응시, 비지시적 진술, 질문, 지시적 진술, 모델링, 물리적 개입의 여섯 가지로 나누었다. 그리고 이를 교사 개입 연속 모형(teacher behavior continuum: TBC)이라 명명하고 [그림 7-5]와 같이 제시하였다.

■ 그림 7-5 ■ 교사 개입 연속 모형(TBC)

출처: Wolfgang, Mackender, & Wolfgang (1981)을 인용한 Levy et al. (1992)에서 재인용.

■ 시각적 응시(visually looking-on): 교사가 유아의 놀이 행동을 가까이에서 지켜보면서 지원이 필요할 때, 유아가 다양한 역할과 상황을 수행하도록 언어로 고무한다. 예를 들면, 교사는 역할 영역에서 놀이를 하고 있는 유아를 지켜보다가 필요에 따라 "재미있게 놀고 있구나, 참 재미있겠구나!"라고 말한다.

■ 비지시적 진술(non-directive statement): 교사는 유아의 놀이 행동을 언어로 그대로 옮겨 말한다. 예를 들면, 교사는 접시로 식탁을 차릴 준비를 하고 있는 유아에게 "너는 접시를 가지고 식탁을 차리기 위해 준비하고 있구나!"라고 말한다.

■ 질문(questioning): 교사는 유아의 놀이가 확장되고, 적절한 언어로 표현하도록 질문한다. 예를 들면, "이제 식탁이 차려졌어. 다음은 무엇을 해야 할까, 네가 말해 보겠니?"라고 말한다.

■ 지시적 진술(directive statements): 유아가 놀이를 선택하여 시작하도록 돕거나, 직접적으로 역할을 배정해 주거나(예: "너는 엄마고." "너는 의사야."), 새로운 놀이 주제를 직접 묘사해 줌으로써(예: "식탁 차림을 끝냈구나." "초인종이 울리자 우편배달부가 소포를 가져왔구나.") 놀이 주제를 확장시키고, 적절한 언어를 사용할 수 있도록 돕는다.

■ 모델링(modeling): 적절한 놀이 행동과 언어 사용에 대한 시범을 보여 준다. 예를 들면, 교사는 문을 열며 "오, 나에게 편지가 왔구나."라고 가정한다.

■ 물리적 개입(physical intervention): 확장된 놀이를 격려하기 위해 새로운 소품(예: 전화기)을 소개해 주거나, 놀이 장면을 가장하여 놀이에 직접 참여한다. 예를 들면, 교사는 전화기를 들고 의사에게 전화를 거는 역할을 한다.

• 우드, 맥마흔과 크랜스턴의 개입 유형

우드, 맥마흔과 크랜스턴(Wood, McMahon, & Cranstoun, 1980)은 교사의 상호작용 방법에 따라 평행놀이, 공동놀이, 놀이교수, 현실대변인의 네 가지 유형으로 제시하였다(이숙재, 1996 재인용; 지성애, 2002 재인용).

■ 평행놀이(parallel playing): 평행놀이는 교사가 유아 곁에서 같은 놀이자로 놀이를 하는 경우로, 유아와 상호작용하지 않으며 유아 놀이에 직접적으로 영향을 주지 않는다. 교사가 유아 가까이에 존재하는 것만으로도 유아에게 편안함을 느끼게 하고, 자신의 놀이가 가치 있는 것임을 깨달아 놀이를 지속할 수 있게 해 준다. 이 개입 유형은 주로 기능놀이와 구성놀이 지도에 활용될 수 있다.

■ 공동놀이(co-playing): 공동놀이는 진행 중인 놀이 활동에 교사가 함께 참여

하는 방법으로, 유아가 주도권을 갖고 교사는 이에 따른다. 이때 교사는 놀이를 확장시킬 수 있는 요구나 질문을 통하여 놀이 진행에 영향을 미칠 수 있으나 놀이 활동의 주도권은 유아에게 있다. 이 개입방법은 놀이를 의미있는 활동으로 지속시켜 줄 뿐만 아니라 유아와 교사 간의 친밀감을 형성시키고, 놀이를 활성화시켜 성숙된 단계의 활동으로 유도한다.

■ 놀이교수(play tutoring): 교사가 놀이의 주도권을 갖고 주로 놀이를 시작하지 못하거나 다른 유아와 함께 놀이하는 데 어려움을 보이는 유아에게 놀이를 직접 가르치는 개입방법으로, 주제 환상극 놀이지도에 적용된다. 놀이교수 방법에는 외적 중재와 내적 중재가 있다. 외적 중재는 교사가 놀이 발전에 도움이 될 제언이나 질문을 함으로써 중재하는 것을 의미한다. 반면에, 내적 중재는 교사가 놀이 역할을 맡아 참여하면서 자신의 행동이나 언어를 통해 유아의 놀이를 지도한다. 이 개입 유형은 놀이에 참여하지 않은 유아를 지도할 때 효과적이며 유아와 교사 간의 교수적 상호관계를 수립할 수 있는 놀이지도 방법이다.

■ 현실대변인(spokesman for reality): 현실대변인은 놀이가 교수–학습의 매개체로 활용될 때 교사는 놀이 상황 밖에서 지식과 정보에 대한 질문이나 제안을 통하여 유아로 하여금 놀이와 현실세계를 연결시킬 수 있도록 도와준다. 이는 유아의 상징전환을 고무하는 외적 중재 방법과는 다르게 교사의 발문과 암시는 상징전환을 중단하고 놀이 장면에 현실을 삽입시키는 것에 목적이 있다. 이 개입 유형은 교수–학습의 상황을 유도하여 특정한 지식과 정보를 제공하고 현실세계를 바탕으로 한 논리적 사고를 고무할 수 있다는 장점이 있는 반면, 가장놀이 경험이 미흡한 5세 이전의 어린 유아들에게는 놀이를 교란시킬 수 있으므로 꼭 필요한 경우에만 간략하게 활용해야 한다.

② 놀이 수행

이 단계에서의 놀이 수행은 자유선택 활동 시간에 흥미 영역에서 이루어지는 단위놀이 활동을 의미한다. 놀이 수행 지도는 자유선택놀이 계획 단계에서 교사로부터 놀이에 대한 소개를 받은 후 유아들이 계획한 놀이를 실제 수행할 때 교사가 적극적으로 개입하여 놀이의 질을 높여 주는 활동이다.

이는 주로 놀이방법에 대하여 구체적인 안내가 필요한 놀이나 놀이 수행과정에서 성인의 중재가 필요한 놀이에 적용할 수 있다. 여기에서는 놀이 수행 지도 단계를 도입, 전개, 정리로 나누어 [그림 7-6]과 같이 정리한다.

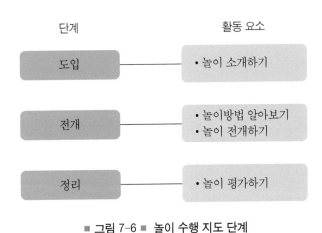

■ 그림 7-6 ■ 놀이 수행 지도 단계

• 도입

놀이를 소개하는 단계로 놀이 계획 단계에서 놀이에 대한 소개가 충분히 이루어진다는 가정하에 간략하게 지도한다.

■ 놀이 소개하기: 어떤 놀이를 할 것인지 놀이명을 확인시켜 주고, 놀이에 필요한 자료들을 제시하여 살펴보게 하는 활동으로, 다음에 이어지는 전개 단계의 놀이방법 알아보기와 연계하여 지도한다.

- 전개

놀이의 방법에 대해 구체적으로 알아보고 놀이방법에 따라 놀이를 전개하는 단계로, 놀이방법 알아보기와 놀이 전개하기가 포함된다.

- 놀이방법 알아보기: 놀이 장면 그림이나 사진, 놀이 자료, 놀이 공간 등을 제시하여 유아들로 하여금 놀이 방법 및 순서를 구체적으로 생각해 보게 한 후 핵심 방법을 중심으로 확실하게 인지시켜 준다.
- 놀이 전개하기: 놀이방법에 따라 개별 또는 소집단으로 놀이를 전개한다.

- 정리

놀이 전개 후 놀이 과정과 결과에 대해 평가하는 단계다.

- 놀이 평가하기: 놀이 활동 목표에 따른 평가를 위주로 하며, 놀이 활동에서 재미있거나 어려웠던 부분, 본 활동과 관련하여 더 해 보고 싶은 활동들도 생각해 볼 수 있다. 이 책의 실제편에서는 놀이 활동 목표에 따른 평가만을 제시한다.

이상의 자유선택놀이의 단위놀이 수행 지도 단계를 실제에 적용한 활동과정 안을 예시하면 〈표 7-3〉과 같다.

■ 표 7-3 ■ 자유선택놀이 활동과정안 예시

활동명		동물원 만들기	흥미 영역	쌓기 영역
활동 목표				

활동명	동물원 만들기	흥미 영역	쌓기 영역
활동 목표	• 동물 우리, 연못, 길 등의 위치를 정하여 동물원을 만든다. • 동물의 크기, 사는 곳에 알맞은 우리를 만든다.		
활동 자료	단위 블록, 종이벽돌 블록, 플라스틱 블록, 동물 모형, 기타 소품		

단계	활동 요소	활동 내용

도입	놀이
	소개하기
		• 쌓기 영역에서는 어떤 놀이를 한다고 소개하였나요?
		  – 동물원 만들기요.
		• 이 시간에는 여러 가지 블록과 소품을 이용하여 '동물원 만들기'를 해 보겠어요.
		• 동물원을 만들 때는 주로 어떤 블록이 필요할까요?
		  – 단위 블록, 종이벽돌 블록, 동물 모형……
		• 블록 외에 또 필요한 것은 무엇일까요?
		  – 동물 이름표, 표지판, 나무……

전개	놀이방법
	알아보기
		• 동물원에는 어떤 것들이 있나요?
		  – 동물, 동물 우리, 길, 연못, 나무……
		• 동물원을 만들 때 먼저 생각해야 할 것은 무엇일까요?
		  – 동물의 종류, 동물 우리의 크기와 모양……
		• 동물에 따라 우리는 어떤 점이 다를까요?
		  – 크기, 모양, 높이, 물이 있는 곳과 없는 곳……
		
		〈'동물원 만들기' 놀이방법〉
		■ 친구들과 의논하여 동물 우리, 길, 연못 등의 위치를 정한다.
		■ 각자 만들고 싶은 동물 우리를 동물의 크기, 생김새에 알맞게 만든다.
		■ 동물, 나무, 표지판, 이름표 등의 소품으로 꾸민다.

	놀이 전개하기	• 놀이방법에 따라 친구들과 협동하여 동물원을 만들어 보세요. – (역할을 분담하여 동물원을 만든다.)
정리	놀이 평가하기	• 동물 우리, 연못, 길 등의 위치에 맞게 동물원을 만들 수 있는가? • 동물의 크기, 사는 곳에 알맞은 우리를 만들 수 있는가?

217

(3) 놀이 평가 단계

① 놀이 자료 정리

유아는 자유선택놀이가 끝난 다음 사용했던 놀이 자료와 주변을 정리정돈할 수 있어야 한다. 개별적으로 한 영역의 놀이를 끝내고 다른 영역으로 이동할 때 먼저 했던 놀이 자료를 정리해 놓거나 학급 전체적으로 자유선택놀이 시간이 끝났을 때 각 흥미 영역을 함께 정리할 수 있다.

자유선택놀이 시간의 정리정돈하기를 통하여 유아는 자기 주변을 깨끗이 할 수 있으며, 자신이 사용한 놀이 자료는 스스로 정리하는 자율성 및 책임감을 기르고, 친구들과 함께 서로 돕고 협동할 수 있다. 뿐만 아니라 놀이 자료를 모양, 크기, 색깔 등에 따라 비교, 분류 및 측정할 수 있다.

교사가 정리정돈을 지도할 때 유의할 점은 다음과 같다(교육과학기술부, 2009; 이숙재, 2006).

- 자유선택놀이 시간 내에서는 놀이를 끝낸 유아가 개별적으로 정리정돈을 할 수 있도록 지도한다. 한 영역의 놀이가 끝났을 때 가지고 놀았던 놀이 자료를 제자리에 정리하고 놀이 주변을 깨끗이 한 후 다른 영역으로 이동할 수 있도록 규칙을 정하고 지킬 수 있게 한다.
- 자유선택놀이 시간이 마무리될 때에는 전체 유아가 서로 협동하여 정리정돈을 할 수 있도록 지도한다. 자유선택놀이 시간이 끝나기 5분 전쯤에 미리 정리정돈 시간임을 알려 주고 노래나 신호음에 따라 모두 함께 정리정돈에 참여할 수 있도록 지도한다.
- 정리정돈을 재미있는 놀이와 같이 실시한다. 예를 들어, 블록을 정리할 때는 유아들이 한 줄로 서서 블록을 릴레이로 전달하며 정리하게 하면 재미있고 효과적으로 정리할 수 있다.
- 학년, 학기 초에 정리정돈의 필요성, 방법, 유의점 등에 대하여 미리 설명이

나 토의과정을 통해 인식하게 하면 좀 더 자율적이고 적극적인 참여가 이루
어질 수 있다.

■ 정리정돈의 과정에서 유아들은 비교, 분류 등의 경험을 할 수 있으므로 종
류별, 모양별, 크기별로 분류하여 정리할 수 있도록 교구장에 그림, 사진 등
으로 표시해 주면 효과적이다.

■ 미술 영역과 같이 정리정돈을 할 자료나 쓰레기가 많을 경우, 새로운 정리
규칙을 만들고 적용하도록 하여 빠른 시간 내에 정리할 수 있도록 유도할
수 있다. 예를 들면, 한 사람당 쓰레기 10개씩 줍기 등을 실시할 수 있다.

■ 서로 돕고 협동하여 정리정돈을 할 수 있도록 지도한다. 무거운 물건을 서로
힘을 합쳐 운반하게 하고 정리를 끝내지 못한 친구를 도와주도록 격려한다.

② 놀이 평가

자유선택놀이의 마무리 단계에서는 흥미 영역의 정리정돈에 이어 계획했던
대로 놀이를 잘 수행하였는지에 대한 평가가 이루어진다.

놀이 평가를 통해서 유아들은 계획과 수행의 일치도를 높이고 자신의 생각과
행동을 계획에 따라 조절하고 통제하는 경험을 통해 자기조절 능력을 기를 수
있다(이숙재, 2006).

자유선택놀이 평가는 집단적 평가와 개별적 평가로 나누어 실시할 수 있다.

• 집단적 평가

대집단이나 소집단으로 모여서 활동 결과에 대하여 교사가 발문하는 항목에
대해 자기 평가나 상호 평가의 방법으로 평가한다. 집단적 평가의 구체적인 내
용은 다음과 같다.

■ 계획했던 놀이를 모두 수행했는가?
■ 계획했던 순서에 따라 놀이를 했는가?

■ 재미있었던 놀이는 무엇인가?

■ 재미없거나 어려웠던 놀이는 무엇인가?

■ 친구와 사이좋게 서로 도우며 놀이했는가?

■ 놀이 후 정리정돈을 잘하였는가?

이 외에도 그리기, 만들기, 오리기, 접기 등의 구성한 작품이 있는 경우 감상과 함께 평가할 수 있으며, 여러 유아가 골고루 발표에 참여할 수 있도록 유도한다.

• 개별적 평가

유아가 개별적으로 계획한 놀이의 수행 여부, 놀이에 대한 흥미나 적극적인 참여 태도 등에 대하여 상 · 하 또는 상 · 중 · 하로 자기 평가한다. 놀이 평가표는 일반적으로 놀이 계획표와 함께 구성하며(앞의 〈표 7-2〉 참조), 평가의 표시는 표정(☺, ☻, ☹)이나 모양(○, △, ×)으로 나타낼 수 있으며(그림 7-7 참조), 일반적으로 주간 계획 · 평가표로 구성하여 사용한다.

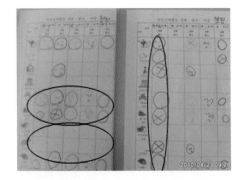

■ 그림 7-7 ■ 개별 놀이 평가표

3. 집단 게임 지도

1) 집단 게임의 특성 및 가치

(1) 집단 게임의 특성

집단 게임은 두 명 이상의 놀이자가 규칙에 따라 경쟁하며 승패를 가르는 구조화된 놀이다. 놀이자의 신체적·인지적·사회적 발달 수준이 높아짐에 따라 놀이의 규칙이 정교화되며, 개인 대 개인의 경쟁 구도보다는 집단 내에서의 경쟁과 협력을 요하는 형태로 발전하게 된다. 따라서 피아제(Piaget, 1962a)는 유아의 인지 발달 단계에서 구체적 조작기에 이르러 규칙이 있는 게임을 많이 한다고 하였으며, 스밀란스키(Smilansky, 1968), 셰리던(Sheridan, 1999)도 유아의 놀이 발달 단계에서 규칙이 있는 게임을 가장 마지막 단계로 제시하였다.

놀이자들이 공동의 목표를 세우고 규칙에 따라 경쟁적·협력적 상호작용을 통하여 운영하는 게임은 규칙이 없는 일반 놀이에 비해 집단적 특성이 더 크다고 할 수 있으므로 주로 집단 게임 또는 그룹 게임으로 칭한다. 유아교육기관에서는 자유선택놀이 시간에 하나의 흥미 영역에서 두 명 이상의 유아가 소그룹을 형성하여 규칙에 따라 게임을 수행하거나 대·소집단 활동 시간에 교사가 전체 유아를 대상으로 대집단 게임을 지도할 수 있다.

집단 게임이 성립되기 위해서는 규칙, 경쟁, 승패, 편이나 술래 등과 같은 요소들이 필요하다.

■ 규칙: 게임 규칙은 일반적으로 게임 방법과 혼용되기도 하지만, 구체적으로는 진행방법, 절차, 득점방법, 승패 가르는 방법, 반칙에 대한 벌칙 등을 포함한다. 이러한 규칙은 사전에 놀이자 간의 합의에 의해 정해지고, 놀이 도중 필요에 따라 수정하거나 보완할 수 있으며, 규칙을 위반할 경우 벌칙을

정하여 적용할 수 있다.

- **경쟁**: 게임에서 경쟁은 서로 이기려고 하는 신체적·정신적 대립관계에서 이루어지며, 편과 편 간의 경쟁뿐만 아니라 한 명의 술래 대 나머지 놀이자 간의 경쟁, 또는 놀이자 전체의 개별적 경쟁 등 형태가 다양하다. 게임에서 경쟁 심리를 지나치게 강조할 경우 심리적 스트레스로 인하여 놀이자의 정서 발달에 부정적 영향을 초래할 수 있으므로, 협력적 분위기에서 보다 건설적이고 선의적인 경쟁이 표출되도록 주의해야 한다.

- **승패**: 승패는 게임의 결과 이기고 지는 판정에 따라 가려진다. 판정의 방법은 편 대 편의 경우 득점에 의하여, 술래 대 나머지 놀이자의 경우는 다른 술래 정하기로 결정되며, 놀이자 전체의 개별적 경쟁 구도에서는 게임에서 매회 탈락자를 발생시켜 최후까지 남는 놀이자가 승자가 되게 한다. 승패는 규칙에 따라 게임이 공정하게 이루어졌을 경우에만 그 의미가 있으므로 규칙을 위반한 자에 대한 벌칙이 적절하게 적용되어야 한다.

- **편이나 술래**: 편이나 술래는 경쟁적 상황을 만드는 데 필수적인 요소가 되며, 편을 나누어 진행하는 게임에서는 반드시 두 편 이상의 편이 필요하고, 편과 편의 경쟁적 상황에서 승패를 가르게 된다. 반면, 원 게임, 자유대형 게임에서는 한 명의 술래가 정해지거나, 술래 없이 다 함께 경쟁적인 상황에서 게임이 이루어질 수 있다. 편 나누기나 술래 정하기는 '가위바위보'나 '제비뽑기' 등의 간단한 게임을 통하여 할 수 있으며, 경우에 따라서는 교사가 모둠별로 편을 나누어 주거나 혹은 유아가 자원하여 술래가 되기도 한다.

집단 게임은 자유놀이를 통하여 유아가 자발적으로 선택할 수 있을 뿐만 아니라 교사가 계획하여 교육목표에 접근시킴으로써 불충분해질 수 있는 교육적 경험을 보충하기도 하고 놀이를 확장시켜 줄 수 있다. 이때 교사는 유아의 흥미, 발달 수준, 성취, 안전 등을 고려하여 생활 주제를 중심으로 한 대·소집단 활동 시간에 집단적 게임을 실시할 수 있다(정진, 성원경, 2004).

(2) 집단 게임의 가치

집단 게임에서 유아들은 편 가르기를 비롯해 놀이 방법과 규칙을 정하고 수정하기, 전략을 세워 게임 수행하기 등을 통하여 언어적·사회적·인지적 상호작용을 활발히 경험한다.

자신의 의견을 말로 표현하고, 상대방의 의견을 듣고 이해하며, 서로의 의견을 타협하는 과정은 유아의 언어적 발달을 촉진시킨다. 또한 다른 사람의 의견을 존중하고 배려하기, 정해진 규칙을 지키고 서로 협력하기, 자기가 맡은 역할을 끝까지 책임감 있게 수행하기 등은 친사회적 기술을 발달시킬 수 있다. 그리고 게임 집단이나 편에 소속됨으로써 갖게 되는 소속감, 혼자서는 해결하기 어려울 수 있는 과제를 집단과 함께 수행함으로써 얻게 되는 자신감 등은 유아의 긍정적 자아개념 형성에 도움을 준다. 편 대 편의 선의의 경쟁은 적절한 자극과 내적 동기 유발 요인으로 작용하며 과제 해결 의욕을 고취시키고 문제해결 능력을 비롯한 인지 발달에도 긍정적 영향을 미칠 수 있다.

이와 같은 집단 게임의 가치에 대해 드브리스와 콜버그(DeVries & Kohlberg, 1987), 카미와 드브리스(Kamii & DeVries, 1980)는 집단 게임의 사회적 상호작용 과정이 인지 발달과 사회 도덕적·인성적 발달에 긍정적인 영향을 준다고 하였다(최기영, 1996 재인용). 또한 집단 게임은 놀이 방법이나 규칙을 정하는 단계에서 의사결정 능력을 함양시킬 수 있다고 하였으며, 정진과 성원경(1994), 드브리스와 잰(DeVries & Zan, 1994), 맥고원과 갓윈(McGowan & Godwin, 1984)은 규칙이 있는 게임을 통하여 사회적 규칙 준수 태도를 습득하며 활동과정에서 야기되는 문제의 해결과정을 통하여 타인 존중감과 사회적 대처 기술이 증진되며, 탈중심화가 일어난다고 하였다.

정진과 성원경(2004)은 집단에서의 경험은 구성원들 사이에 상호 자극과 모방의 기회를 제공해 줄 뿐만 아니라 자발적이고 경쟁적인 욕구를 갖게 함으로써 개인적 성장 및 발달을 도와줄 수 있다고 하였으며, 집단 게임의 구체적인 가치를 다음과 같이 정리하였다.

■ 유아들이 스스로 규칙을 만들어 보고 그 규칙에 따라 수행하는 과정에서 문제가 발생했을 때 문제의 해결방법을 찾아보는 경험들은 지적·도덕적 자율성을 기르는 데 도움이 된다.

■ 유아들은 이기기 위한 전략을 정하기 위해 동일한 집단의 구성원들과 서로 의논하게 된다. 이러한 상황에서 상대방의 입장을 존중하여 생각하는 기회를 갖게 됨으로써 자기중심적 사고에서 차츰 벗어나 탈중심화가 이루어지게 된다.

■ 집단 게임에서 정해진 규칙에 따라 행동하고 질서를 지키며 옳고 그름을 판단하여 언어적으로 표현해 보는 경험을 함으로써 유아의 사회성 발달, 도덕성 발달, 언어 발달이 이루어진다.

■ 유아들이 게임 내용에 포함된 수, 공간, 위치, 속도, 거리, 색깔, 모양 등 기본 개념을 이해하고 물리적 특성과 논리적 사고의 기회를 가짐으로써 인지 발달을 이루게 한다.

■ 게임의 규칙들은 사회 집단이라는 범주 내에서 수행되어야 할 규칙들이 반영된다. 그러므로 게임에서 제시되는 규칙들을 자율적으로 지킴으로써 사회생활에 필요한 준법정신을 기르게 된다.

여기에서는 여러 학자의 견해를 종합하여 집단 게임의 가치를 다음과 같이 정리하였다.

■ 놀이 방법과 규칙을 정하는 과정에서 활발한 언어적 의사소통 경험을 통하여 의사소통 기회 및 의사결정 능력이 향상된다.

■ 다른 사람의 입장을 생각함으로써 탈중심적 사고가 가능하게 되고, 다른 사람의 의견을 존중하고 배려하며 서로 협력하는 사회적 기술이 발달된다.

■ 정해진 규칙을 지키는 규칙 준수 태도가 함양되며 자신의 역할을 충실히 수행하는 책임감이 배양된다.

- 집단에 소속됨으로써 갖게 되는 소속감, 집단과 협력하며 문제를 해결하는 과정에서 얻게 되는 자신감은 긍정적 정서 발달에 도움이 된다.
- 적절한 경쟁의식을 통하여 내적 동기 유발이 가능하며 보다 적극적인 참여 태도가 길러진다.
- 게임 내용에 포함된 물리적·논리적·사회적 지식과 관련된 기본 개념을 습득하고, 다양한 문제해결 경험을 통하여 고등 사고 능력 및 문제해결 능력이 향상된다.

2) 집단 게임의 유형

집단 게임의 유형은 학자에 따라 다양한 분류 기준으로 나누는데, 먼저 로버츠와 서튼-스미스(Roberts & Sutton-Smith, 1962)는 문화적 맥락에 따라 신체적 기술 게임, 찬스 게임, 전략 게임의 세 가지로 분류하였다.

- 신체적 기술 게임: 게임의 승부가 놀이자의 신체적 기술에 의해 결정되는 게임으로 달리기 게임을 예로 들 수 있다. 과학 기술이 덜 발달된 단순한 문화권의 아이들이 이런 유형의 게임을 주로 한다.
- 찬스 게임: 게임의 결과가 운에 의해 결정되는 게임으로 운명이 인간사를 좌지우지한다고 믿는 사회에서 흔히 볼 수 있다. 주사위 던지기 게임이 이에 속한다.
- 전략 게임: 게임의 결과가 놀이자의 이상적인 판단, 다시 말해 고도의 지적 기술에 의해 결정되는 게임이다. 체스, 바둑, 카드 게임 등이 이에 속하며, 과학 기술이 잘 발달된 문화권의 아이들이 많이 한다.

카미와 드브리스(Kamii & DeVries, 1980)는 지적 활동과 신체적 활동은 상호 밀접히 연결되어 있다는 것과 놀이자의 활동을 강조한 피아제의 주장에 근거하여 게임을 분류하였다. 즉, 놀이자가 무엇을 하는가에 따라 목적물 맞히기 게임(aiming games), 경주(races), 쫓기 게임(chasing games), 숨기기 게임(hiding games), 알아맞히기 게임(guessing games), 언어적 지시 게임(games involving verbal commands), 카드 게임(card games), 판 게임(board games)의 여덟 가지로 나누었다.

- 목적물 맞히기 게임: 표적으로 정한 물체를 맞히는 게임이다. 구슬치기, 팥주머니 던지기 등이 이에 속한다.
- 경주: 놀이자들이 동시에 출발하여 빨리 달려서 목표 지점에 먼저 도착하는 사람이 이기는 게임이다. 풍선 운반하기, 릴레이 달리기 등이 이에 속한다.
- 쫓기 게임: 한 아이가 다른 아이를 잡으려고 하면 다른 아이는 잡히지 않으려고 피해 다니는 게임이다. 수건 돌리기, 고양이와 쥐 게임이 이에 속한다.
- 숨기기 게임: 물건이나 사람이 찾기 어려운 곳에 숨으면 이를 찾아내는 게임이다. 술래잡기, 보물찾기 등이 대표적인 예다.
- 알아맞히기 게임: 한정된 단서를 통하여 문제의 답을 알아맞히는 게임이다. 스무고개가 이에 속한다.
- 언어적 지시 게임: 술래의 지시에 따라 진행하는 게임이다. 가라사대, 교통경찰 게임 등이 이에 속한다.
- 카드 게임: 카드에 있는 여러 가지 그림이나 숫자, 글자를 통해 비교하기, 분류하기, 순서 짓기, 짝짓기 등을 하는 게임이다. 도미노 게임, 로토 카드 등이 대표적이다.
- 판 게임: 게임용 판을 사용하는 게임이다. 윷놀이, 빙고 게임 등이 이에 속한다.

정진과 성원경(1994)은 집단 구성 형태에 따라 원 게임, 자유대형 게임, 편 게임의 세 가지로 분류하였다.

■ 원 게임: 원 게임은 적은 수의 유아가 둥글게 앉아서 비교적 간단한 규칙으로 진행되며, 이기고 지는 결과가 뚜렷이 나타나지 않는 놀이다. 처음 집단에 소속되거나 혹은 연령이 낮은 유아들에게 소속감을 느끼게 하고 간단한 규칙을 이해하고 지키는 경험을 제공할 수 있다.

■ 자유대형 게임: 자유대형 게임은 원 게임과 마찬가지로 지시가 적고 이기고 지는 결과가 뚜렷이 구분되지 않는 간단한 형태로, 원 게임에 비해 유아들이 좀 더 자유롭게 장소를 이동하면서 공간을 탐색하고 자신의 신체를 최대한 활용해 볼 수 있다는 특징이 있다.

■ 편 게임: 두 편으로 집단을 나누어 실시하므로 원 게임과 자유대형 게임에 비해 편에 대한 의식이 있어야 한다. 그러므로 원 게임과 자유대형 게임을 통해 게임에 대한 의미를 이해하고 정해진 규칙을 지켜야 한다는 의식을 충분히 갖도록 한 후에 편 게임을 실시해야 한다. 또한 유아 개별적인 성과보다는 자기편이 이길 수 있도록 유아 자신이 최대한 노력하고 유아들끼리 협력함으로써 성취감을 느낄 수 있다는 것이 특징이다.

편 게임을 시작할 때는 편의식이 생길 수 있는 게임부터 실시하도록 한다. 즉, 자기 자리에서 일어나 자기편이 앉아 있는 자리를 한 바퀴 돌아온 후 다음 친구와 연결하는 형태의 게임을 먼저 반복적으로 실시하여 편의식이 형성되도록 도와준다. 그리고 난 후 출발선을 정해 놓고 목표 지점(반환점)을 돌아와서 다음 친구와 계속적으로 연결하는 좀 더 복잡한 릴레이 게임을 할 수 있다. 이러한 편 게임이 익숙해지면 준비된 자료를 이용하여 유아들이 게임 방법과 규칙을 직접 만들어 보고 결정된 게임 방법대로 경험해 보면서 평가하는 기회를 갖도록 한다.

이상과 같이 집단 게임의 여러 유형을 살펴본 바 크게 편의 유무에 따라 편 있는 게임과 편 없는 게임으로 구분할 수 있다. 원대형 게임과 자유대형 게임은 편이 없이 술래나 개별 경쟁 구도로 이루어지므로 편 없는 게임에 포함되며, 편 대형 게임은 두 편 이상의 편으로 나누고, 편끼리 줄지어 서거나 자유스럽게 모여서 게임을 진행하므로 편 있는 게임이라 하며 편의상 편 게임이라 칭한다. 따라서 크게는 편 없는 게임과 편 게임으로 나누어지고, 편 없는 게임은 다시 원대형 게임과 자유대형 게임으로 분류된다.

(1) 편 없는 게임

편 없는 게임은 편을 가르지 않고 집단 전체의 유아들이 술래를 정하거나 술래 없이 개별적인 대항을 하며 이루어지는 게임으로, 집단이 모이는 대형에 따라 원대형 게임과 자유대형 게임으로 나누어진다.

① 원대형 게임

원으로 둥글게 모여 앉거나 서서 하는 게임으로, 유아들이 교사의 지도에 집중하고 교사가 유아들을 관찰·지도하기 좋은 대형에서 이루어진다. 게임의 방법은 이기고 지는 형태가 아닌 술래 정하거나 게임에서 낙오된 놀이자를 제외해 가기 형태로 이루어진다. 편 대항 경쟁이 없는 상황에서 모두가 즐겁게 참여할 수 있으며 규칙이 간단하여 연령이 낮은 유아들이나 학년 초기에 적용하기 쉽다.

원대형 게임의 대표적인 예로는 수건 돌리기, 의자 뺏기, 짝 맞추기, 여우야 여우야, 고양이와 쥐, 고양이 방울 가져오기 등이 있다.

② 자유대형 게임

유아들이 일정한 대형 없이 자유롭게 서서 하는 게임으로, 공간 탐색과 신체 움직임이 자유롭고 활발하게 이루어지므로 게임 시작 전에 방법이나 규칙에 대한 충분한 안내가 더욱 요구된다. 결과가 뚜렷이 구분되지 않으며 비교적 규칙이 간단하므로 학년 초기에 적용하기 좋으나, 신체 움직임이 빠르고 공격적인 게임의 경우 어린 연령의 유아들에게는 주의해야 한다.

자유대형 게임의 대표적인 예로는 무궁화 꽃이 피었습니다, 얼음땡, 풍선 밟아 터트리기, 굴 속의 곰, 그림자 밟기, 닭싸움, 보물찾기 등이 있다.

(2) 편 게임

유아들이 두 편 이상의 편을 나누어 진행하는 게임으로 편 대항 경쟁과 승패가 중요시된다. 원대형 게임이나 자유대형 게임에 비하여 게임 방법 및 규칙이 구체적이며, 자기 편의 승패를 위하여 함께 협동하고 전략을 세워 노력해야 하므로 좀 더 나이 든 유아들에게 적용하기 좋다.

편 게임의 대표적인 예로는 징검다리 건너기, 팥주머니 던져 넣기, 풍선 나르기와 같은 신체를 활용한 운동 게임, 빙고 게임, 말판놀이, 카드 도미노 게임과 같은 판이나 카드를 활용한 게임, 언어 전달하기, 끝말잇기, 낱말의 첫 글자 찾기와 같은 말이나 글을 활용한 게임 등이 있다.

3) 집단 게임의 지도 전략

(1) 집단 게임 지도 단계

집단 게임을 진행하기 위해서는 게임을 선정하고, 방법과 규칙을 정하며, 규칙에 따라 수행하고, 평가하는 등의 일련의 과정이 필요하다.

휘태커(Whitaker, 1996)는 게임의 진행과정을 활동 계획하기 단계, 활동하기 단계, 중단하기로 구분하여 제시하였으며, 계획과 활동뿐 아니라 활동 중에 문제가 생겼을 때는 중단하기를 통해 문제해결을 하는 것이 필요하다고 하였다(이사임, 1998 재인용). Choi(2001)는 집단 게임의 절차를 다음과 같이 8단계로 제시하였다.

- 활동 계획 준비 및 게임 소개하기(preparing activity plans and introducing a group game): 적절한 게임을 선정하고 활동 계획을 수립하며, 집단 게임을 언제, 어떻게 실시할 것인가를 소개하고 게임에 필요한 장비와 도구를 준비한다.

- 게임의 방법과 규칙 제시(presentation of the instructions and rules of a group game): 집단 게임 시작 전 집단 게임의 방법과 규칙을 설명하며, 게임의 방법은 활동이 진행되면서 바뀔 수 있으므로 대략적인 내용만 안내한다.

- 게임의 방법 결정하기(deciding the instructions of a game): 유아에게 게임 장비와 도구를 보여 준 후 게임 방법을 토론하여 결정하게 한다. 유아들이 제안한 생각이 집단 게임에 적절하지 않거나 안전을 위협할 수 있다면 교사가 중재한다.

- 게임 규칙 결정하기(deciding the rules of a game): 유아가 규칙을 결정하기 전에 게임 경험을 갖게 하며, 적절한 규칙에 대하여 생각할 수 있는 기회를 준다. 유아가 쉽게 규칙을 이해할 수 있도록 결정된 규칙을 쓰거나 그려서 제시해 준다.

- 편 나누기와 게임 도구 배치하기(grouping and arrangement of game tool): 편 나누기는 게임의 종류에 따라 달라지며, 성별로 팀을 나누는 것 외에도 제비뽑기, 특징에 의한 분류 등의 방법을 사용할 수 있다. 게임 도구를 배치하거나 시작과 끝 지점 표시 등의 정비는 게임을 실시하기 전 미리 준비되어야 한다.

- 게임 실시하기(playing group game): 게임을 즐길 수 있고 공평하게 실시하기 위하여, 교사 또는 유아는 심판의 역할을 맡거나 게임의 방법과 규칙을 따르고 있는지 확인해야 한다. 게임 방법과 규칙이 잘 이행되고 있지 않다면, 방법과 규칙을 다시 생각할 기회를 가짐으로써 문제를 발견하고 수정한다.

- 게임 결과 판정하기(judgment of game results): 유아는 교사와 함께 판정에 참여할 수 있으며, 자신들을 평가할 수 있다. 판정을 위한 표준 기준으로는 참여하는 자세, 수행하는 능력, 게임 방법과 규칙 준수, 응원하는 자세 등이 선정될 수 있으며, 이는 유아가 공정한 정신과 힘든 일을 하는 자세를 증진시키는 데 도움을 줄 수 있다.

- 게임 후 평가와 정리(evaluation and cleaning up after game): 게임이 끝나거나 실

시 중 문제가 발생할 때 평가가 이루어지며, 게임을 실시하는 데 있어서 무엇이 좋았고 나빴는지에 대하여 다룰 수 있다. 이를 통하여 유아가 배운 것을 다음 게임에 적용할 수 있게 노력해야 한다.

여기에서는 집단 게임의 지도 단계를 도입, 전개, 정리로 나누어 [그림 7-8]과 같이 정리한다.

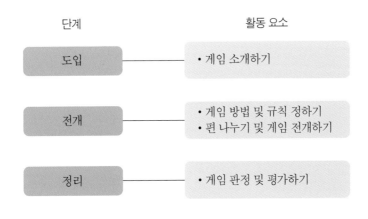

■ 그림 7-8 ■ 집단 게임 지도 단계

① 도 입
게임명과 유형을 소개해 주는 단계다.

■ 게임 소개하기: 본 게임과 관련된 노래 부르기, 관련 경험 이야기 나누기, 게임 자료 살펴보기 등을 통해 게임 활동에 흥미와 의욕을 갖게 하며, 동기 유발을 통하여 유아들로 하여금 게임명을 생각해 보게 하거나 교사가 게임명을 알려 준다.

② 전개

게임 자료를 통해 게임의 방법과 규칙을 정하여 게임을 전개하는 단계로, 게임 방법 및 규칙 정하기, 편 나누기 및 게임 전개하기로 나누어진다.

■ 게임 방법 및 규칙 정하기: 게임 자료를 제시하여 탐색하게 한 후 게임의 방법과 규칙을 생각하게 하고 정리하여 확인시킨다.
■ 편 나누기 및 게임 전개하기: 편을 나누고 규칙에 따라 게임을 전개한다. 게임 도중 규칙에 문제점이 발견되면 규칙을 수정할 수 있으며, 규칙을 위반할 경우 수시로 규칙 준수를 지도하며 진행시킨다.

③ 정리

게임 수행 결과를 판정하고 활동에 대한 평가를 하는 단계다.

■ 게임 판정 및 평가하기: 게임 판정은 양편이 획득한 점수를 계산하고 비교하여 승패를 가린다. 이때 획득한 점수뿐만 아니라 게임 규칙 준수 태도나 응원 태도에 대한 평가도 점수에 포함시켜 판정할 수 있다(단, 판정이 필요하지 않은 게임의 경우에는 생략된다).

게임 평가에서는 게임의 목표 성취 여부를 점검하고, 게임 방법이나 규칙 적용에서의 문제점이나 참여 태도 등에 대하여 반성한다. 또한 본 게임과 관련하여 더 해 보고 싶은 확장 활동도 생각해 볼 수 있다.

이상의 집단 게임 지도 단계를 실제에 적용한 활동과정안을 예시하면 〈표 7-4〉와 같다.

■ 표 7-4 ■ 집단 게임 활동과정안 예시

게임명	징검다리 건너뛰기
활동 목표	• 한 발 또는 두 발 뛰기를 하면서 징검다리를 건널 수 있다. • 반환점을 돌아 빨리 뛰어올 수 있다.
활동 자료	발자국 모양, 득점판

단계	활동 요소	활동 내용
도입	게임 소개하기	• (배치된 게임 공간을 보여 주며) 무슨 게임을 해 볼 수 있을까요? 　– 징검다리를 건너가요. • 이 시간에는 '징검다리 건너뛰기' 게임을 해 보겠어요.
전개	게임 방법 및 규칙 알아보기	• (게임 공간의 발자국과 반환점을 지시하며) '징검다리 건너뛰기' 게임은 어떻게 할까요? 　– 징검다리를 건너뛰어요. 　– 발자국을 보고 한 발 또는 두 발로 뛰어요. 　– 마지막에는 반환점을 돌아서 빨리 뛰어와요. • (발자국이 1개인 것과 2개인 것을 가리키며) 어떤 차이가 있나요? 　– 1개인 것은 한 발로, 2개인 것을 두 발로 뛰어요. • '징검다리 건너뛰기' 게임의 순서를 함께 알아볼까요? 〈 '징검다리 건너뛰기' 게임 방법과 규칙 〉 ① 발자국이 1개인 것은 한 발 뛰기로, 발자국이 2개인 것은 두 발 뛰기로 징검다리를 건넌다. ② 마지막 발자국에서 반환점을 돌아 출발선까지 달려온다. ③ 먼저 들어오는 사람이 이기며, 이길 때마다 1점씩 얻는다. ④ 총 얻은 점수를 합하여 승패를 가른다.
	편 나누기 및 게임 전개하기	• 편을 나누어 나란히 선다. • 출발선에 편별로 1명씩 짝을 맞추어 선다. • 편별로 줄을 지어 서서 '징검다리 건너뛰기' 게임을 규칙에 따라 실시해 보기로 해요.
정리	게임 판정 및 평가하기	• 양쪽 편이 얻은 점수를 합해 보아요. • 어느 편이 이겼나요? • 한 발 또는 두 발 뛰기를 하면서 징검다리를 건널 수 있는가? • 반환점을 돌아 빨리 뛰어올 수 있는가?

(2) 집단 게임 지도방법 시 유의점

대부분의 유아는 게임을 좋아한다. 특히 유아에게 흥미가 높은 집단 게임을 통하여 교사는 유아의 학습 의욕과 효과를 향상시키고 나아가 여러 영역의 발달을 촉진해 줄 수 있다. 이러한 집단 게임을 수행하기 위해서는 유아의 발달과 흥미를 고려하여 게임을 선정해야 하며, 유아의 자발적 참여를 유도할 수 있는 환경을 조성해 주고 유아의 의견을 최대한 존중하고 수용하는 상호작용을 해 주어야 한다.

드브리스와 콜버그(DeVries & Kohlberg, 1987)는 게임 지도에서 우선시되어야 할 것은 게임의 선정이며, 게임을 선정할 때는 장소, 시간, 집단 크기, 유아의 연령 및 발달 단계 등을 고려해야 한다고 하였다. 또한 선정한 게임을 수행할 때에는 유아의 자발성을 최대한 존중하면서 즐겁게 진행하도록 하고, 이를 위한 교사의 역할로 권위를 축소시키고 유아 스스로 이끌어 나가도록 도와주기, 유아가 사고하는 방법에 따라 게임의 방법과 절차 및 규칙을 수정하도록 배려하기를 들었다. 이에 대한 구체적 내용은 다음과 같다.

■ 성인의 권위를 축소시키고 유아가 스스로 게임을 조절·통제하도록 권장한다.
- 교사의 권위가 개입되지 않은 게임의 규칙을 제공한다. 미리 규칙판을 만들어 사용함으로써 유아들로 하여금 교사의 권위보다 더 높은 일반화된 규칙이 있음을 이해하게 하고, 일상생활에서 규칙 준수를 자연스럽게 받아들이게 한다.
- 게임에 놀이 참여자로서 함께 참여한다. 교사가 참여자로서 유아와 함께 게임함으로써 교사와 유아 간에 더욱 친밀하고 동등한 관계 형성을 할 수 있다. 따라서 유아들은 교사의 지시가 아닌 스스로의 판단에 의해 규칙을 따르고 규칙에 따라 게임을 조절함으로써 자율성을 더 발달시킬 수 있다.
- 문제 상황 시 협상할 수 있도록 돕는다. 게임 도중 발생한 문제 상황에 대해서 상호 보완적인 토의과정을 거쳐 타협할 수 있도록 돕는다.

- 다양한 재료를 제공하여 유아들 스스로 게임을 만들어 볼 수 있는 기회를
  제공한다.
■ 유아들이 사고하는 방법에 따라 게임을 수정한다.
- 규칙에 대한 유아들의 이해 정도에 따라서 게임을 수행하도록 한다. 유아
  들은 게임의 규칙을 그들 나름대로의 방법으로 동화시켜 수행하므로, 교사
  는 토의나 간접적인 방법으로 게임의 규칙을 기억해 내고 준수할 수 있도
  록 유도한다.
- 경쟁하도록 강요하지 않는다. 게임에서 경쟁은 중요한 요소이나, 결과에만
  초점을 맞추지 않아야 한다. 따라서 또래와 즐겁게 상호작용하는 과정을
  통하여 양보와 타협을 배울 수 있도록 하는 것이 더욱 중요하다.
- 게임을 평가할 때는 유아들의 능동적 참여과정에 대해서도 평가한다. 평가
  기준을 명확하게 제시하여 공정한 판정을 하고 게임 과정에서의 규칙 준수
  를 스스로 평가해 보게 한다. 또한 유아들로 하여금 결과가 아닌 게임 자체
  를 즐길 수 있도록 하기 위해서 교사는 유아의 공정한 게임 수행, 서로 돕
  기, 즐겁게 참여하는 태도 등에 대해 평가해 줌으로써 결과 중심의 과잉 경
  쟁을 어느 정도 완화시킬 수 있다.

유아들을 위한 게임 지도의 원칙은 유아 중심적 방법에 두어야 한다. 피아제
(Piaget, 1962a)는 게임은 반드시 유아가 사고하는 방식에 맞게 수정되어야 하고
성인의 권위는 가능한 한 감소되어야 한다고 제시함으로써 유아 중심적 지도 원
칙을 강조하고 있다. 이것은 일반적으로 교사가 유아들에게 게임의 방법을 설명
하고 정해진 규칙을 지시하는 지도방법과는 상당한 차이를 보이는 것이다.

유아 중심적으로 게임을 지도하기 위해 교사는 유아 발달 단계의 특징과 흥미
수준을 정확하게 파악해야 한다. 그리고 게임을 폭넓게 이해하고 교육적 가치와
연결하여 게임을 분석하고 평가할 수 있어야 함과 동시에 새로운 게임 방법을
창안해 낼 줄 아는 능력이 있어야 한다. 또한 교사는 게임에서 유아들이 만족감

을 느낄 수 있도록 도와주며 성취감과 자신감을 가지고 새로운 게임에 도전할 수 있도록 이끌어 주어야 한다. 여러 가지 게임이 내적 동기 유발과 자발적인 흥미가 일어날 수 있도록 게임 상황을 유아들의 이해 수준에 맞추어 적절하게 조절할 수 있어야 한다.

특히 게임을 소개할 때는 언어적으로 자세히 설명하기보다는 유아들이 따라야 할 규칙들을 중심으로 간단히 제시하는 것이 좋다. 유아들은 전체 게임 방법을 한꺼번에 기억하기가 어려울 뿐만 아니라 구체적인 경험을 하였을 때 더 효과적으로 이해할 수 있기 때문이다(정진, 성원경, 2004).

정진과 성원경(1994)은 집단 게임 지도에서 교사의 역할을 다음과 같이 제시하였다.

- 교사는 유아의 발달 수준에 적합한 게임을 제시하도록 한다. 유아들은 게임 방법을 이해할 수 있어야 하며 흥미를 느껴야 한다. 그리고 유아 스스로 성공적인 결과를 판단해 낼 수 있어 성취감을 느낄 수 있어야 한다. 또한 모든 놀이자가 적극적으로 참여할 수 있는 게임이라면 유아의 발달 수준에 적합하다고 말할 수 있다.
- 교사는 단순한 내용과 규칙을 포함하며 지시가 적은 원 게임, 자유대형 게임, 좀 더 복잡한 편 게임의 형태에 따라 단계적으로 계획하고 실시하도록 한다.
- 게임에 대한 이야기를 시작하기 전에 게임에 필요한 모든 준비를 하고 동기를 유발해 놓는다. 즉, 게임에 필요한 준비물, 유아들이 앉는 자리의 정리, 게임 대형에 따른 준비를 한 후 이야기를 나눌 수 있도록 주의를 집중시킨다.
- 유아들이 게임에 대해 생각하고 결정해 볼 수 있는 기회를 많이 제공해 준다. 즉, 교사는 게임의 방법, 규칙, 승부 기준 등에 대하여 유아들의 의견을 적극적으로 수용하고 인정해 주는 허용적 태도를 보인다.
- 교사가 말과 상으로써 우월감을 강화해 주는 등 승리를 너무 과장되게 다루

어서 지나친 경쟁적 분위기를 형성하지 않도록 조심해야 한다.

■ 규칙을 자율적으로 준수함으로써 경쟁적인 태도를 규제하도록 지도한다. 즉, 자발적 규칙을 받아들이고 규칙을 지켜야 할 필요성을 이해하여 스스로 조정하는 공정한 놀이자가 되도록 지도한다.

■ 교사는 게임을 통하여 올바른 태도, 도덕적 행동, 규칙 준수, 다른 사람과 협동하고 더불어 살아가는 행동 양식 등이 생활화되도록 지도해야 한다. 특히 초기 발달 단계부터 형성되어야 할 기본 생활교육을 강조하여 지도한다.

■ 교사가 유아의 전인 발달에 도움이 되는 여러 가지 풍부한 학습 경험을 줄 수 있도록 체계적인 계획을 세워 지도해야 한다.

■ 교사는 게임의 전체 장면을 관찰 및 평가하고 게임 진행과정에서 일어났던 일을 중심으로 서로 이야기해 볼 수 있는 기회를 제공하도록 한다. 평가 결과는 게임의 규칙이나 방법을 변경 또는 수정하여 유아에게 더욱 적합하고 흥미로운 게임 방법을 만들 수 있도록 유도한다.

여기에서는 여러 학자의 견해를 종합하여 집단 게임을 지도할 때 유의해야 할 점을 다음과 같이 제시한다.

■ 유아의 발달과 흥미를 고려하여 게임을 선정한다. 유아가 흥미를 가지고 게임에 적극적으로 참여하기 위해서는 먼저 그 게임에 흥미가 있어야 하며, 게임의 방법과 규칙을 이해하고 적용할 수 있어야 하므로, 교사는 유아의 발달 수준과 흥미를 고려하여 게임을 선정해야 한다.

■ 게임 방법과 규칙의 난이도를 고려하여 쉽고 간단한 게임부터 단계적으로 실시한다. 집단 게임의 유형 중 편을 나누지 않고 이루어지는 원대형 게임과 자유대형 게임은 편 게임에 비하여 대부분 방법과 규칙이 간단한 게임이 많으므로 연령이 어린 유아나 학년 초기에 적용하는 것이 좋으며, 방법과 규칙이 더 복잡한 편 게임은 학기 중반 이후나 연령이 더 많은 유아에게 실

시하는 것이 좋다.

■ 게임에 필요한 공간 배치(출발선, 반환점 등)나 자료(게임 도구, 득점판 등)는 사전에 미리 준비해야 한다. 교사는 게임 실시 전 계획·준비하는 시간을 통해 게임에 필요한 공간과 자료를 철저히 준비하고 사전 예비 게임 수행을 통하여 유아들이 흥미를 지속적으로 유지하며 보다 즐겁게 게임을 수행할 수 있도록 도와주어야 한다.

■ 게임의 진행은 유아 중심적으로 이루어져야 한다. 대집단에서 이루어지는 집단 게임은 대부분 교사가 계획하고 지도하는 형태로 이루어지므로 자칫 교사의 일방적 지시에 의해 진행되기 쉬우나, 게임의 본질이 유아의 자발적·능동적 참여에 있음을 간과해서는 안 될 것이다. 따라서 교사는 게임 과정의 매 단계에 개방적 발문을 통하여 유아가 생각해 내고 결정할 수 있는 기회를 주어야 하며, 유아의 의견을 존중하고 수용해야 한다.

■ 게임의 방법과 규칙은 언제든지 수정·보완이 가능해야 한다. 교사가 계획 시 일차적으로 게임의 방법과 규칙을 정하고, 게임 진행과정에서 유아의 의견을 수렴하여 방법과 규칙을 다시 정한 후 게임을 실시하는 과정에서도 수정·보완이 필요한 경우 유아와 토의를 거쳐 결정할 수 있다.

■ 편 게임에서 편을 나누는 방법과 편의 이름은 다양한 방법으로 정한다. 편을 나눌 때에는 가위바위보, 주사위 던지기, 모둠별로 묶기, 짝짓기, 제비뽑기 등 다양한 방법으로 정하며, 편의 이름도 동물, 색깔, 도형, 꽃, 과일 종류 등 다양한 명칭으로 정할 수 있다.

■ 유아들이 게임의 규칙을 잘 지키며 공정하게 진행할 수 있도록 지도한다. 게임의 핵심은 방법과 규칙이며, 방법과 규칙을 잘 지켜야만 그 게임의 목표를 달성할 수 있다. 따라서 교사는 유아들이 게임의 방법과 규칙을 준수하여 공정한 게임을 진행할 수 있도록 주의 깊게 관찰하고 적극적으로 지도해야 한다.

■ 결과 중심의 지나친 경쟁을 완화시켜 과정을 즐길 수 있도록 유도한다. 유아들이 게임의 승패에 치중하여 지나친 경쟁을 하게 되면 게임을 즐기기보

다는 서로 갈등을 빚게 되는 경우가 발생하게 된다. 교사는 서로 돕기, 규칙 준수하기, 즐겁게 참여하기 등의 태도를 강조하고, 이를 평가에 반영해 줌으로써 과잉 경쟁을 완화시키고 게임을 즐기도록 유도할 수 있다.

■ 게임 판정은 획득한 점수뿐만 아니라 게임 과정에서의 태도도 반영하여 공정하게 하며, 이긴 편만을 너무 부추기는 보상방법은 지양하고 진 편에게도 적절한 보상을 해 주는 것이 좋다.

4) 집단 게임의 평가

집단 게임의 평가는 크게 유아에 대한 평가와 교사에 대한 평가로 나누어 생각할 수 있다.

(1) 유아에 대한 평가

유아에 대한 평가는 편이 없이 이루어지는 원대형 게임과 자유대형 게임에서는 승패를 가르는 판정이 필요하지 않으므로 활동 목표 성취에 대한 평가만 이루어지는 반면, 편 게임에서는 판정과 활동 목표 성취 평가가 함께 이루어진다.

① 판정

승패를 가를 때에는 득점만을 비교하는 결과 중심적 판정보다는 규칙 준수 여부, 협동하기나 응원 자세 등의 과정도 반영하여 판정하는 것이 바람직하다.

■ 득점 비교: 득점방법은 게임에 따라 달라진다. 양편의 놀이자가 일대일로 겨루는 게임에서는 매회 이긴 편에 점수를 부여하여 마지막 겨루기가 끝난 후 각 편의 점수를 총합 · 비교하며, 릴레이 게임의 경우에는 맨 마지막의 결과에 따라 이긴 편에게 점수를 부여한다. 또한 넣거나 맞히기 게임에서는 각 편의 놀이자별로 넣거나 맞힌 개수를 각각 기록하여 맨 마지막 놀이자의 결

과를 기록한 후 종합하여 비교하게 되며, 양편의 놀이자가 동시에 수행하는 팥주머니 넣기와 같은 게임에서는 각 편이 얻은 개수를 모두 세어 그 결과를 비교한다.

■ 규칙 준수 평가: 유아와 교사가 서로 의논하여 정한 게임 규칙을 얼마나 잘 지켰는지에 따라 게임의 공정성이 결정된다. 규칙 준수 여부에 대한 평가는 게임 도중 매회 득점에 바로 반영하여 게임에서 이겼을 경우라도 규칙을 준수하지 않은 편에게는 점수를 주지 않을 수 있다. 또한 경우에 따라서 득점과는 별도로 규칙을 잘 준수한 편에게 보너스 점수를 부여하여 북돋아 줄 수 있다. 규칙 준수에 대한 평가를 통하여 유아들은 게임에서 이기는 것뿐만 아니라 규칙을 잘 지키는 것도 중요하다는 것을 깨닫게 되며, 나아가 일상생활에서도 규칙 준수의 중요성을 인식하게 된다.

■ 응원 및 참여 태도: 게임 방법 및 규칙 정하기에서 교사는 게임 수행 중 응원 태도나 서로 협동하기와 즐겁게 참여하기 등의 참여 태도의 중요성을 강조하고 이를 게임 결과에 반영하겠다는 약속을 하여 판정 시 팀별 응원 및 참여 태도를 점수화하여 총득점에 반영한다.

② 활동 목표 성취 평가

집단 게임의 활동 계획 시 설정한 인지적·심동적·정의적 목표에 대한 유아의 성취 정도를 평가하는 것으로, 목표별 평가방법은 다음과 같다.

■ 지식, 이해에 관한 인지적 목표 평가는 주로 교사의 관찰과 자기 평가로 실시할 수 있다.
■ 신체적 운동 기술, 언어 기술, 탐구 기술에 관한 심동적 목표 평가는 교사의 관찰, 자기 평가, 상호 평가로 실시할 수 있다.
■ 규칙 준수, 협동하기, 즐겁게 참여하기, 응원하기 등의 태도에 대한 정의적 목표 평가는 교사의 관찰, 자기 평가, 상호 평가로 실시할 수 있다.

(2) 교사에 대한 평가

집단 게임은 대집단을 대상으로 주로 교사가 선정하고 계획·준비하여 지도하게 된다. 따라서 교사의 일방적인 지시나 강요에 따라 교사 중심으로 진행될 가능성이 크므로 유아의 자발적이고 능동적인 참여를 유도하기 위한 계획과 준비, 지도가 구체적으로 이루어져야 한다. 이에 교사의 게임 계획과 준비 및 지도과정 전반에 대한 평가가 필요하다.

여기에서는 교육인적자원부(2001)에서 제시한 내용을 정진과 성원경(2004)이 재구성한 게임 지도 평가표를 수정·보완하여 게임 선정, 게임 계획 및 준비, 게임 지도과정으로 구분하여 〈표 7-5〉와 같이 제시한다.

■ 표 7-5 ■ 게임 지도 평가표

• 게임명: _____

구분		평가 내용	예	아니요
게임 선정		• 유아의 발달에 적합한가? • 유아의 흥미를 유도할 수 있는가?		
게임 계획 및 준비	계획	• 게임 지도과정이 단계에 따라 계획되었는가? • 게임의 목표가 알맞게 설정되었는가?		
	준비	• 게임을 할 수 있는 공간이 충분한가? • 공간 배치(원의 크기, 출발선과 반환점의 간격 등)가 적절한가? • 게임에 필요한 자료가 준비되어 있는가? • 자료가 효율적인 게임 진행(흥미 유지, 목표 성취)에 적절한가?		
게임 지도 과정	도입	• 게임 소개하기 방법이 적절한가?		
	전개	• 게임 방법과 규칙을 유아들과 함께 정하는가? • 집단의 대형은 게임의 종류에 알맞은가? • 편 게임의 경우 편 나누기가 적절한가? • 게임 진행 도중 규칙 준수를 강조하는가?		
	정리	• 점수 부여하기나 판정 시 규칙 준수와 참여 태도를 반영하는가? • 목표 성취에 대한 평가를 다양한 방법으로 실시하는가?		

제 **2** 부

유아 놀이의 실제

제8장

자유선택놀이의 실제

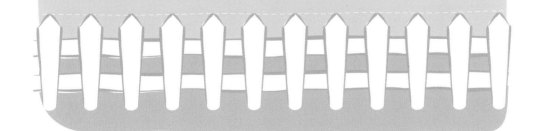

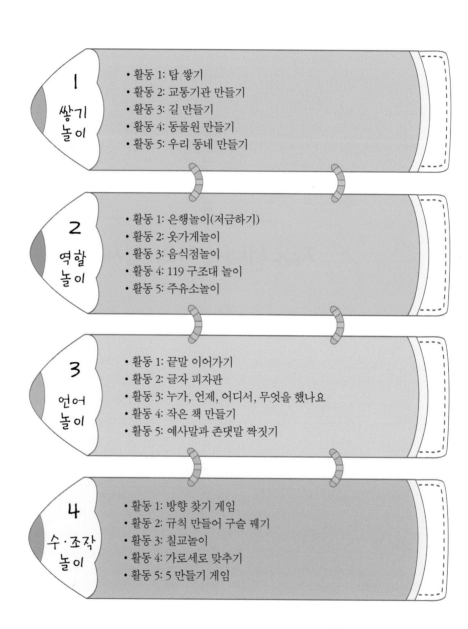

1 쌓기놀이
- 활동 1: 탑 쌓기
- 활동 2: 교통기관 만들기
- 활동 3: 길 만들기
- 활동 4: 동물원 만들기
- 활동 5: 우리 동네 만들기

2 역할놀이
- 활동 1: 은행놀이(저금하기)
- 활동 2: 옷가게놀이
- 활동 3: 음식점놀이
- 활동 4: 119 구조대 놀이
- 활동 5: 주유소놀이

3 언어놀이
- 활동 1: 끝말 이어가기
- 활동 2: 글자 피자판
- 활동 3: 누가, 언제, 어디서, 무엇을 했나요
- 활동 4: 작은 책 만들기
- 활동 5: 예사말과 존댓말 짝짓기

4 수·조작놀이
- 활동 1: 방향 찾기 게임
- 활동 2: 규칙 만들어 구슬 꿰기
- 활동 3: 칠교놀이
- 활동 4: 가로세로 맞추기
- 활동 5: 5 만들기 게임

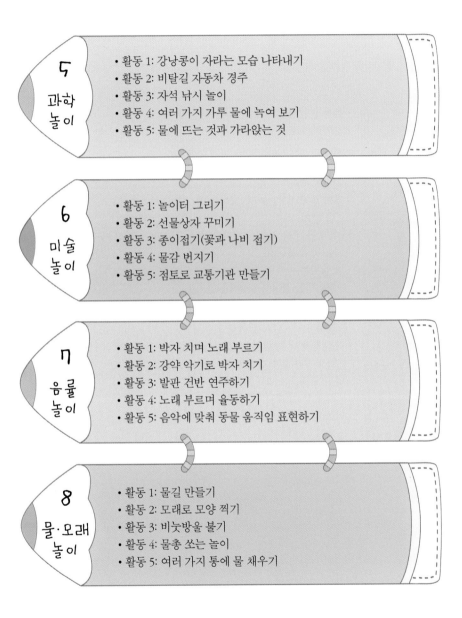

5 과학놀이
- 활동 1: 강낭콩이 자라는 모습 나타내기
- 활동 2: 비탈길 자동차 경주
- 활동 3: 자석 낚시 놀이
- 활동 4: 여러 가지 가루 물에 녹여 보기
- 활동 5: 물에 뜨는 것과 가라앉는 것

6 미술놀이
- 활동 1: 놀이터 그리기
- 활동 2: 선물상자 꾸미기
- 활동 3: 종이접기(꽃과 나비 접기)
- 활동 4: 물감 번지기
- 활동 5: 점토로 교통기관 만들기

7 음률놀이
- 활동 1: 박자 치며 노래 부르기
- 활동 2: 강약 악기로 박자 치기
- 활동 3: 발판 건반 연주하기
- 활동 4: 노래 부르며 율동하기
- 활동 5: 음악에 맞춰 동물 움직임 표현하기

8 물·모래놀이
- 활동 1: 물길 만들기
- 활동 2: 모래로 모양 찍기
- 활동 3: 비눗방울 불기
- 활동 4: 물총 쏘는 놀이
- 활동 5: 여러 가지 통에 물 채우기

1. 쌓기놀이

활동 1: 탑 쌓기

활동 목표		• 블록을 안정감 있게 높이 쌓을 수 있다. • 창의적인 구성 능력을 기른다.
활동 자료		종이벽돌 블록, 공간 블록, 단위 블록 등
단계	활동 요소	활동 내용

도입	놀이
	소개하기
		• 쌓기 영역에서는 어떤 놀이를 한다고 소개하였나요?
		  - 탑 쌓기
		• (여러 가지 탑 사진을 제시하며) 이 시간에는 여러 가지 블록으로 탑 쌓기를 해 보겠어요.
		• 탑 쌓기는 어떤 블록으로 하면 좋을까요?
		  - 종이벽돌 블록 / - 가벼운 블록

전개	놀이방법
	알아보기
		• (여러 가지 탑 사진을 제시하며) 탑은 어떤 모양인가요?
		  - 높아요. / - 끝이 뾰족해요.
		• 어떻게 해야 높이 쌓을 수 있을까요?
		  - 쓰러지지 않게 천천히 쌓아야 해요.
		• 탑의 밑부분은 어떻게 만들어야 할까요?
		  - 크게 / - 넓게 / - 무겁게
		• 탑은 위로 갈수록 어떻게 만들어야 할까요?
		  - 작게 / - 뾰족하게 / - 가볍게
		
		〈'탑 쌓기' 놀이방법〉
		▪ 가벼운 블록으로 천천히 안정감 있게 쌓는다.
		▪ 아래쪽은 크고 넓게, 위쪽으로 갈수록 작고 뾰족하게 쌓는다.
		▪ 아래쪽은 크고 무거운 블록으로, 위쪽은 작고 가벼운 블록으로 쌓는다.

	놀이 전개하기	• 여러 가지 블록을 이용하여 친구들과 협동하여 탑을 쌓아 보세요. - (여러 가지 탑을 만든다.)
정리	놀이 평가하기	• 탑을 안정감 있게 쌓을 수 있는가? • 내가 쌓은 탑은 다른 친구들 것과 다르게 만들 수 있는가?

활동 2: 교통기관 만들기

활동 목표		• 여러 가지 교통기관을 다양한 블록으로 만든다. • 교통기관의 움직이는 특성을 살려 만들 수 있다.
활동 자료		끼우기 블록, 자석 블록, 단위 블록 등
단계	활동 요소	활동 내용
도입	놀이 소개하기	• 쌓기 영역에서는 무엇을 만들기로 하였나요? 　– 교통기관 • 이 시간에는 여러 가지 교통기관을 블록으로 만들어 보겠어요. • 교통기관은 어떤 블록으로 만드는 것이 좋을까요? 　– 끼우기 블록
전개	놀이방법 알아보기	• 만들고 싶은 교통기관에는 어떤 것들이 있나요? 　– 자동차, 기차, 트럭 • 교통기관이 움직이게 하려면 어떻게 만들어야 할까요? 　– 바퀴를 끼워요. 　– 바퀴를 이어 주는 막대가 있어야 바퀴를 끼울 수 있어요. 〈 '교통기관 만들기' 놀이방법 〉 ▪ 다양한 블록으로 교통기관의 모양이 잘 나타나도록 만든다. ▪ 교통기관이 움직일 수 있게 만든다.
	놀이 전개하기	• 각자 만들고 싶은 교통기관을 여러 가지 블록으로 만들어 보세요. 　– (여러 가지 교통기관을 만든다.) • 교통기관이 움직일 수 있도록 바퀴도 끼워 주세요.
정리	놀이 평가하기	• 여러 가지 교통기관의 모양을 나타낼 수 있는가? • 교통기관이 움직일 수 있게 만들 수 있는가?

활동 3: 길 만들기

활동 목표		• 여러 가지 길의 특징이 나타나게 만든다. • 소품을 이용하여 길 주변을 다양하게 꾸민다.
활동 자료		단위 블록, 종이벽돌 블록, 공간 블록, 모형 교통 표지판과 신호등
단계	활동 요소	활동 내용
도입	놀이 소개하기	• 이 시간에는 여러 가지 블록과 소품으로 '길 만들기'를 해 보겠어요. • 길은 어떤 블록으로 만들 수 있나요? 　- 단위 블록, 종이벽돌 블록, 공간 블록 • 블록 외에 또 필요한 자료는 무엇인가요? 　- 자동차, 신호등, 교통 표지판
전개	놀이방법 알아보기	• 길의 종류에는 어떤 것들이 있나요? 　- 큰 도로, 작은 도로, 고가도로, 경사로, 육교 • 어떤 길을 먼저 만들까요? 　- 큰 도로 • 큰 도로와 연결하여 만들 수 있는 길은? 　- 작은 도로, 인도, 육교 • 경사진 도로는 어떤 블록으로 만드는 것이 좋을까요? 　- 공간 블록 • 길의 주변에 꾸며야 할 것은? 　- 자동차, 신호등, 교통 표지판, 건물, 가로수, 가로등, 사람 〈'길 만들기' 놀이방법〉 ▪ 큰 도로를 중심으로 여러 가지 도로(인도, 작은 도로, 육교 등)를 연결하여 만든다. ▪ 길의 종류에 따라 알맞은 블록을 선택하여 만든다. ▪ 소품(교통기관, 교통 표지판, 신호등, 건물, 사람 등)으로 도로의 주변을 꾸민다.
	놀이 전개하기	• 큰 도로를 중심으로 여러 가지 길을 연결하여 만들어 보세요. 　- (역할을 분담하여 여러 가지 길을 만든다.) • 여러 가지 소품으로 길 주변을 꾸며 보세요.
정리	놀이 평가하기	• 여러 가지 길의 특징이 나타나도록 만들 수 있는가? • 소품을 이용하여 길 주변을 다양하게 만들 수 있는가?

활동 4: 동물원 만들기

활동 목표	• 동물 우리, 연못, 길 등의 위치에 맞게 동물원을 만든다. • 동물의 크기, 사는 곳에 알맞은 우리를 만든다.
활동 자료	단위 블록, 종이벽돌 블록, 플라스틱 블록, 동물 모형, 기타 소품

단계	활동 요소	활동 내용
도입	놀이 소개하기	• 쌓기 영역에서는 어떤 놀이를 한다고 소개하였나요? – 동물원 만들기 • 이 시간에는 여러 가지 블록과 소품을 이용하여 '동물원 만들기'를 해 보겠어요. • 동물원을 만들 때는 주로 어떤 블록이 필요할까요? – 단위 블록, 종이벽돌 블록, 동물 모형 • 블록 외에 또 필요한 것은 무엇일까요? – 동물 이름표, 표지판, 나무
전개	놀이방법 알아보기	• 동물원에는 어떤 것들이 있나요? – 동물, 동물 우리, 길, 연못, 나무 • 동물원을 만들 때 먼저 생각해야 할 것은 무엇일까요? – 동물의 종류, 동물 우리의 크기와 모양 • 동물에 따라 우리는 어떤 점이 다를까요? – 크기, 모양, 높이, 물이 있는 곳과 없는 곳 〈 '동물원 만들기' 놀이방법 〉 ■ 친구들과 의논하여 동물 우리, 길, 연못 등의 위치를 정한다. ■ 각자 만들고 싶은 동물 우리를 동물의 크기와 생김새에 알맞게 만든다. ■ 동물, 나무, 표지판, 이름표 등의 소품으로 꾸민다.
	놀이 전개하기	• 놀이방법에 따라 친구들과 협동하여 동물원을 만들어 보세요. – (역할을 분담하여 동물원을 만든다.)
정리	놀이 평가하기	• 동물 우리, 연못, 길 등의 위치에 맞게 동물원을 만들 수 있는가? • 동물의 크기, 사는 곳에 알맞은 우리를 만들 수 있는가?

활동 5: 우리 동네 만들기

활동 목표	• 우리 동네의 큰길이 나타나게 만든다. • 우리 동네 큰 건물의 위치와 방향에 맞게 만든다.		
활동 자료	단위 블록, 종이벽돌 블록, 모형 교통 표지판 등		

단계	활동 요소	활동 내용
도입	놀이 소개하기	• 우리는 지금 어떤 주제로 활동하고 있나요? – 우리 동네 • 오늘 쌓기 영역에서 무엇을 만들기로 하였나요? – 우리 동네 만들기 • '우리 동네'를 만들려면 어떤 블록과 자료들이 필요할까요? – 단위 블록, 종이벽돌 블록, 교통 표지판, 안내판, 자동차 등
전개	놀이방법 알아보기	• 우리 동네를 블록으로 만들 때 어떤 것들을 먼저 만들어야 할까요? – 큰길, 건물 • 큰 건물에는 어떤 것들이 있나요? – 학교, 병원, 우체국 • 우리 유치원은 어디쯤 있나요? – ○○옆(앞, 뒤, 건너편) <div>〈'우리 동네 만들기' 놀이방법〉 ▪ 큰길을 먼저 만든다. ▪ 큰 건물을 만들어 위치와 방향을 맞게 배치한다. ▪ 교통 표지판, 교통기관 등의 소품으로 더 자세하게 꾸민다.</div>
	놀이 전개하기	• 지금부터 우리 동네의 큰길, 큰 건물들을 블록으로 만들어 보세요. – (길과 건물 만들기에 대한 역할을 분담하여 구성한다.) • 여러 가지 소품을 이용하여 더 자세하게 꾸며 보세요. – (신호등, 교통기관 등의 소품을 활용하여 구성한다.)
정리	놀이 평가하기	• 우리 동네의 큰길을 나타낼 수 있는가? • 우리 동네의 큰 건물을 위치와 방향에 맞게 나타낼 수 있는가?

2. 역할놀이

 활동 1: 은행놀이(저금하기)

활동 목표	• 은행원과 저금하는 손님의 역할에 알맞은 말을 한다. • 저금하기 순서에 맞추어 역할놀이를 할 수 있다.	
활동 자료	번호표, 통장, 돈, 입출금표 등	
사전 활동	은행 견학 및 은행에서 하는 일 알아보기	
단계	활동 요소	활동 내용
도입	놀이 소개하기	• 오늘 역할 영역에서는 무엇에 대하여 놀이한다고 하였나요? - 은행놀이 • 이 시간에는 '은행에서 저금하기' 놀이를 해 보겠어요. • 은행에서 저금하는 놀이를 하기 위해서는 어떤 것들이 필요하나요? - 통장, 돈, 번호표
전개	놀이방법 알아보기	• 은행놀이에는 어떤 역할들이 필요하나요? - 은행원, 손님(고객), 안내원 • 은행에 저금을 할 때에는 어떤 순서로 하나요? - 번호표 받기 / - 통장과 돈 꺼내기 / - 통장 돌려받기 • 은행원과 손님은 어떤 말을 주고받을까요? 〈'은행놀이' 방법〉 ▪ 은행원과 손님의 역할을 분담한다. ▪ 은행원과 손님이 주고받는 말을 익힌다. ▪ 저금하기 순서에 따라 역할을 수행한다.
	놀이 전개하기	• 은행놀이 역할을 정해 보세요. • 은행원과 저금하는 손님(고객)의 역할에 맞게 놀이해 보세요.
정리	놀이 평가하기	• 자기가 맡은 역할에 맞게 말을 할 수 있는가? • 저금하기 순서에 맞게 역할놀이를 할 수 있는가?

〈 '은행놀이' 언어적 상호작용의 예 〉

A: 은행원, B: 손님

A: 5번 손님, 1번 창구로 오세요.

B: (B는 1번 창구로 간다.)

A: 어서 오세요. 무엇을 도와드릴까요?

B: 저금하러 왔어요.

A: 통장과 돈을 주세요.

B: 여기 있어요.

A: 얼마를 저금할 거예요?

B: 2,000원이요.

A: 통장 여기 있어요. 2,000원 저금되었습니다.

B: 감사합니다.

A: 안녕히 가세요.

활동 2: 옷가게놀이

활동 목표		• 옷가게 주인(판매원)과 손님의 역할에 알맞은 말을 한다. • 옷 가격과 자신이 가진 돈을 비교하여 살 수 있다.
활동 자료		여러 가지 의류 및 잡화(옷, 모자, 구두, 핸드백, 스카프 등), 가격표, 계산대, 영수증, 계산기, 컴퓨터, 옷걸이, 거울 등
사전 활동		바자회 경험 및 옷가게에서 옷 사 보기
단계	활동 요소	활동 내용
도입	놀이 소개하기	• 역할 영역에는 어떤 놀이가 준비되었나요? - 가게놀이, 옷가게놀이 • 지금부터 '옷가게놀이'를 해 보아요. • '옷가게놀이'에 필요한 것들은 무엇일까요? - 옷, 구두, 모자, 가방 - 가격표, 영수증, 계산기
전개	놀이방법 알아보기	• 옷가게놀이를 하려면 어떤 사람들이 필요하나요? - 옷 파는 사람(판매원), 손님 • 판매원은 어떤 일을 하나요? - 옷을 판다. / - 손님이 사려는 옷을 찾아 준다. / - 손님에게 옷이 맞는지 봐 준다. / - 어울리는 옷을 권한다. / - 가격을 말해 준다. / - 옷을 정리한다. • 판매원과 손님은 어떤 말을 주고받을까요? 〈 '옷가게놀이' 방법 〉 ▪ 옷가게 주인(판매원)과 손님의 역할을 분담한다. ▪ 손님은 옷 가격을 보거나 물어보고 자신이 가진 돈에 맞게 구입한다.
	놀이 전개하기	• 옷가게놀이의 역할을 정해 보세요. • 판매원과 손님의 역할에 알맞은 말을 주고받으며 놀이해 보세요.
정리	놀이 평가하기	• 자기가 맡은 역할에 맞는 말을 할 수 있는가? • 옷 가격과 자기가 가진 돈을 비교하여 살 수 있는가?

〈 '옷가게놀이' 언어적 상호작용의 예 〉

A: 판매원, B: 손님

A: 어서 오세요? 무엇을 찾으시나요?

B: 바지를 사러 왔어요.

A: (골라 주며) 이것 입어 보세요.

B: 잘 맞네요. 얼마예요?

A: 2,000원이에요.

B: 이 바지로 사겠어요. 2,000원 여기 있습니다.

A: 영수증과 바지 여기 있습니다. 감사합니다.

B: 안녕히 계세요.

A: 안녕히 가세요. 또 오세요.

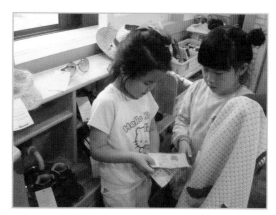

활동 3: 음식점놀이

활동 목표	• 음식점 주인(종업원)과 손님의 역할에 알맞은 말을 한다. • 메뉴판을 보며 음식을 주문하고, 계산서를 보며 계산하는 상호작용을 할 수 있다.		
활동 자료	메뉴판, 주문표, 그릇, 컵, 쟁반, 숟가락, 젓가락, 계산기, 카드 인식기, 영수증 등		
단계	**활동 요소**	**활동 내용**	
도입	놀이 소개하기	• 어떤 음식점(식당)에 가 보았나요? - 고깃집, 레스토랑, 중국 음식점, 피자집 • 이 시간에는 '음식점놀이'를 해 보겠어요. • '음식점놀이'를 하려면 어떤 자료들이 필요하나요? - 메뉴판, 주문표, 컵, 쟁반, 그릇, 수저 - 계산기, 카드 인식기, 영수증		
전개	놀이방법 알아보기	• 음식점놀이에 필요한 역할은? - 음식점 주인, 손님 • 음식점 주인(종업원)은 어떤 일을 할까요? • 음식점에서 손님은 음식을 어떻게 주문하나요? • 음식점 주인(종업원)과 손님은 어떤 말을 주고받을까요? 〈 '음식점놀이' 방법 〉 ▪ 음식점 주인(종업원)과 손님의 역할을 분담한다. ▪ 음식점 주인(종업원)과 손님이 주고받는 말을 익힌다. ▪ 메뉴판을 보며 음식을 주문하고, 계산서를 보며 계산하는 상호작용을 한다.		
	놀이 전개하기	• 음식점놀이의 역할을 정해 보세요. • 각자 역할에 따라 음식점놀이에 알맞은 말을 주고받으며 놀이해 보세요.		
정리	놀이 평가하기	• 음식점 주인(종업원)과 손님의 역할에 맞는 말을 할 수 있는가? • 메뉴판을 보며 음식을 주문하고, 계산서를 보며 계산할 수 있는가?		

〈 '음식점놀이' 언어적 상호작용의 예 〉

A: 주인(종업원), B: 손님

A: 어서 오세요. 이쪽으로 앉으세요.

　　메뉴판 여기 있어요. 무엇을 주문하시겠어요?

B: 돈가스 2인분 주세요.

A: 맛있게 잘 드셨어요?

B: 네. 잘 먹었어요. 얼마인가요?

A: 500원이에요.

B: 1,000원 여기 있어요.

A: 500원과 영수증 여기 있어요.

B: 안녕히 계세요.

A: 안녕히 가세요. 또 오세요.

활동 4: 119 구조대 놀이

활동 목표	• 119 구조대원과 신고자의 역할에 맞게 말을 한다. • 119 구조대에 전화를 걸어, 어디에서 무슨 사고가 났는지 똑똑한 목소리로 도움을 요청할 수 있다.
활동 자료	119 구조대 조끼 및 모자, 119 구조대 차 모형, 들것, 무전기, 전화기, 호루라기, 확성기, 구조도구 상자, 인형 등
사전 활동	소방서 견학 및 119 구조대에서 하는 일 알아보기

단계	활동 요소	활동 내용

도입	놀이 소개하기	• 오늘 소개받은 역할놀이 제목은 무엇이었나요?
		  – 119 구조대 놀이
		• 119 구조대 놀이에 필요한 것은 무엇일까요?
		  – 119 구조대 차, 조끼, 들것, 약품상자, 전화기, 호루라기, 확성기

전개	놀이방법 알아보기	• 119 구조대 놀이를 하려면 어떤 사람들이 필요할까요?
		  – 구조대원, 부상당한 사람, 신고하는 사람
		• 119 구조대를 부를 때는 어떻게 하나요?
		  – 119로 전화를 걸어요.
		  – 무슨 사고가 어디에서 났는지 말해요.
		• 119 구조대의 도움을 요청하는 전화를 걸어 보아요.
		
		〈'119 구조대 놀이' 방법〉
		
		▪ 119 구조대원과 신고하는 사람의 역할을 분담한다.
		▪ 119 구조대원과 신고하는 사람이 주고받는 말을 익힌다.
		▪ 119 구조대에 전화를 걸어 어디에서 무슨 사고가 났는지 명확하게 알린다.

	놀이 전개하기	• 사고의 종류를 정하고 역할을 나누고, 역할에 맞게 소품을 준비해 보세요. • 각자 역할에 따라 119 구조대 놀이를 해 보세요.
정리	놀이 평가하기	• 119 구조대의 역할에 맞는 말을 할 수 있는가? • 119 구조대에 전화를 걸어 어디에서 무슨 사고가 났는지 똑똑한 목소리로 도움을 요청할 수 있는가?

〈 '119 구조대 놀이' 언어적 상호작용의 예 〉

A: 구조대원, B: 신고자

B: 여보세요. 119 구조대죠?

A: 네, 여기는 119 구조대입니다.
　　무슨 일이신가요?

B: 친구가 다쳤어요.

A: 지금 사고가 난 장소가 어디지요?

B: 여기는 ○○유치원입니다.

A: 알겠습니다. 지금 바로 출동하겠습니다.

활동 5: 주유소놀이

활동 목표	• 주유소 종업원과 자동차 운전자에 알맞은 말을 한다. • 주유하기, 계산하기 순서에 맞게 역할놀이를 할 수 있다.		
활동 자료	자동차, 주유통 뚜껑, 주유기 호스, 카드 인식기, 영수증, 카드		
사전 활동	주유소에서 차에 기름 넣는 경험하기		
단계	활동 요소	활동 내용	

도입	놀이 소개하기	• 역할 영역에서는 무슨 놀이를 한다고 소개하였나요?
		   – 주유소놀이
		 • 이 시간에는 '주유소놀이'를 해 보겠어요.
		 • 주유소놀이에 필요한 자료는 무엇일까요?
		   – 자동차, 주유통 뚜껑, 주유기, 카드 인식기, 카드, 영수증	

전개	놀이방법 알아보기	• 지난 시간에 알아본 주유 순서를 생각해 볼까요?
		   – 금액 말하기 / – 자동차 주유통 열기 / – 주유기를 주유통에 넣기 /
		   – 주유기 호스 빼기 / – 주유통 뚜껑 닫기 / – 계산하기
		 • 주유소놀이를 하려면 어떤 역할이 필요하나요?
		   – 주유소 종업원, 자동차 운전자
		 • 주유소 종업원과 자동차 운전자가 주고받는 말을 해 보세요.
		
		 〈'주유소놀이' 방법〉
		 ■ 주유소 종업원과 자동차 운전자의 역할을 분담한다.
		 ■ 주유소 종업원과 자동차 운전자의 역할에 맞는 말을 익힌다.
		 ■ 주유하기, 계산하기 순서에 맞게 역할을 수행한다.	

	놀이 전개하기	• 각자 역할을 정하고 소품을 준비해 보세요. • 주유소 종업원과 자동차 운전자의 역할에 맞게 놀이를 해 보세요.	
정리	놀이 평가하기	• 자기가 맡은 역할에 맞는 말을 할 수 있는가? • 주유하기, 계산하기 순서에 맞게 역할놀이를 할 수 있는가?	

〈 '주유소놀이' 언어적 상호작용의 예 〉

A: 종업원, B: 손님

A: 어서 오십시오.

얼마치 넣을까요?

B: 3,000원이요.

A: 연료통 열어 주세요.

B: 열었어요.

A: 주유가 완료되었습니다.

B: 카드 여기 있어요.

A: 카드와 영수증 받으세요.

감사합니다. 안녕히 가세요.

3. 언어놀이

 활동 1: 끝말 이어가기

활동 목표		• 앞 낱말의 끝 글자로 시작되는 낱말을 찾아 5개 이상 이어간다. • 끝말 이어가기 놀이에 즐겁게 참여한다.
활동 자료		낱말 카드(5세트), 기차(5칸 연결됨), 투명 비닐봉투(각 낱말 세트 보관용)
단계	활동 요소	활동 내용

도입	놀이
	소개하기
		• 언어 영역에는 어떤 놀이가 준비되어 있나요?
		  – 낱말놀이 / – 끝말 이어가기
		• 이 시간에는 '끝말 이어가기' 놀이를 해 보겠어요.
		• (낱말 카드, 모형 기차를 제시하며) '끝말 이어가기' 놀이를 위해 어떤 자료들이 준비되어 있나요?
		  – 낱말 카드 묶음 / – 낱말 카드 묶음 봉투 / – 기차

전개	놀이방법
	알아보기
		• '끝말 이어가기'는 어떻게 하나요?
		  – 앞 낱말의 끝 글자로 시작되는 낱말을 찾아요.
		• (기차 머리에 낱말 1개를 붙이며) 이 낱말로 끝말 이어가기를 해 보겠어요. 이 기차로 끝말 이어가기 놀이는 어떻게 할 수 있을까요?
		  – 끝 글자로 시작되는 낱말을 찾아요.
		  – 찾아서 기차의 다음 칸에 붙여요.
		  – 또 앞 낱말의 끝 글자로 시작되는 낱말을 계속 찾아서 붙여요.
		
		〈 '끝말 이어가기' 놀이방법 〉
		▪ 앞 낱말의 끝 글자로 시작되는 낱말을 1개 찾아 기차의 다음 칸에 붙인다.
		▪ 또 앞 낱말의 끝 글자로 시작되는 낱말을 찾아 다음 칸에 이어서 붙여간다.

단계	활동 요소	활동 내용
전개	놀이 전개하기	• 지금부터 선생님이 불러 주는 낱말을 듣고 낱말 카드를 찾아 기차의 머리에 붙이세요. • 앞 낱말의 끝 글자로 시작되는 낱말을 찾아 붙여 가며 끝말 이어가기를 해 보세요.
정리	놀이 평가하기	• 앞 낱말의 끝 글자로 시작되는 낱말을 찾아 5개 이상 이어갈 수 있는가? • 끝말 이어가기 놀이에 즐겁게 참여하였는가?

활동 2: 글자 피자판

단계	활동 요소	활동 내용
활동 목표		• 낱말을 듣고, 그 낱말의 첫 글자를 찾을 수 있다. • 같은 글자로 시작되는 낱말을 찾아본다.
활동 자료		피자판 모형, 낱말 카드
단계	활동 요소	활동 내용
도입	놀이 소개하기	• (같은 글자로 시작되는 낱말 3~4개를 제시하며) 이 낱말들의 공통점은 무엇일까요? – 같은 글자로 시작해요. • 이 시간에는 '같은 글자로 시작되는 낱말 찾기' 놀이를 해 보겠어요. • (피자판, 낱말 카드를 제시하며) 어떤 자료들이 필요한지 살펴볼까요? – 낱말 카드, 원판(피자판)
전개	놀이방법 알아보기	• '글자 피자판'은 어떻게 하는 놀이일까요? – 처음 낱말의 첫 글자가 무엇인지 보아요. – 첫 글자와 같은 글자로 시작되는 낱말을 찾아요. • 여기 피자판이 있어요. 처음 낱말은 어디에 붙이는 게 좋을까요? – 가운데 • 가운데 낱말의 첫 글자와 같은 글자로 시작되는 낱말들을 찾아서 피자판의 주변에 붙여 보세요. 〈'글자 피자판' 놀이방법〉 ▪ 처음 낱말을 듣고, 그 낱말을 찾아 피자판 가운데에 붙인다. ▪ 처음 낱말의 첫 글자와 그 글자로 시작하는 낱말을 찾아 주변 피자 조각에 붙여 간다.
	놀이 전개하기	• 선생님이 불러 주는 낱말을 듣고, 같은 글자로 시작되는 낱말 찾기를 해 보세요. – (같은 글자로 시작되는 낱말을 찾아 피자판에 붙인다.) • 친구가 불러 주는 낱말을 듣고, 같은 글자로 시작되는 낱말 찾기를 해 보세요.
정리	놀이 평가하기	• 낱말을 듣고 해당 낱말을 찾을 수 있는가? • 같은 글자로 시작되는 낱말을 찾을 수 있는가?

활동 3: 누가, 언제, 어디서, 무엇을 했나요

단계	활동 요소	활동 내용
활동 목표		• 그림을 보고 '누가, 언제, 어디서, 무엇을 했나요'에 따라 말한다.
활동 자료		삼각대(육하원칙 그림 카드 5세트, 육하원칙 낱말 카드)
단계	활동 요소	활동 내용
도입	놀이 소개하기	• 언어 영역에서는 어떤 놀이를 한다고 소개하였나요? - 누가, 언제, 어디서, 무엇을 했는지 말하기 • 그림을 보고 '누가, 언제, 어디서, 무엇을 했나요'에 따라 말하기 활동을 하겠어요.
전개	놀이방법 알아보기	• (삼각대의 육하원칙 그림 카드 세트를 제시하며) 이 그림들은 어떤 순서대로 놓여 있나요? • (육하원칙 낱말 카드를 제시하며) 각 그림 아래에 해당되는 낱말 카드를 붙여 보세요. - ('누가, 언제, 어디서, 무엇을 했나요' 순서로 그림 아래에 붙인다.) 〈 '누가, 언제, 어디서, 무엇을 했나요' 놀이방법 〉 ▪ 삼각대의 첫 번째 그림 카드 4장을 보며 누가, 언제, 어디서, 무엇을 했는지 문장을 만들어 말한다. ▪ 삼각대의 그림 카드 세트를 차례로 넘기며 누가, 언제, 어디서, 무엇을 했는지 문장을 만들어 말하기를 계속한다.

	놀이 전개하기	• 이번에는 이 그림 카드를 보며 누가, 언제, 어디서, 무엇을 했는지 말해 보세요.
		  - 민주가 아침에 교실에서 쌓기놀이를 해요.
		  - 엄마가 낮에 마트에서 수박을 샀어요.

정리	놀이 평가하기	• 그림 카드를 보고 '누가, 언제, 어디서, 무엇을 했나요'에 따라 말할 수 있는가?

활동 4: 작은 책 만들기

활동 목표	• 재미있는 장면을 골라 색칠하고 문장을 보고 써 본다. • 내용에 맞게 책 표지를 꾸며 본다.	
활동 자료	『나무 숲 속』그림책(메리 홀 엣츠 그린, 한림출판사) 및 장면별 그림 복사	

단계	활동 요소	활동 내용

도입	놀이
	소개하기
		• (『나무 숲 속』그림책을 제시하며) 이 그림책의 제목은 무엇인가요?
		  – 나무 숲 속
		• 오늘 언어 영역에서는 어떤 활동을 한다고 소개하였나요?
		  – 작은 책 만들기
		• 작은 책 만들기에 필요한 자료에는 어떤 것들이 있나요?
		  – 그림 복사, A4 용지, 색도화지, 사인펜, 색연필

전개	놀이방법
	알아보기
		• 이야기를 작은 책으로 만들려면 어떤 내용이 들어가야 할까요?
		  – 숲에서 만난 동물 이름 / – 누구를 만났는지요.
		• (장면별로 복사된 그림을 제시하며) 이 그림을 어떻게 이용할 수 있을까요?
		  – 재미있는 장면을 골라 색칠하고 이야기를 써요.
		• 책 표지에는 어떤 내용을 써야 하나요?
		  – 책 제목, 지은이, 출판사
		
		〈'작은 책 만들기' 놀이방법〉
		▪ 각자 재미있는 장면 3~5개를 선택하여 색칠하고 글을 쓴다.
		▪ 책 표지에 책 제목, 지은이, 출판사를 쓰고 꾸며서 묶는다.

	놀이 전개하기	• 각자 책으로 만들고 싶은 장면을 골라 색칠하고 글을 써 보세요. • 표지를 꾸며서 함께 책으로 묶어 보세요.
정리	놀이 평가하기	• 재미있는 장면을 골라 색칠하고 문장을 보고 쓸 수 있는가? • 내용에 맞게 책 표지를 꾸밀 수 있는가?

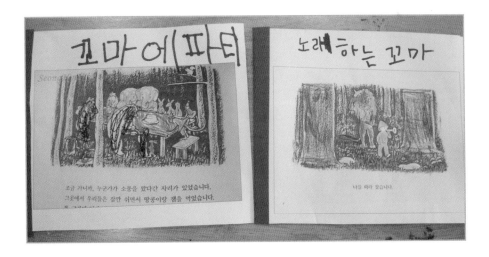

활동 5: 예사말과 존댓말 짝짓기

활동 목표	• 상황 그림을 보고, 대상에 맞게 예사말과 존댓말로 말할 수 있다. • 예사말과 존댓말을 짝지어 볼 수 있다.	
활동 자료	상황 그림카드, 예사말 · 존댓말 단어카드*	
단계	활동 요소	활동 내용

도입	놀이
	소개하기
		• '친구들아, 원장선생님이 온다.' 선생님이 한 말 중에 잘못 쓴 말은 무엇일까요?
		  – 원장선생님이 온다가 잘못 쓴 말이에요.
		  – 오신다고 해야 돼요.
		• '온다' 는 예사말이에요. '오신다' 와 같이 어른께 쓰는 말은 무엇이라고 하지요?
		  – 높임말 / – 존댓말
		• 이 시간에는 '예사말과 존댓말 짝짓기' 놀이를 해 보겠어요.
		• (자료를 제시하며) '예사말과 존댓말 짝짓기' 놀이에 필요한 자료들이에요. 어떤 것들이 있나요?
		  – 그림 카드, 예사말 카드, 존댓말 카드

전개	놀이방법
	알아보기
		• 그림을 보고, 알맞은 예사말과 존댓말을 쓰려면 무엇을 잘 살펴보아야 할까요?
		  – 어른인지, 아이인지 살펴보아요.
		  – 무엇을 하는 장면인지 살펴보아요.
		• (활동판을 제시하며) 이 활동판에 예사말과 존댓말을 짝지어 본다면 어떻게 해야 할까요?
		  – 그림과 낱말을 보고, 같은 장면의 짝을 찾아요.
		  – 아이에게는 예사말, 어른께는 존댓말을 붙여요.
		
		〈 '예사말과 존댓말 짝짓기' 놀이방법 〉
		▪ 그림을 보고, 무엇을 하는 장면인지, 상대방이 누구인지에 맞게 예사말과 존댓말로 말한다.
		▪ 같은 장면을 나타낸 그림 카드 짝을 찾아 아이 밑에는 예사말, 어른 밑에는 존댓말을 나란히 붙인다.

단계	활동 요소	활동 내용
전개	놀이 전개하기	• 그림을 보고, 예사말과 존댓말로 말해 보세요. • 활동판에 예사말과 존댓말을 짝지어 붙여 보세요.
정리	놀이 평가하기	• 상황 그림을 보고, 대상에 맞게 예사말과 존댓말로 말할 수 있는가? • 예사말과 존댓말을 짝지어 볼 수 있는가?

* 출처: 교육과학기술부(2012a), p. 122.

4. 수 · 조작놀이

 활동 1: 방향 찾기 게임

활동 목표		• 위, 아래, 오른쪽, 왼쪽 방향을 안다.
활동 자료		방향 찾기 게임판, 말(놀이자당 3개), 주사위(방향, 숫자)
단계	활동 요소	활동 내용

도입	놀이 소개하기	• 오늘 수 · 조작 영역에는 어떤 놀이가 준비되어 있나요?
		  - 방향 찾기 게임
		• 이 시간에는 주사위를 던져 방향을 찾아가는 '방향 찾기 게임'을 해 보겠어요.
		• 방향 찾기 게임에는 어떤 자료들이 필요한가요?
		  - 게임판, 주사위, 말

전개	놀이방법 알아보기	• (방향 찾기 게임판을 제시하며) 어떤 방향들이 나와 있나요?
		  - 오른쪽, 왼쪽, 위, 아래
		• '방향 찾기 게임'은 어떻게 할까요?
		  - 주사위를 던져서 나온 방향으로 숫자만큼 옮겨요.
		  - 말이 오른쪽, 왼쪽, 위, 아래의 밖으로 나가면 옮겨요.
		
		〈 '방향 찾기 게임' 놀이방법 〉
		▪ 주사위 2개(방향, 숫자)를 던져서 나온 방향으로 숫자만큼 말을 옮긴다.
		▪ 첫 번째 말이 오른쪽, 왼쪽, 위, 아래의 밖으로 나가면 두 번째(새로운) 말로 시작한다.
		▪ 3개의 말을 모두 먼저 밖으로 내보내면 이긴다.

	놀이 전개하기	• 두 친구가 짝이 되어 말을 정하고 '방향 찾기 게임'을 해 보세요.
정리	놀이 평가하기	• 위, 아래, 오른쪽, 왼쪽 방향을 알 수 있는가?

활동 2: 규칙 만들어 구슬 꿰기

활동 목표	• 규칙을 만들고 규칙에 맞게 구슬을 꿰어 본다.		
활동 자료	구슬(다양한 모양, 색깔, 크기), 끈(구슬을 꿸 수 있는 운동화 끈), 규칙에 따라 꿰어진 구슬 목걸이 5개		
사전 활동	규칙 찾기(구슬이나 무늬의 배열에 따라)		
단계	활동 요소	활동 내용	
도입	놀이 소개하기	• 오늘 수 · 조작 영역에는 어떤 놀이가 준비되어 있나요? 　－ 구슬 꿰기 • 이 시간에는 각자 규칙을 만들어 '구슬 꿰기'를 해 보겠어요. • 구슬 꿰기 놀이에 필요한 자료에는 어떤 것들이 있나요? 　－ 여러 가지 모양과 크기, 색깔의 구슬 　－ 운동화 끈	
전개	놀이방법 알아보기	• 규칙을 만들어 구슬 꿰기를 하려면 어떻게 해야 할까요? 　－ 반복시킬 모양이나 색 정하기 　－ 반복시킬 순서 정하기 〈 '규칙 만들어 구슬 꿰기' 놀이방법 〉 ■ 규칙을 정한다: 반복시킬 구슬의 색, 모양, 크기 정하기 ■ 정한 규칙에 따라 구슬을 꿴다.	
	놀이 전개하기	• 자신이 만든 규칙에 따라 구슬을 꿰어 목걸이를 만들어 보세요. 　－ (규칙을 정하여 구슬로 목걸이를 만든다.)	
정리	놀이 평가하기	• 규칙을 만들고 규칙에 맞게 구슬을 꿰어 볼 수 있는가?	

활동 3: 칠교놀이

활동 목표		• 칠교 조각의 모양을 알고 칠교판을 맞춰 본다.
활동 자료		칠교판, 칠교 조각
단계	활동 요소	활동 내용
도입	놀이 소개하기	• 수·조작 영역에서는 무슨 활동을 한다고 소개하였나요? 　- 칠교놀이 • 이 시간에는 칠교놀이 밑그림을 보고 조각을 맞춰 칠교판을 완성해 보기로 해요. • (칠교판을 제시하며) 이것의 이름은 무엇일까요? 　- 칠교판(탱그램)
전개	놀이방법 알아보기	• 칠교판 속의 조각들은 어떤 모양인가요? 　- 세모, 네모 • 조각을 맞춰 칠교판을 완성하려면 무엇을 살펴보아야 할까요? 　- 칠교판 그림 속 조각들의 모양이나 크기 　- 칠교판 조각들의 위치 〈 '칠교놀이' 방법 〉 ▪ 칠교 조각의 모양과 크기를 비교해 본다. ▪ 칠교 조각의 위치를 살펴본다. ▪ 칠교 조각을 맞추어 칠교판을 완성한다.
	놀이 전개하기	• 칠교 조각을 맞추어 칠교판을 완성해 보세요.
정리	놀이 평가하기	• 칠교 조각의 모양을 알고 칠교판을 완성할 수 있는가?

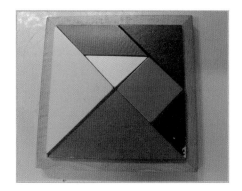

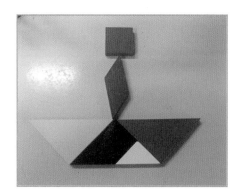

활동 4: 가로세로 맞추기

활동 목표	• 가로 그림과 세로 그림의 두 가지 특성을 이해한다. • 가로, 세로 두 가지 특성을 조합한 카드를 찾아 판을 완성한다.		
활동 자료	가로세로 맞추기 판, 그림 카드		
단계	활동 요소	활동 내용	

도입	놀이
	소개하기
		• 오늘 수 · 조작 영역의 활동 제목은 무엇인가요?
		  - 가로세로 맞추기
		• 이 시간에는 가로의 그림과 세로의 그림을 맞추어 그림 카드를 찾아 붙이는 '가로세로 맞추기' 놀이를 해 보겠어요.
		• '가로세로 맞추기' 놀이에 필요한 자료는 어떤 것들이 있나요?
		  - 가로세로 맞추기 판, 그림 카드	

전개	놀이방법
	알아보기
		• '가로세로 맞추기'는 어떻게 할까요?
		  - 가로의 그림과 세로의 그림을 맞추어 보아요.
		  - 가로 그림과 세로 그림을 합한 카드를 찾아요.
		
		〈 '가로세로 맞추기' 놀이방법 〉
		▪ 가로 그림들의 같은 점과 다른 점, 세로 그림들의 같은 점과 다른 점을 비교해 본다.
		▪ 가로의 그림과 세로의 그림을 맞춘 카드를 찾는다.
		▪ 가로줄과 세로줄이 만나는 칸에 위의 카드를 붙인다.	

	놀이 전개하기	• 가로의 그림과 세로의 그림을 맞춘 카드를 찾아 붙여 가로세로 맞추기 판을 완성해 보아요.	
정리	놀이 평가하기	• 가로 그림과 세로 그림의 두 가지 특성을 이해할 수 있는가? • 가로 그림과 세로 그림을 합한 카드를 찾아 판을 완성할 수 있는가?	

활동 5: 5 만들기 게임

활동 목표		• 여러 가지 방법으로 5를 만들 수 있다. • 구체물을 더하여 5를 만들 수 있다.
활동 자료		주사위, 바둑알(둥근 색자석), 자석판, 득점판
단계	활동 요소	활동 내용
도입	놀이 소개하기	• 오늘 수 · 조작 영역의 활동 제목은 무엇인가요? 　- 5 만들기 게임 • 이 시간에는 주사위의 숫자를 보고 바둑알을 세어 놓은 후, 다른 색의 　바둑알로 채워 5 만들기 게임을 해 보겠어요. • '5 만들기 게임'에는 어떤 자료들이 필요한가요? 　- 주사위, 바둑알, 자석판
전개	놀이방법 알아보기	• 5 만들기 게임은 어떻게 할까요? 　- 주사위의 숫자만큼 바둑알을 세어 놓아요. 　- 다른 색의 바둑알로 채워 5를 만들어요. 〈 '5 만들기 게임' 놀이방법 〉 ■ 주사위를 던져 나오는 숫자만큼 바둑알(둥근 색자석)을 세어 자석판 　위에 놓는다. ■ 나머지 개수만큼 다른 색의 바둑알(둥근 색자석)로 채워 5를 만든다. ■ 빨리 정확하게 만든 사람에게 1점씩 준다.
	놀이 전개하기	• 둘씩 짝지어서 주사위를 던져 나오는 숫자로 5 만들기 게임을 실시해 　보세요.
정리	놀이 평가하기	• 여러 가지 방법으로 5를 만들 수 있는가? • 구체물을 더하여 5를 만들 수 있는가?

5. 과학놀이

 활동 1: 강낭콩이 자라는 모습 나타내기

활동 목표	• 강낭콩이 자라는 과정에 관심을 가지고 살펴본다. • 강낭콩의 줄기, 잎이 자라는 모습을 그림이나 글로 나타낸다.	
활동 자료	강낭콩, 화분	
사전 활동	강낭콩 심기	
단계	활동 요소	활동 내용
도입	놀이 소개하기	• 과학놀이 영역에서 어떤 놀이를 한다고 소개하였나요? 　- 강낭콩이 자라는 모습 나타내기 • 이 시간에는 강낭콩이 자라는 모습을 그림이나 글로 나타내 보겠어요. • 강낭콩이 자라는 모습을 그림이나 글로 나타내기 위해 필요한 것은 무엇일까요? 　- 관찰 일지, 연필, 색연필, 사인펜
전개	놀이방법 알아보기	• (강낭콩이 자라난 사진을 제시하며) 강낭콩이 어떻게 변화되었나요? 　- 줄기가 자랐어요. 　- 잎이 많아졌어요. • 강낭콩이 자라는 모습을 나타내려면 무엇을 잘 살펴야 할까요? 　- 키가 얼마나 컸는지 / - 줄기가 얼마나 컸는지 　- 잎이 얼마나 많아졌는지 / - 잎이 얼마나 커졌는지 〈 '강낭콩이 자라는 모습 나타내기' 방법 〉 ▪ 강낭콩의 줄기와 잎의 변화(크기, 수)를 살펴본다. ▪ 살펴본 내용을 그림이나 글로 나타낸다.
	놀이 전개하기	• 강낭콩의 줄기와 잎이 얼마나 커졌는지, 얼마나 많아졌는지 살펴보고 그림이나 글로 나타내 보세요. 　- (강낭콩의 줄기와 잎이 자라는 모습을 활동지에 그림이나 글로 나타낸다.)
정리	놀이 평가하기	• 강낭콩이 자라는 과정에 관심을 가지고 살펴보았는가? • 강낭콩의 줄기, 잎이 자라는 모습을 그림이나 글로 나타낼 수 있는가?

강낭콩이 자라는 모습 나타내기

_____반 이름:_____

날짜	( )월 ( )일 ( )요일
관찰 내용	

✽ 줄기 · 잎의 변화를 그림이나 글로 나타내 보세요.

활동 2: 비탈길 자동차 경주

단계	활동 요소	활동 내용
	활동 목표	• 높이가 다른 비탈길에서 자동차가 빠르고 멀리 나가는 정도를 비교해 본다.
	활동 자료	모형 자동차(모양, 크기, 무게 일정) 4대, 널빤지 4장, 단위블록
도입	놀이 소개하기	• 과학놀이 영역에서 어떤 놀이를 한다고 소개하였나요? 　- 비탈길 자동차 경주 • 이 시간에는 높이가 다른 비탈길에서 자동차 경주를 해 보겠어요. • 높이가 다른 비탈길에서 자동차 경주 놀이를 하려면 어떤 자료들이 필요할까요? 　- 자동차, 널빤지, 단위블록
전개	놀이방법 알아보기	• 어떤 높이의 비탈길에서 자동차가 가장 빠르고 멀리 굴러 갈 수 있는지 알아보기 위해 똑같이 해야 할 것은? 　- 자동차의 모양, 크기, 무게 / - 자동차를 미는 힘 　- 자동차의 출발선 / - 자동차 출발 시간 • 다르게 준비해야 할 것은 무엇일까요? 　- 비탈길의 높이(경사) 〈 '비탈길 자동차 경주' 놀이방법 〉 ▪ 널빤지(폭과 길이가 같은 2개)로 높이가 다른 비탈길(예: 단위블록 1개, 2개, 3개 높이)을 만든다. ▪ 각 비탈길의 맨 꼭대기 출발선에 자동차를 대기한다. ▪ 출발 신호에 따라 자동차를 놓아 경주시킨다.
	놀이 전개하기	• 높이가 다른 비탈길에서 자동차가 빠르고 멀리 가는 경주를 해 보세요. 　- (높이가 다른 비탈길에서 자동차 경주를 한다.)
정리	놀이 평가하기	• 높이가 다른 비탈길에서 자동차가 빠르고 멀리 나가는 정도를 비교할 수 있는가?

활동 3: 자석 낚시 놀이

활동 목표		• 자석 낚시 놀이를 통하여 자석에 붙는 물체를 찾을 수 있다.
활동 자료		자석, 여러 가지 물체(클립, 열쇠, 자물쇠, 나무토막, 플라스틱 장난감), 바구니, 수조(물이 들어 있는), 막대기
단계	활동 요소	활동 내용
도입	놀이 소개하기	• 과학놀이 영역에 어떤 놀이가 준비되었나요? – 자석 낚시 놀이 • 이 시간에는 '자석 낚시 놀이'를 하면서 자석에 붙는 것들을 찾아보기로 해요. • 자석 낚시 놀이에 필요한 자료에는 어떤 것들이 있나요? – 여러 가지 자석 – 클립, 열쇠, 자물쇠, 나무토막, 플라스틱 장난감
전개	놀이방법 알아보기	• 자석 낚시 놀이는 어떻게 할까요? – 자석을 막대기에 매달아요. – 수조(물이 들어 있는) 속에 여러 가지 물체를 넣어요. – 자석 낚싯대로 물체를 끌어 올려요. • 자석 낚시로 끌어 올린 물체를 어떻게 정리할까요? – 바구니에 모아요. 〈 '자석 낚시 놀이' 방법 〉 ▪ 막대기에 자석을 매달아 낚싯대를 만든다. ▪ 수조(물이 들어 있는) 속에 여러 가지 물체를 넣고 낚싯대로 끌어 올린다. ▪ 자석 낚싯대로 끌어 올린 물체(자석에 붙는 물체)를 바구니에 담아 모은다.
	놀이 전개하기	• 자석 낚시 놀이를 하여 자석에 붙는 물체를 찾아보세요. – (자석 낚싯대를 만들어 자석 낚시 놀이를 하고, 자석에 붙는 물체를 바구니에 담아 모은다.)
정리	놀이 평가하기	• 자석 낚시 놀이에서 자석에 붙는 물체를 찾을 수 있는가?

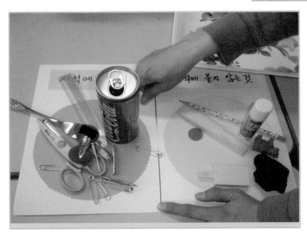

활동 4: 여러 가지 가루 물에 녹여 보기

활동 목표	• 여러 가지 가루를 물에 녹여 보고 물에 녹는 가루를 찾아본다. • 물에 녹는 가루와 물에 녹지 않는 가루를 구분한다.
활동 자료	여러 가지 가루(설탕, 소금, 밀가루, 미숫가루, 코코아 가루, 레몬 주스 가루 등), 투명한 컵, 비커, 숟가락, 막대
사전 활동	'설탕을 물에 녹이기' 활동

단계	활동 요소	활동 내용
도입	놀이 소개하기	• 과학놀이 영역에 어떤 놀이가 준비되어 있나요? 　- 가루 물에 녹이기 • 이 시간에는 여러 가지 가루를 물에 녹여 보는 활동을 해 보겠어요. • 가루를 물에 녹여 보기 위해서는 어떤 자료들이 필요하나요? 　- 여러 가지 가루 　- 비커, 숟가락, 젓는 막대
전개	놀이방법 알아보기	• 설탕을 물에 녹였을 때 어떻게 되었나요? 　- 설탕 가루가 하나도 남지 않았어요. • 여러 가지 가루를 물에 녹여 보고, 물에 녹는 가루를 찾아보려면 어떻게 해야 할까요? 　- 각 비커에 물을 붓고 가루를 넣어 막대로 저어요. 　- 비커마다 한 가지 가루만 넣어 저어요. 　- 비커 바닥에 가루가 남지 않고 물색이 맑은 것을 찾아요. 〈 '여러 가지 가루 물에 녹여 보기' 놀이방법 〉 　▪ 각 비커에 가루 이름표를 붙이고, 같은 양의 물을 붓는다. 　▪ 각 가루마다 똑같은 양을 비커에 넣고 막대로 젓는다. 　▪ 비커 바닥에 가루가 남지 않고 물이 맑은 것을 찾는다.
	놀이 전개하기	• 각각 이름이 붙은 비커에 똑같은 양의 물과 가루를 넣고 저어 보아요. • 비커 바닥에 가루가 남지 않고 녹은 물이 맑은 것을 찾아보아요.
정리	놀이 평가하기	• 여러 가지 가루를 물에 녹여 보고 물에 녹는 가루를 찾을 수 있는가?

활동 5: 물에 뜨는 것과 가라앉는 것

활동 목표	• 여러 가지 물체를 물에 띄워 보고 물에 뜨는 것과 가라앉는 것을 분류한다.		
활동 자료	물에 뜨는 물체(플라스틱 장난감, 스티로폼, 탁구공 등), 물에 가라앉는 물체(동전, 열쇠, 쇠구슬, 클립 등), 수조, 바구니 2개		
단계	활동 요소	활동 내용	
도입	놀이 소개하기	• 오늘 과학놀이 영역에서는 어떤 놀이를 한다고 했나요? - 물에 뜨는 것과 가라앉는 것 • 이 시간에는 여러 가지 물체를 물에 넣어 보고, 물에 뜨는 것과 가라앉는 것으로 분류해 보겠어요. • 물에 뜨거나 가라앉는 것 분류하기에 필요한 자료는 어떤 것들이 있나요? - 물에 가라앉는 물건 - 물에 뜨는 물건	
전개	놀이방법 알아보기	• 물에 뜨는 것과 가라앉는 것을 분류해 보려면 어떻게 해야 할까요? - 여러 가지 물체를 물에 직접 넣어 보아요. - 물에 뜨는 것과 가라앉는 것을 구별하여 다른 바구니에 넣어요. 〈'물에 뜨는 것과 가라앉는 것' 놀이방법〉 ▪ 두 개의 바구니에 '물에 뜨는 것'과 '물에 가라앉는 것' 이름표를 붙인다. ▪ 여러 가지 물체를 하나씩 물에 직접 넣어 본다. ▪ 물에 뜨는 것과 가라앉은 것을 구별하여 각각 바구니에 담는다.	
	놀이 전개하기	• 여러 가지 물체를 물에 직접 넣어 보고, 물에 뜨는 것과 가라앉는 것을 구별하여 바구니에 담아 보세요.	
정리	놀이 평가하기	• 여러 가지 물체를 물에 뜨는 것과 가라앉는 것으로 분류할 수 있는가?	

6. 미술놀이

 활동 1: 놀이터 그리기

활동 목표		• 다양한 재료를 활용하여 놀이터에서 놀았던 경험을 그림으로 표현한다.
활동 자료		도화지(다양한 색, 크기, 재질), 크레파스, 색연필, 사인펜, 물감
단계	활동 요소	활동 내용

도입	놀이
	소개하기
		• 미술 영역에서는 무슨 활동을 한다고 소개하였나요?
		  – 놀이터 그리기
		• 이 시간에는 놀이터에서 놀았던 경험을 그림으로 표현해 보아요.
		• 그리기 재료에는 어떤 것들이 있을까요?
		  – 크레파스, 색연필, 사인펜, 물감

전개	놀이방법
	알아보기
		• 무슨 장면을 그리고 싶나요?
		  – 친구와 그네를 탔던 모습이요.
		  – 아빠와 자전거를 탔던 모습이요.
		• 어떤 재료로 그리고 싶나요?
		  – 크레파스 / – 색연필 / – 사인펜 / – 물감
		
		〈 '놀이터 그리기' 방법 〉
		▪ 그리고 싶은 장면을 생각한다.
		▪ 여러 가지 재료(도화지, 채색도구)를 이용하여 그린다.

	놀이 전개하기	• 그리고 싶은 장면을 생각하여 여러 가지 재료로 그려 보세요.
정리	놀이 평가하기	• 여러 가지 재료를 활용하여 놀이터에서 놀았던 경험을 그림으로 표현했 는가?

활동 2: 선물상자 꾸미기

활동 목표		• 여러 가지 색깔과 모양으로 선물상자를 창의적으로 꾸민다.
활동 자료		색종이, 크레파스, 사인펜, 스티커, 풀, 가위, 리본 등
단계	활동 요소	활동 내용
도입	놀이 소개하기	• 미술 영역에 어떤 활동이 준비되어 있나요? – 선물상자 꾸미기 • 이 시간에는 여러 가지 색깔과 모양으로 선물상자를 예쁘게 꾸며 보기로 해요. • (자료를 제시하며) 어떤 자료들이 준비되어 있나요? – 색종이, 크레파스, 사인펜, 스티커
전개	놀이방법 알아보기	• 선물상자를 꾸미려면 무엇을 먼저 생각해야 할까요? – 어떤 모양과 색깔로 꾸밀까? – 어떤 자료로 꾸밀까? 〈 '선물상자 꾸미기' 놀이방법 〉 ▪ 꾸미고 싶은 모양과 색깔을 정한다. ▪ 여러 가지 재료를 활용하여 모양을 오려 붙이거나 그려서 꾸민다.
	놀이 전개하기	• 각자 원하는 재료를 선택하여 꾸미고 싶은 모양으로 선물상자를 예쁘게 꾸며 보세요.
정리	놀이 평가하기	• 여러 가지 색깔과 모양으로 선물상자를 창의적으로 꾸몄는가?

활동 3: 종이접기(꽃과 나비 접기)

단계	활동 요소	활동 내용
	활동 목표	• 종이접기 순서를 익힌다. • 여러 가지 색종이로 꽃과 나비를 접는다.
	활동 자료	다양한(단면, 양면, 꽃무늬, 바둑무늬 등) 색종이, 종이접기 순서도
도입	놀이 소개하기	• 오늘 미술놀이 영역에서는 어떤 활동을 한다고 하였나요? 　- 꽃과 나비 접기 • 이 시간에는 여러 가지 색종이로 꽃과 나비를 접어 보겠어요. • '꽃과 나비 접기'에 필요한 자료에는 어떤 것들이 있나요? 　- 단면 색종이, 양면 색종이, 꽃무늬 색종이 　- 종이접기 순서도
전개	놀이방법 알아보기	• (기본 접기 순서도를 제시하며) 종이접기에 필요한 기본 접기방법에는 어떤 것들이 있었나요? 　- 네모 접기 / - 세모 접기 / - 대문 접기 / - 방석 접기 • 꽃과 나비를 접으려면 무엇을 보고 접어야 할까요? 　- 꽃과 나비 접기 순서도 〈 '꽃과 나비 접기' 놀이방법 〉 ▪ 기본 접기방법(네모, 세모, 대문, 방석 접기 등)을 확인한다. ▪ 접고 싶은 꽃과 나비의 순서도를 살펴본다. ▪ 여러 가지 색종이를 선택하여 순서도를 보고 접는다.
	놀이 전개하기	• 지금부터 여러 가지 색종이를 선택하여 접기 순서도에 따라 꽃과 나비를 접어 보세요.
정리	놀이 평가하기	• 여러 가지 색종이로 꽃과 나비를 접었는가?

활동 4: 물감 번지기

단계	활동 요소	활동 내용
	활동 목표	• 한지에 여러 가지 색의 물감으로 다양하게 표현한다.
	활동 자료	한지, 물감, 붓, 물통, 이젤, 플라스틱 접시
도입	놀이 소개하기	• (한지를 제시하며) 오늘 미술 영역에는 무엇이 준비되어 있나요? 　- 물감 번지기 • 이 시간에는 한지에 물감 번지기로 표현해 보겠어요. • 물감 번지기 활동에 필요한 자료를 살펴볼까요? 　- 한지, 물감, 붓
전개	놀이방법 알아보기	• 한지에 물감 번지기로 나타내려면 어떻게 할까요? 　- 물감을 물에 풀어요. 　- 붓에 물감을 묻혀 떨어뜨려요. • 한지에서 물감이 섞이면 어떻게 될까요? 　- 색이 더러워져요. 　- 한지가 찢어질 수 있어요. 〈 '물감 번지기' 놀이방법 〉 ■ 물감을 색깔별로 각각 접시에 푼다. ■ 붓에 물감을 듬뿍 묻혀 한지에 떨어뜨린다. ■ 여러 색깔의 물감이 섞이지 않도록 골고루 떨어뜨린다.
	놀이 전개하기	• 자기가 나타내고 싶은 물감 색을 골라 한지에 번지기로 나타내 보세요.
정리	놀이 평가하기	• 한지에 여러 가지 색의 물감으로 다양하게 표현했는가?

활동 5: 점토로 교통기관 만들기

활동 목표	• 여러 가지 점토를 이용하여 교통기관을 만든다. • 교통기관의 몸통과 부분(바퀴, 날개 등)을 나타낸다.	
활동 자료	지점토, 밀가루점토, 찰흙, 고무찰흙, 찰흙 도구(밀대, 칼 등)	
단계	**활동 요소**	**활동 내용**

도입	놀이
	소개하기
		• 이 시간에는 점토로 무엇을 만든다고 소개하였나요?
		  - 교통기관 만들기
		• 지금부터 여러 가지 점토를 이용하여 교통기관을 만들어 보겠어요.
		• '교통기관 만들기'에 필요한 자료에는 어떤 것들이 있나요?
		  - 지점토, 밀가루점토, 찰흙, 고무찰흙

전개	놀이방법
	알아보기
		• 여러 가지 점토로 교통기관을 만들 때 무엇을 먼저 생각해야 할까요?
		  - 만들고 싶은 교통기관의 종류
		  - 교통기관의 모습
		  - 어떤 점토로 만들까?
		
		〈 '점토로 교통기관 만들기' 놀이방법 〉
		▪ 만들고 싶은 교통기관의 종류를 정한다.
		▪ 만들고 싶은 교통기관의 생김새를 생각한다.
		▪ 여러 가지 점토를 이용하여 교통기관의 몸통과 부분(바퀴, 날개 등)을
		  만든다.

	놀이 전개하기	• 자기가 만들고 싶은 교통기관의 종류를 생각하여 여러 가지 점토로 만들어 보세요.
정리	놀이 평가하기	• 여러 가지 점토를 이용하여 교통기관을 만들었는가? • 교통기관의 몸통과 부분(바퀴, 날개 등)을 잘 나타내었는가?

7. 음률놀이

 활동 1: 박자 치며 노래 부르기

활동 목표		• 4박자로 치며 노래를 부를 수 있다. • 박자 치기에 즐겁게 참여한다.
활동 자료		CD 플레이어, CD, 탬버린, 트라이앵글, 캐스터네츠, 리듬 막대, 우드 블록
사전 활동		2박자, 3박자 치기
단계	활동 요소	활동 내용
도입	놀이 소개하기	• 지난 시간에 배운 '웃음' 노래를 반주에 맞춰 불러 보아요. • 이 시간에는 4박자 치기를 하며 '웃음' 노래를 불러 보겠어요. • '4박자 치며 노래 부르기'에 필요한 자료에는 어떤 것들이 있나요? 　– 박자 치기 카드 　– 캐스터네츠, 트라이앵글, 리듬 막대, 탬버린, 우드 블록
전개	놀이방법 알아보기	• (2, 3박자 치기 카드를 제시하며) 박자 치기에서 첫 박은 어떻게 치나요? 　– 세게, 쿵 • 박자 치기에서 두 번째 부분부터는 어떻게 치나요? 　– 약하게, 짝 • (4박자 치기 카드를 제시하며) 손뼉으로 4박자 치기를 해 봐요. 　– (손뼉으로 ○○○○을 친다.) 〈 '박자 치며 노래 부르기' 놀이방법 〉 ▪ 박자 치기 카드를 보며 손뼉이나 리듬악기로 4박자 치기를 한다. ▪ 4박자 치기를 하며 노래를 부른다.
	놀이 전개하기	• 노래에 맞추어 손뼉 치기, 악기 치기로 4박자 치기를 해 보세요. 　– (박자 치기 카드를 보며, 노래에 맞추어 손뼉이나 악기로 4박자 치기를 한다.)
정리	놀이 평가하기	• 4박자 치며 즐겁게 노래를 부를 수 있는가?

활동 2: 강약 악기로 박자 치기

활동 목표		• 노래에 맞추어 강약 악기로 4박자 치기를 한다. • 강약을 여러 가지 방법으로 표현한다.
활동 자료		트라이앵글, 캐스터네츠, 리듬 막대, 우드 블록
단계	활동 요소	활동 내용
도입	놀이 소개하기	• 음률 영역에서는 어떤 활동이 준비되어 있나요? 　- 강약 박자 치기 • 이 시간에는 강약 악기로 4박자 치기를 해 보겠어요. • '강약 악기로 박자 치기'를 위하여 준비된 자료를 살펴보아요. 　- CD, CD 플레이어 　- 트라이앵글, 캐스터네츠, 리듬 막대, 우드 블록
전개	놀이방법 알아보기	• (네 가지 악기를 제시하며) 강박 악기로는 어떤 것을 사용하나요? 　- 발 구르기 　- 트라이앵글 / - 리듬 막대 • 약박 악기로는 어떤 것을 사용하나요? 　- 손뼉 치기 　- 캐스터네츠 / - 우드 블록 〈 '강약 악기로 박자 치기' 놀이방법 〉 　▪ 박자 치기 카드를 보며 강약 악기로 박자 치기를 한다. 　▪ 노래에 맞추어 강약 악기로 4박자 치기를 한다.
	놀이 전개하기	• 노래에 맞추어 발 구르기와 손뼉 치기로 4박자 치기를 해 보세요. 　- (박자 치기 카드를 보며, 노래에 맞추어 발과 손뼉으로 4박자 치기를 한다.)
정리	놀이 평가하기	• 노래에 맞추어 강약 악기로 4박자 치기를 했는가? • 강약을 여러 가지 방법으로 표현했는가?

활동 3: 발판 건반 연주하기

활동 목표	• 계이름 악보를 보며 발판 건반으로 연주한다. • 발판 건반 연주에 즐겁게 참여한다.		
활동 자료	발판 건반, 계이름 악보		
단계	활동 요소	활동 내용	

도입	놀이 소개하기	• 음률놀이 영역에서는 무슨 놀이를 한다고 소개하였나요?
		   – 발판 건반 연주
		 • 이 시간에는 계이름 악보를 보며 발판 건반으로 연주해 보겠어요.
		 • 어떤 자료들이 준비되어 있나요?
		   – 발판 건반, 계이름 악보	

전개	놀이방법 알아보기	• (계이름 악보를 보며) 계이름으로 불러 보아요. – 도레미파솔라시도, 도시라솔파미레도 • (발판 건반을 제시하며) 발판 건반에서 시작하는 도는 어디일까요? • (발판 건반을 보며) 발판 건반과 계이름을 짝지어 보아요. 〈 '발판 건반 연주하기' 놀이방법 〉 ▪ 발판 건반과 음계의 계이름을 짝지어 본다. ▪ '도레미파솔라시도, 도시라솔파미레도'를 노래 부르며 발판 건반으로 연주한다.	
	놀이 전개하기	• 발판 건반으로 '도레미파솔라시도, 도시라솔파미레도'를 연주해 보아요.	
정리	놀이 평가하기	• 계이름 악보를 보며 발판 건반으로 연주할 수 있는가? • 발판 건반 연주에 즐겁게 참여했는가?	

활동 4: 노래 부르며 율동하기

활동 목표	• 노랫말에 맞추어 율동을 만들 수 있다. • 노래를 부르며 움직임을 창의적으로 표현한다.	
활동 자료	음악 CD(유치원에 갑니다), CD 플레이어, 그림 악보	
사전 활동	'유치원에 갑니다' 노래 배우기	
단계	활동 요소	활동 내용

도입	놀이
	소개하기
		• 오늘 음률 영역에서는 어떤 활동을 한다고 소개하였나요?
		  – 율동하기
		• '유치원에 갑니다' 노래를 부르며 율동을 만들어 표현해 보겠어요.
		• '노래 부르며 율동하기'를 위하여 어떤 자료가 필요할까요?
		  – 음악 CD, CD 플레이어, 그림 악보

전개	놀이방법
	알아보기
		• 노래에 맞춰 율동을 지으려면 먼저 무엇을 해야 할까요?
		  – 노래를 불러 봐요.
		  – 노랫말을 생각해요.
		  – 노랫말에 알맞게 율동을 만들어요.
		
		〈 '노래 부르며 율동하기' 놀이방법 〉
		▪ 노랫말을 생각하며 노래를 부른다.
		▪ 노랫말에 알맞게 율동을 만든다.
		▪ 노래를 부르며 율동을 한다.

	놀이 전개하기	• 노랫말에 알맞게 율동을 만들어 보세요. • 노래를 부르며 율동을 해 보세요.
정리	놀이 평가하기	• 노랫말에 맞추어 율동을 만들 수 있는가? • 노래를 부르며 움직임을 창의적으로 표현할 수 있는가?

활동 5: 음악에 맞춰 동물 움직임 표현하기

활동 목표	• 음악을 들으며 리듬에 맞춰 몸으로 표현한다. • 여러 가지 동물의 특징을 움직임으로 표현한다.		
활동 자료	음악 CD(음악 – 휘파람 부는 사람과 개), CD 플레이어, 동물 카드		
단계	활동 요소	활동 내용	

도입	놀이
	소개하기
		• 음률 영역에는 어떤 놀이가 준비되어 있나요?
		  – 동물 움직임 표현하기
		• 이 시간에는 음악에 맞춰 동물의 특징을 움직임으로 표현해 보겠어요.
		• 어떤 자료들이 필요한지 살펴볼까요?
		  – 음악 CD, CD 플레이어, 동물 카드	

전개	놀이방법
	알아보기
		• (음악을 들려주며) 이 음악을 들으면 어떤 느낌이 드나요?
		  – 재미있어요.
		  – 몸이 들썩거려요.
		• 여러 가지 동물의 특징을 음악에 맞춰 움직임으로 표현하려면 먼저 무엇을 해야 할까요?
		  – 음악에 맞춰 몸을 움직여 봐요.
		  – 어떤 동물을 표현할지 정해야 해요.
		
		〈 '음악에 맞춰 동물 움직임 표현하기' 놀이방법 〉
		  ▪ 음악을 들으며 리듬에 맞춰 몸을 움직여 본다.
		  ▪ 동물 카드를 보며 동물의 움직이는 특징을 움직임으로 표현해 본다.
		  ▪ 음악의 리듬에 맞춰 동물들의 특징을 움직임으로 표현한다.	

	놀이 전개하기	• 음악을 들으며 리듬에 맞춰 몸을 움직여 보세요. • 음악의 리듬에 맞춰 카드의 동물 특징을 움직임으로 표현해 보세요.	
정리	놀이 평가하기	• 음악을 들으며 리듬에 맞춰 몸으로 표현할 수 있는가? • 여러 가지 동물의 특징을 움직임으로 표현할 수 있는가?	

8. 물 · 모래놀이

 활동 1: 물길 만들기

단계	활동 요소	활동 내용
활동 목표		• 물이 잘 흐를 수 있는 물길의 특성을 안다. • 여러 가지 자료를 활용하여 물길을 만든다.
활동 자료		삽, 고무호스
도입	놀이 소개하기	• 모래놀이 영역에서는 어떤 활동을 한다고 하였나요? 　- 물길 만들기 • 이 시간에는 모래로 물이 잘 흐르는 물길을 만들어 보도록 하겠어요. • 물길을 만드는 데 어떤 것들이 필요할까요? 　- 삽, 고무호스
전개	놀이방법 알아보기	• 물길을 어떻게 만들까요? 　- 삽으로 깊이 파요. 　- 모래에 물을 부은 다음에 파내요. • 물이 잘 흐르게 하려면 어떻게 해야 할까요? 　- 물을 많이 부어요. 　- 바닥이 단단해야 해요. 　- 물길을 비탈길로 만들어요. 〈 '물길 만들기' 놀이방법 〉 ▪ 모래에 물을 부은 다음 삽으로 파서 물길을 만든다. ▪ 물길을 경사지게 만든다. ▪ 물길 바닥을 단단히 다진 후, 호스를 대고 물을 튼다.
전개	놀이 전개하기	• 모래에 물을 부어 경사진 물길을 만들어 보세요. • 물길에 호스를 대고 물이 흐르는 모습을 살펴보세요.
정리	놀이 평가하기	• 물길의 특성을 알고 물이 잘 흐를 수 있는 물길을 만들 수 있는가?

활동 2: 모래로 모양 찍기

활동 목표		• 젖은 모래의 특성을 안다. • 젖은 모래로 여러 가지 모양을 찍어 내 본다.
활동 자료		모양 찍기 틀, 다양한 용기, 물뿌리개
단계	활동 요소	활동 내용

도입	놀이
	소개하기
		• 오늘 모래놀이 영역에서는 어떤 활동을 한다고 소개하였나요?
		  - 모래로 모양 찍기
		• 이 시간에는 모래로 여러 가지 모양 찍기 놀이를 해 보겠어요.
		• 어떤 자료들이 준비되어 있나요?
		  - 모양 찍기 틀, 여러 가지 그릇, 물뿌리개

전개	놀이방법
	알아보기
		• 어떤 모래로 해야 모양 찍기가 잘될까요?
		  - 젖은 모래
		• 어떻게 해야 모양 찍기가 잘될까요?
		  - 젖은 모래를 찍기 틀이나 그릇에 담아 꾹꾹 눌러 줘요.
		  - 모래가 든 그릇을 나무판자에 탁 쳐요.
		
		〈 '모래로 모양 찍기' 놀이방법 〉
		▪ 모래에 물을 뿌린다.
		▪ 젖은 모래를 찍기 틀이나 다양한 그릇에 담고 꾹꾹 누른다.
		▪ 나무판자에 찍기 틀이나 그릇을 대고 탁 친다.

	놀이 전개하기	• 지금부터 젖은 모래를 찍기 틀이나 다양한 그릇에 넣어 여러 가지 모양을 찍어 보세요.
정리	놀이 평가하기	• 젖은 모래로 여러 가지 모양을 찍어 낼 수 있는가?

활동 3: 비눗방울 불기

활동 목표		• 비눗방울을 잘 불 수 있는 방법을 찾아본다. • 여러 가지 채와 빨대로 비눗방울을 불어 본다.
활동 자료		비눗물(물, 세제), 빨대(여러 가지 굵기), 용기(요구르트병, 대야)
단계	활동 요소	활동 내용
도입	놀이 소개하기	• 물놀이 영역에는 어떤 활동이 준비되었나요? 　－ 비눗방울 불기 • 이 시간에는 비눗방울을 만들어 여러 가지 채와 빨대로 비눗방울 불기를 해 보겠어요. • 비눗방울 불기에 필요한 자료는 무엇일까요? 　－ 채(여러 가지 모양) 　－ 빨대(여러 가지 굵기) 　－ 물, 세제(비누)
전개	놀이방법 알아보기	• 비눗물은 어떻게 만들까요? 　－ 물과 세제(비누)를 섞어요. • 비눗방울을 잘 불려면 어떻게 해야 할까요? 　－ 채나 빨대에 비눗물을 많이 묻혀요. 　－ 채나 빨대를 입에 가까이 대고 바람을 조금씩 넣어요. 　〈 '비눗방울 불기' 놀이방법 〉 　▪ 물, 세제(비누)를 섞어 비눗물을 만든다. 　▪ 채, 빨대에 비눗물을 묻힌다. 　▪ 비눗물을 묻힌 채 빨대를 입 가까이 대고 분다.
	놀이 전개하기	• 지금부터 여러 가지 채와 굵기가 다른 빨대로 비눗방울을 불어 보세요.
정리	놀이 평가하기	• 여러 가지 채와 빨대로 비눗방울을 불어 보았는가?

활동 4: 물총 쏘는 놀이

활동 목표		• 쏘는 거리에 따라 소근육 힘의 세기를 조절한다. • 물총으로 목표물을 조준하여 맞혀 본다.
활동 자료		물총, 음료수캔
단계	활동 요소	활동 내용

도입	놀이
	소개하기
		• 오늘 물놀이 영역에서는 어떤 놀이를 한다고 하였나요?
		  - 물총놀이
		• 이 시간에는 물총으로 가까이 쏘기, 멀리 쏘기, 목표물 맞히기 놀이를 해 보겠어요.
		• 물총 쏘기 놀이에 필요한 자료들에는 어떤 것들이 있나요?
		  - 물총, 음료수캔

전개	놀이방법
	알아보기
		• 물총으로 가까이 쏘려면 어떻게 해야 할까요?
		  - 물총을 아래로 향하고 손가락 힘을 약하게 당겨요.
		• 물총으로 멀리 쏘려면 어떻게 해야 할까요?
		  - 물총을 위로 들고 손가락 힘을 세게 당겨요.
		• 물총으로 목표물을 맞히려면 어떻게 해야 할까요?
		  - 물총을 목표물에 향하여 겨누고 세게 당겨요.
		
		〈 '물총 쏘는 놀이' 방법 〉
		▪ 가까이 쏘려면 물총을 아래로 향하고, 손가락 힘을 약하게 당긴다.
		▪ 멀리 쏘려면 물총을 더 위로(어깨 높이로) 들고, 손가락 힘을 세게 당긴다.
		▪ 목표물을 맞히려면 물총을 목표물에 향하여 겨누고 세게 당긴다.
		* 주의점: 친구들을 향해 물총을 쏘지 않는다.

	놀이 전개하기	• 지금부터 물총으로 가까이 쏘기, 멀리 쏘기, 목표물 맞히기 놀이를 해 보세요.
정리	놀이 평가하기	• 쏘는 거리에 따라 소근육 힘의 세기를 조절할 수 있는가? • 물총으로 목표물을 조준하여 맞힐 수 있는가?

활동 5: 여러 가지 통에 물 채우기

단계	활동 요소	활동 내용
* 다양한 크기의 용기에 물을 채워 본다. * 크기가 다양한 용기로 여러 가지 통에 물을 흘리지 않고 가득 채워 본다.	활동 목표	• 다양한 크기의 용기에 물을 채워 본다. • 크기가 다양한 용기로 여러 가지 통에 물을 흘리지 않고 가득 채워 본다.
	활동 자료	크기와 형태가 다양한 용기(요구르트병, 우유팩, 음료수캔, 페트병), 크기와 형태가 다양한 통(물통, 김치통, 양동이: 1L, 2L, 5L), 깔때기
도입	놀이 소개하기	• 오늘 소개받은 물놀이는 무엇이었나요? – 여러 가지 통에 물 채우기 • 이 시간에는 크기가 다양한 통에 물 채우기를 해 보겠어요. • '여러 가지 통에 물 채우기' 놀이에 필요한 자료에는 어떤 것들이 있는지 살펴보아요. 먼저 물을 뜨는 용기에는 어떤 것들이 있나요? – 요구르트병, 우유팩, 생수병 • 물을 담는 통에는 어떤 것들이 있나요? – 물통, 김치통, 양동이
전개	놀이방법 알아보기	• (통과 용기들을 제시하며) 크기가 다양한 용기로 여러 가지 통에 물을 흘리지 않고 채우려면 어떤 점에 주의해야 할까요? – 작은 통에 큰 용기로 여러 번 부으면 물이 넘칠 수 있어요. – 담는 통의 주둥이가 좁으면 깔때기로 담아야 해요. 〈 '여러 가지 통에 물 채우기' 놀이방법 〉 ■ 하나의 통에 작은 용기, 큰 용기로 물을 채워 본다. ■ 담는 통에 물이 부족하거나 흘리지 않게 채워 본다. ■ 담는 통의 주둥이가 좁으면 깔때기를 이용하여 붓는다.
	놀이 전개하기	• 지금부터 다양한 용기로 여러 가지 통에 물을 흘리지 않고 가득 채워 보세요.
정리	놀이 평가하기	• 크기가 다양한 용기로 여러 가지 통에 물을 흘리지 않고 가득 채울 수 있는가?

326

집단 게임의 실제

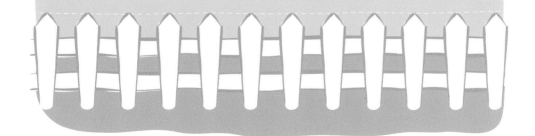

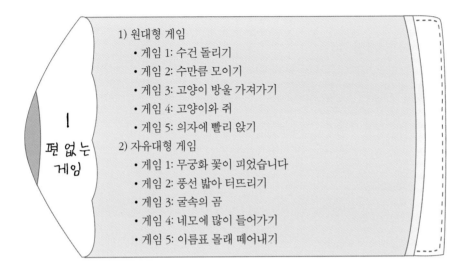

1) 원대형 게임
- 게임 1: 수건 돌리기
- 게임 2: 수만큼 모이기
- 게임 3: 고양이 방울 가져가기
- 게임 4: 고양이와 쥐
- 게임 5: 의자에 빨리 앉기

2) 자유대형 게임
- 게임 1: 무궁화 꽃이 피었습니다
- 게임 2: 풍선 밟아 터뜨리기
- 게임 3: 굴속의 곰
- 게임 4: 네모에 많이 들어가기
- 게임 5: 이름표 몰래 떼어내기

1 편 없는 게임

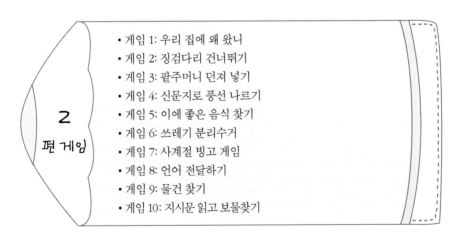

- 게임 1: 우리 집에 왜 왔니
- 게임 2: 징검다리 건너뛰기
- 게임 3: 팥주머니 던져 넣기
- 게임 4: 신문지로 풍선 나르기
- 게임 5: 이에 좋은 음식 찾기
- 게임 6: 쓰레기 분리수거
- 게임 7: 사계절 빙고 게임
- 게임 8: 언어 전달하기
- 게임 9: 물건 찾기
- 게임 10: 지시문 읽고 보물찾기

2 편 게임

1. 편 없는 게임

1) 원대형 게임

🐌 게임 1: 수건 돌리기

활동 목표		• 작은 소리나 움직임에 민감하게 반응한다. • 빠르게 움직여 술래를 잡거나 제자리에 앉는다.
활동 자료		수건, 호루라기
단계	활동 요소	활동 내용
도입	게임 소개하기	• (수건을 보이며) 수건으로 할 수 있는 놀이는 무엇이 있나요? – 장님놀이, 수건 돌리기 • 이 시간에는 '수건 돌리기' 게임을 해 보겠어요.

전개	게임 방법
	및 규칙
	알아보기
		• '수건 돌리기' 게임은 어떻게 할까요?
		  – 술래는 수건을 친구의 등 뒤에 살짝 놓고 도망가요.
		  – 자기 등 뒤의 수건을 발견한 친구는 술래를 쫓아가요.
		  – 술래가 제자리에 들어가 버리면 쫓아간 친구가 술래가 되어요.
		• '수건 돌리기' 게임의 순서를 함께 정리해 볼까요?
		
		〈 '수건 돌리기' 게임 방법과 규칙 〉
		① 모두 원으로 둘러앉은 후 술래를 정한다.
		② 술래는 둥글게 말아진 수건을 들고 원 밖에서 돌고, 나머지 유아들은 손뼉 치며 노래를 부른다.
		③ 술래는 임의로 정한 유아의 등 뒤에 수건을 살짝 놓고 재빨리 제자리로 돌아온다.
		④ 자기 등 뒤에 수건이 놓인 유아는 일어나 수건을 들고 재빨리 술래를 잡으러 쫓아간다.
		⑤ 술래가 제자리로 돌아가기 전에 잡히면 다시 술래가 된다.
		⑥ 술래가 잡히지 않고 제자리로 들어가 앉을 경우 ④에서 잡힌 유아가 새로운 술래가 된다.

	편 나누기 및 게임 전개하기	• 지금부터 원으로 둘러앉아 '수건 돌리기' 게임을 규칙에 따라 실시해 보기로 해요.
정리	게임 판정 및 평가하기	• 작은 소리나 움직임을 민감하게 알아차릴 수 있는가? • 빠르게 달려 술래를 잡거나 제자리에 앉을 수 있는가?

〈 '수건 돌리기' 핵심 규칙 〉

• 술래는 원 밖에서 돌다가 다른 유아의 등 뒤에 수건을 놓고 재빨리 제자리로 돌아온다.
• 자기 등 뒤의 수건을 발견한 유아는 재빨리 술래를 잡으러 쫓아간다.

🐌 게임 2: 수만큼 모이기

활동 목표		• 원을 그리며 돌다가 부르는 수만큼 민첩하게 모인다. • 수를 듣고 셀 수 있다.
활동 자료		호루라기, CD 플레이어, 음악 CD
단계	활동 요소	활동 내용
도입	게임 소개하기	• 손을 잡고 원을 만들어 보세요. • (숫자 카드 ②를 보이며) 두 명씩 짝지어 보세요. • 이 시간에는 원을 그리며 돌다가 신호를 듣고, 부르는 '수만큼 모이기' 게임을 해 보겠어요.
전개	게임 방법 및 규칙 알아보기	• '수만큼 모이기' 게임은 어떻게 할까요? 　- 불러 주는 수만큼 짝을 지어요. 　- 다 같이 노래하며 손 잡고 돌다가 신호가 나면 모여야 해요. 　- 재빨리 모이지 못하면 게임에서 나가야 해요. • '수만큼 모이기' 게임의 순서를 함께 정리해 볼까요? 〈 '수만큼 모이기' 게임 방법과 규칙 〉 ① 원을 만든다. ② 손을 잡고 음악에 맞추어 원을 그리며 돈다. ③ 신호가 울리면 멈추어 부르는 수를 듣는다. ④ 재빨리 수만큼 모여 앉는다. ⑤ 마지막까지 수만큼 모이지 못한 유아는 밖으로 나가 기다린다.
	편 나누기 및 게임 전개하기	• 원으로 둘러서서 '수만큼 모이기' 게임을 규칙에 따라 실시해 보기로 해요.
정리	게임 판정 및 평가하기	• 원을 그리며 돌다가 부르는 수만큼 민첩하게 모일 수 있는가? • 부르는 수를 듣고 셀 수 있는가?

〈 '수만큼 모이기' 핵심 규칙 〉

• 원을 그리며 돌다가 신호가 울리면 멈추고, 부르는 수를 듣는다.
• 부르는 수만큼 재빠르게 모여서 앉는다.

게임 3: 고양이 방울 가져가기

활동 목표		• 움직이는 소리를 듣고 방울을 가져간 유아를 찾아본다.
활동 자료		방울 3~4개, 눈가리개
단계	활동 요소	활동 내용
도입	게임 소개하기	• (방울을 제시하며) 이것이 무엇일까요? • 방울을 이용하여 게임을 해 본 적이 있나요? • 이 시간에는 '고양이 방울 가져가기' 게임을 해 보겠어요.
전개	게임 방법 및 규칙 알아보기	• (게임 장면 사진을 보여 주며) '고양이 방울 가져가기' 게임은 어떻게 할까요? 　- 고양이(술래)가 가운데 앉아요. 　- 술래 눈을 가려요. 　- 다른 친구들이 고양이 방울을 뺏어 가요. • '고양이 방울 가져가기' 게임의 순서를 함께 정리해 볼까요? 〈 '고양이 방울 가져가기' 게임 방법과 규칙 〉 ① 원으로 둘러앉는다. ② 술래는 원의 가운데에 앉고, 술래 옆에 3~4개의 방울을 놓는다. ③ 술래의 눈을 가려 볼 수 없게 한다. ④ 교사의 지시를 받은 두세 명의 유아가 살금살금 다가와 방울을 가져간다. ⑤ 교사의 신호에 따라 눈을 뜬 유아는 주변 유아들을 살펴 방울을 가져 갔다고 생각되는 유아를 지적한다. ⑥ 지적받은 유아는 두 손을 위로 들고 두 팔과 몸을 흔들어 방울을 발견 하게 한다. ⑦ 술래가 방울을 가져간 유아를 찾으면 그 유아가 술래가 된다.
	편 나누기 및 게임 전개하기	• 원으로 둘러앉아 '고양이 방울 가져가기' 게임을 규칙에 따라 실시해 보기로 해요.
정리	게임 판정 및 평가하기	• 움직이는 소리를 듣고 고양이 방울을 가져간 유아를 찾을 수 있는가?

〈 '고양이 방울 가져가기' 핵심 규칙 〉

- 술래는 볼 수 없게 눈을 가리고, 두세 명의 유아가 동시에 방울을 가져간다.
- 술래가 방울을 가져간 유아를 찾으면 술래가 바뀐다.

게임 4: 고양이와 쥐

활동 목표	• 장애물을 뚫고 재빨리 피하거나 잡을 수 있다. • 민첩하게 몸을 움직여 고양이와 쥐를 통과시키거나 막는다.		
활동 자료	CD 플레이어, '빙빙 돌아라' CD, 호루라기		
단계	활동 요소	활동 내용	
도입	게임 소개하기	• (고양이와 쥐 그림을 보여 주며) 고양이와 쥐는 어떤 사이인가요? – 고양이는 쥐를 쫓아가고, 쥐는 도망가요. • 이 시간에는 '고양이와 쥐' 게임을 해 보겠어요.	
전개	게임 방법 및 규칙 알아보기	• (게임 장면 사진을 보여 주며) '고양이와 쥐' 게임은 어떻게 할까요? – 고양이가 쥐를 쫓아가요. – 다른 친구들은 손을 잡고 원을 만들어 돌아요. – 쥐가 도망갈 수 있게 친구들이 도와줘요. • '고양이와 쥐' 게임의 순서를 함께 정리해 볼까요? 〈 '고양이와 쥐' 게임 방법과 규칙 〉 ① 고양이와 쥐를 1명씩 선정한다. ② 나머지 유아들은 손을 잡고 원을 만든다. ③ ②의 유아들은 '빙빙 돌아라' 노래를 부르며 손을 잡고 오른쪽으로 돈다. ④ 교사의 신호에 따라 고양이는 쥐를 잡으러 쫓아가고, 쥐는 고양이를 피해 도망 다닌다. ⑤ ②의 유아들은 쥐에게는 원 안과 밖으로 자유롭게 드나들 수 있도록 길을 터 주며, 고양이에게는 드나들지 못하도록 길을 막는다. ⑥ 고양이가 쥐를 잡고 나면, 다시 새로운 고양이와 쥐를 선정하여 게임을 진행한다.	
	편 나누기 및 게임 전개하기	• 원으로 둘러서서 '고양이와 쥐' 게임을 규칙에 따라 실시해 보기로 해요.	
정리	게임 판정 및 평가하기	• 장애물을 뚫고 재빨리 피하거나 잡을 수 있는가? • 민첩하게 몸을 움직여 고양이와 쥐를 통과시키거나 막을 수 있는가?	

〈 '고양이와 쥐' 핵심 규칙 〉

• 고양이는 쥐를 잡으러 쫓아가고, 쥐는 도망 다닌다.
• 원으로 둘러선 유아들은 고양이에게는 길을 막고 쥐에게는 길을
  터 준다.
• 고양이는 길이 막혔을 때 원을 무너뜨리고 들어갈 수 없다.

🐌 게임 5: 의자에 빨리 앉기

단계	활동 요소	활동 내용
활동 목표		• 신호를 듣고 의자에 민첩하게 앉을 수 있다.
활동 자료		유아용 의자, CD 플레이어, '빙빙 돌아라' CD, 호루라기
도입	게임 소개하기	• (가운데에 의자를 놓고 원으로 둘러서게 한 후 의자를 가리키며) 이 의자로 무슨 게임을 할 수 있을까요? • 이 시간에는 '의자에 빨리 앉기' 게임을 해 보겠어요.
전개	게임 방법 및 규칙 알아보기	• (게임 장면 사진을 보여 주며) '의자에 빨리 앉기' 게임은 어떻게 할까요? – 의자를 여러 개 놓고 의자 주위를 돌아요. – 돌다가 의자에 빨리 앉아요. – 서로 의자를 차지하려고 뺏어요. • '의자에 빨리 앉기' 게임의 순서를 함께 정리해 볼까요? 〈 '의자에 빨리 앉기' 게임 방법과 규칙 〉 ① 게임에 참여하는 유아 수의 1/2 정도 의자를 준비한다. ② 의자를 가운데에 놓고 주위에 원을 만든다. ③ '빙빙 돌아라' 노래를 부르며, 손을 잡고 의자 주위를 돈다. ④ 교사의 신호를 듣고 재빨리 의자에 앉는다. ⑤ 의자에 앉지 못한 유아는 원 밖으로 내보낸다. ⑥ 의자 수를 조정하며 마지막 1명이 남을 때까지 게임을 지속한다. * 유의점: 게임 초반에 탈락된 유아들이 너무 오래 제외되지 않도록 의자 수를 조정한다.
	편 나누기 및 게임 전개하기	• 원으로 둘러서서 '의자에 빨리 앉기' 게임을 규칙에 따라 실시해 보기로 해요.
정리	게임 판정 및 평가하기	• 신호를 듣고 의자에 민첩하게 앉을 수 있는가?

〈 '의자에 빨리 앉기' 핵심 규칙 〉

- 의자 개수는 유아 수의 1/2 정도 준비한다.
- 의자 밖에서 원을 만들어 돌다가, 신호가 나면 재빨리 의자에 앉는다.
- 먼저 의자에 앉은 유아를 밀치지 않는다.

2) 자유대형 게임

🐌 게임 1: 무궁화 꽃이 피었습니다

활동 목표		• 소리를 듣고 민첩하게 몸을 움직이거나 멈출 수 있다. • 술래를 피하여 빠르게 달릴 수 있다.
활동 자료		'무궁화' 꽃 사진
단계	활동 요소	활동 내용
도입	게임 소개하기	• 우리나라 꽃은 무엇일까요? • (무궁화 꽃 사진을 보여 주며) 이 꽃의 이름은 무엇일까요? • 이 시간에는 '무궁화 꽃이 피었습니다' 게임을 해 보겠어요.
전개	게임 방법 및 규칙 알아보기	• '무궁화 꽃이 피었습니다' 게임은 어떻게 할까요? – 술래가 뒤돌아서서 '무궁화 꽃이 피었습니다'를 말할 때만 움직여요. – 술래가 우리를 보면 얼음이 되어야 해요. – 움직이다가 술래에게 들키면 술래와 손을 잡고 있어야 해요. • '무궁화 꽃이 피었습니다' 게임의 순서를 함께 정리해 볼까요? 〈 '무궁화 꽃이 피었습니다' 게임 방법과 규칙 〉 ① 술래를 정하고, 술래가 위치할 기둥을 정한다. ② 5~7m 정도 떨어진 곳에 출발선을 정한다. ③ 술래는 다른 유아들을 등지고, 두 손으로 벽을 짚고 머리를 대면서 '무궁화 꽃이 피었습니다'라고 외친다. ④ 유아들은 술래가 있는 곳으로 다가가다 술래의 '무궁화 꽃이 피었습니다'라는 소리가 멈추면 동작을 멈춘다(이때 움직이는 유아는 술래에게 걸려 술래와 새끼손가락을 걸어야 한다). ⑤ 술래가 '무궁화 꽃이 피었습니다'를 말하는 동안에 유아 중 1명이 술래의 새끼손가락의 연결 고리를 끊어 잡힌 유아를 구하고 함께 출발선 밖으로 재빨리 도망간다(이때 출발선 안에서 술래에게 잡힌 유아는 술래가 된다). ⑥ 술래에게 걸린 유아가 없을 경우 기둥을 치고 달아날 수도 있다.
	편 나누기 및 게임 전개하기	• 자유롭게 서서 '무궁화 꽃이 피었습니다' 게임을 규칙에 따라 실시해 보기로 해요.
정리	게임 판정 및 평가하기	• 소리를 듣고 민첩하게 몸을 움직이거나 멈출 수 있는가? • 술래를 피하여 빠르게 달릴 수 있는가?

〈 '무궁화 꽃이 피었습니다' 핵심 규칙 〉

- '무궁화 꽃이 피었습니다' 라는 소리가 멈추면 절대 움직일 수 없다.
- '무궁화 꽃이 피었습니다' 를 말하는 동안에만 잡힌 유아를 구해 줄 수 있다.

게임 2: 풍선 밟아 터뜨리기

활동 목표	• 상대방 풍선을 민첩하게 발로 밟아 터뜨릴 수 있다.
	• 공격하는 친구를 민첩하게 피해 달아날 수 있다.

활동 자료	풍선

단계	활동 요소	활동 내용
도입	게임 소개하기	• (두 명의 유아 발목에 각각 풍선을 매달아 주며) 어떤 게임을 해 볼까요?
		• 이 시간에는 '풍선 밟아 터뜨리기' 게임을 해 보겠어요.
전개	게임 방법 및 규칙 알아보기	• '풍선 밟아 터뜨리기' 게임은 어떻게 할까요?
		– 상대방 풍선을 발로 밟아 터뜨려야 해요.
		– 풍선을 밟히지 않게 피해야 해요.
		– 풍선이 터진 친구는 게임에서 나와야 해요.
		• '풍선 밟아 터뜨리기' 게임의 순서를 함께 정리해 볼까요?
		〈 '풍선 밟아 터뜨리기' 게임 방법과 규칙 〉
		① 모든 유아의 왼쪽 발목에 풍선을 매단다.
		② 자유대형에서 음악에 맞추어 춤을 추면서 공격할 친구를 찾는다.
		③ 신호에 따라 공격할 친구에게 달려든다. 손으로 상대방을 밀치거나 붙잡을 수 없다.
		④ 자신의 풍선은 밟히지 않게 피하면서 상대방의 풍선을 재빠르게 밟아 터뜨린다.
		⑤ 풍선이 터진 유아는 지정된 장소로 나와 앉는다.
		⑥ 마지막 1명이 남을 때까지 게임은 지속된다.
	편 나누기 및 게임 전개하기	• 지금부터 자유롭게 서서 '풍선 밟아 터뜨리기' 게임을 규칙에 따라 실시해 보기로 해요.
정리	게임 판정 및 평가하기	• 상대방 풍선을 민첩하게 발로 밟아 터뜨릴 수 있는가?
		• 공격하는 친구를 민첩하게 피해 달아날 수 있는가?

〈 '풍선 밟아 터뜨리기' 핵심 규칙 〉

• 자신의 풍선을 밟히지 않게 피하며 상대방 풍선을 밟아 터뜨린다.
• 풍선을 발로만 터뜨리며, 상대방을 손으로 밀치거나 붙잡을 수 없다.
• 자기 풍선이 터진 유아는 지정된 장소로 나와 앉아서 기다린다.

게임 3: 굴속의 곰

활동 목표	• 노랫말에 맞춰 움직일 수 있다. • 민첩하게 쫓거나 달아날 수 있다.		
활동 자료	곰 동굴 상자, 곰 가면, '굴속의 곰' CD, CD 플레이어		
단계	활동 요소	활동 내용	
도입	게임 소개하기	• '굴속의 곰' 노래를 부르며 동작으로 표현해 보아요. • 이 시간에는 '굴속의 곰' 놀이를 해 보겠어요.	
전개	게임 방법 및 규칙 알아보기	• (곰 동굴 상자, 곰 가면을 보여 주며) '굴속의 곰' 놀이방법을 생각해 보아요. – 곰이 동굴에 숨어 있다가 잡아먹으러 쫓아가요. – 안 잡히게 도망가야 해요. • '굴속의 곰' 게임의 순서를 함께 정리해 볼까요? 〈 '굴속의 곰' 게임 방법과 규칙 〉 ① 곰을 정하고, 곰은 가면을 쓰고 굴속에 들어가 있는다. ② 다른 유아들은 출발선에 서서 노래와 율동을 하며 곰에게 다가간다. ③ 노랫말 '너를 잡는다' 에서 곰은 일어나 서 있는 유아들을 잡으러 쫓아가고, 유아들은 도망간다. ④ 경계선 밖으로 도망가 버리면 잡을 수 없고, 잡힌 유아는 곰이 된다.	
	편 나누기 및 게임 전개하기	• 지금부터 자유롭게 서서 '굴속의 곰' 게임을 규칙에 따라 실시해 보기로 해요.	
정리	게임 판정 및 평가하기	• 노랫말에 맞춰 움직임으로 표현할 수 있는가? • 민첩하게 쫓거나 달아날 수 있는가?	

〈 '굴속의 곰' 핵심 규칙 〉

- '너를 잡는다' 에서 곰은 잡으러 가고, 다른 유아들은 도망간다.
- 경계선 밖으로 도망가 버리면 잡을 수 없고, 잡힌 유아는 곰이 된다.

🐌 게임 4: 네모에 많이 들어가기

단계	활동 요소	활동 내용
\n	활동 목표	• 신호 소리에 맞춰 민첩하게 움직여 네모 안에 들어갈 수 있다. • 좁은 공간에서 여러 친구와 함께 몸을 작게 할 수 있다.
\n	활동 자료	한 변이 60cm인 정사각형 매트 4~5장, CD 플레이어, 음악 CD
도입	게임 소개하기	• (한 변이 60cm인 정사각형 매트를 놀이실 바닥에 놓으며) 무슨 모양인 가요? 　- 네모 • 이 네모 안에 몇 명의 친구가 들어갈 수 있을까요? 　- 3명 / - 4명 • 이 시간에는 '네모에 많이 들어가기' 게임을 해 보겠어요.
전개	게임 방법 및 규칙 알아보기	• (4~5개의 네모 매트를 놀이실 바닥에 흩어 놓으며) '네모에 많이 들어 가기' 게임은 어떻게 할까요? 　- 노래를 부르다가 친구들과 네모 매트에 들어가요. 　- 다른 친구들도 많이 들어올 수 있게 몸을 작게 해요. 　- 가장 많이 들어간 팀이 이겨요. • '네모에 많이 들어가기' 게임의 순서를 함께 정리해 볼까요? 〈 '네모에 많이 들어가기' 게임 방법과 규칙 〉 ① 자유롭게 둘러선다. ② 음악에 맞추어 춤을 추면서 네모의 위치를 살펴본다. ③ '시작' 신호 소리가 나면 원하는 네모 안으로 들어간다. ④ 하나의 네모에 많은 유아가 들어갈 수 있도록 몸을 작게 만든다. ⑤ '끝' 신호 소리가 나면 이동하지 않는다. ⑥ 유아가 가장 많이 들어간 네모를 찾는다. ⑦ 가장 많이 들어간 네모의 유아들은 스티커를 1장씩 받아 손등에 붙인다. ⑧ 매트를 1장씩 줄여 가며 ①~⑦까지를 되풀이한다. ⑨ 맨 마지막 게임이 끝났을 때 손등에 붙인 스티커 수가 가장 많은 유아 가 승리자가 된다.
\n	편 나누기 및 게임 전개하기	• 지금부터 자유롭게 둘러서서 '네모에 많이 들어가기' 게임을 규칙에 따라 실시해 보기로 해요.
정리	게임 판정 및 평가하기	• 누가 가장 많은 스티커를 받았나요? • 신호 소리에 맞춰 민첩하게 움직여 네모 안에 들어갈 수 있는가? • 좁은 공간에서 여러 친구와 함께 몸을 작게 할 수 있는가?

〈 '네모에 많이 들어가기' 핵심 규칙 〉

- '시작' 신호 소리에 맞추어 네모 안에 들어 간다.
- 네모 안에 많은 유아가 모일 수 있도록 몸을 작게 만든다.
- '끝' 신호 소리가 나면 이동할 수 없다.

🐌 게임 5: 이름표 몰래 떼어내기

단계	활동 요소	활동 내용
*	**활동 목표**	• 친구 몰래 친구의 등 뒤로 다가갈 수 있다. • 친구들에게 자신의 등이 보이지 않게 움직일 수 있다.
	활동 자료	유아 이름표
단계	**활동 요소**	**활동 내용**
도입	게임 소개하기	• TV 프로그램 중 〈런닝맨〉을 본 적이 있나요? • 〈런닝맨〉에서는 어떤 게임을 하나요? – 이름표 몰래 떼어내기 • 이 시간에는 '이름표 몰래 떼어내기' 게임을 해 보겠어요.
전개	게임 방법 및 규칙 알아보기	• '이름표 몰래 떼어내기' 게임은 어떻게 할까요? – 친구 등에 붙어 있는 이름표를 떼어 내요. – 친구 몰래 등 뒤로 다가가서 떼어요. – 자기 이름표가 보이지 않게 다녀요. • '이름표 몰래 떼어내기' 게임의 순서를 함께 정리해 볼까요? 〈 '이름표 몰래 떼어내기' 게임 방법과 규칙 〉 ① '시작' 신호가 울리면 친구에게 다가가거나 숨는다. ② 정해진 범위 안에서만 이동한다. ③ 친구 몰래 등 뒤로 다가가서 이름표를 떼어 낸다. ④ 자기 이름표가 보이지 않게 움직인다. ⑤ 이름표를 빼앗긴 친구는 선생님 옆에 와서 앉는다. ⑥ '끝' 신호 소리가 날 때까지 이름표를 가장 많이 모은 친구가 우승자가 된다.
	편 나누기 및 게임 전개하기	• 자유롭게 서서 '이름표 몰래 떼어내기' 게임을 규칙에 따라 실시해 보기로 해요.
정리	게임 판정 및 평가하기	• 누가 가장 많은 이름표를 모았나요? • 친구 몰래 친구의 등 뒤로 다가갈 수 있는가? • 친구들에게 자신의 등이 보이지 않게 움직일 수 있는가?

〈 '이름표 몰래 떼어내기' 핵심 규칙 〉

• 정해진 범위 안에서만 친구에게 다가가거나 숨을 수 있다.

• 친구 등 뒤에서만 이름표를 떼어 내야 한다.

• 이름표를 빼앗긴 친구는 선생님 옆에 앉아서 기다린다.

2. 편 게임

 게임 1: 우리 집에 왜 왔니

활동 목표	• 노랫말에 맞추어 앞뒤로 이동할 수 있다. • 옆 친구와 걸음의 빠르기와 보폭을 맞추어 걸을 수 있다.		
활동 자료	CD 플레이어, '우리 집에 왜 왔니' CD		
단계	활동 요소	활동 내용	
도입	게임 소개하기	• '우리 집에 왜 왔니' 노래를 불러 보아요. • 이 시간에는 '우리 집에 왜 왔니' 게임을 해 보겠어요.	

전개	게임 방법
	및 규칙
	알아보기
		• '우리 집에 왜 왔니' 게임은 어떻게 할까요?
		  – 노래를 부르며 해요.
		  – 편끼리 손을 잡고 앞으로 갔다 뒤로 갔다 해요.
		  – '가위바위보'를 해서 이기면 진 사람을 데려와요.
		• '우리 집에 왜 왔니' 게임의 순서를 함께 정리해 볼까요?
		
		〈 '우리 집에 왜 왔니' 게임 방법과 규칙 〉
		① 편을 나누고, 편끼리 양손을 잡고 옆으로 나란히 선다.
		② 다른 편과 마주 보고, 노래를 부르며 한쪽 편부터 앞으로 전진과 후진을 번갈아 반복한다.
		③ '○○ 꽃을 찾으러 왔단다 왔단다' 후 찾으러 간 편의 대표와 상대편의 지명받은 유아가 '가위바위보'를 하여 이긴 편에서 데려간다.
		④ 10회 계속하여 수가 많은 편이 이긴다.	

	편 나누기 및 게임 전개하기	• 두 편으로 나누어 편별로 양손을 잡고 옆으로 나란히 선다. • 편별로 옆으로 나란히 서서 '우리 집에 왜 왔니' 게임을 규칙에 따라 실시해 보기로 해요.	
정리	게임 판정 및 평가하기	• 어느 편이 이겼나요? • 노랫말에 맞추어 앞뒤로 이동할 수 있는가? • 옆 친구와 걸음의 빠르기와 보폭을 맞추어 걸을 수 있는가?	

〈 '우리 집에 왜 왔니' 핵심 규칙 〉

• 노랫말에 맞추어 양편이 교대로 전진 · 후진을 반복한다.
• '○○ 꽃을 찾으러 왔단다' 후 '가위바위보'를 하여 이긴 편에서 데려간다.

🐝 게임 2: 징검다리 건너뛰기

단계	활동 요소	활동 내용
활동 목표		• 한 발 또는 두 발 뛰기를 하면서 징검다리를 건널 수 있다. • 반환점을 돌아 빨리 뛰어올 수 있다.
활동 자료		발자국 모양, 득점판
단계	**활동 요소**	**활동 내용**
도입	게임 소개하기	• (배치된 게임 공간을 보여 주며) 무슨 게임을 해 볼 수 있을까요? 　- 징검다리 건너기 • 이 시간에는 '징검다리 건너뛰기' 게임을 해 보겠어요.
전개	게임 방법 및 규칙 알아보기	• (게임 공간의 발자국과 반환점을 지시하며) '징검다리 건너뛰기' 게임은 어떻게 할까요? 　- 징검다리를 건너뛰어요. 　- 발자국을 보고 한 발 또는 두 발로 뛰어요. 　- 마지막에는 반환점을 돌아서 빨리 뛰어와요. • (발자국이 1개인 것과 2개인 것을 가리키며) 어떤 차이가 있나요? 　- 1개인 것은 한 발로, 2개인 것을 두 발로 뛰어요. • '징검다리 건너뛰기' 게임의 순서를 함께 정리해 볼까요? 〈 '징검다리 건너뛰기' 게임 방법과 규칙 〉 ① 발자국이 1개인 것은 한 발 뛰기로, 발자국이 2개인 것은 두 발 뛰기로 징검다리를 건넌다. ② 마지막 발자국에서 반환점을 돌아 출발선까지 달려온다. ③ 먼저 들어오는 사람이 이기며, 이길 때마다 1점씩 얻는다. ④ 총 얻은 점수를 합하여 승패를 가른다.
	편 나누기 및 게임 전개하기	• 편을 나누어 나란히 선다. • 출발선에 편별로 1명씩 짝을 맞추어 선다. • 편별로 줄을 지어 서서 '징검다리 건너뛰기' 게임을 규칙에 따라 실시해 보기로 해요.
정리	게임 판정 및 평가하기	• 양쪽 편이 얻은 점수를 합해 보아요. • 어느 편이 이겼나요? • 한 발 또는 두 발 뛰기를 하면서 징검다리를 건널 수 있는가? • 반환점을 돌아 빨리 뛰어올 수 있는가?

〈 '징검다리 건너뛰기' 핵심 규칙 〉

- 발자국에 따라 한 발 뛰기, 두 발 뛰기로 징검다리를 건너간다.
- 마지막 발자국에서 반환점을 돌아 출발선까지 달려온다.

🐝 게임 3: 팥주머니 던져 넣기

단계	활동 요소	활동 내용
	활동 목표	• 팥주머니를 바구니에 던져 넣을 수 있다. • 정해진 시간에 팥주머니를 많이 던져 넣는다.
	활동 자료	팥주머니(유아당 3개), 바구니(편별), 득점판
도입	게임 소개하기	• (팥주머니와 바구니를 보이며) 이것으로 무엇을 할 수 있을까요? - 팥주머니 던져 넣기 • 이 시간에는 '팥주머니 던져 넣기' 게임을 해 보겠어요.

전개	게임 방법
	및 규칙
	알아보기
		• (게임 장면 사진을 보여 주며) '팥주머니 던져 넣기' 게임은 어떻게 할까요?
		  - 팥주머니를 바구니에 던져 넣어요.
		  - 선을 넘어서 던지면 안 돼요.
		  - 바구니 속의 팥주머니가 많은 편이 이겨요.
		• '팥주머니 던져 넣기' 게임의 순서를 함께 정리해 볼까요?
		
		〈'팥주머니 던져 넣기' 게임 방법과 규칙〉
		① 각 편별로 1명씩 출발선에 선다.
		② 각 유아당 팥주머니 3개를 하나씩 차례로 바구니에 던져 넣는다.
		③ 출발선을 밟거나 넘지 않는다(출발선을 넘어가서 던져 넣은 팥주머니는 제외한다).
		④ 각 편의 구성원이 모두 던져 넣기를 끝낸 후 바구니 속의 팥주머니 수를 센다.
		⑤ 팥주머니 수가 많은 편이 이긴다.

	편 나누기 및 게임 전개하기	• 두 편으로 나누어 편별로 줄을 지어 선다. • 편별로 줄을 지어 서서 '팥주머니 던져 넣기' 게임을 규칙에 따라 실시해 보기로 해요.
정리	게임 판정 및 평가하기	• 바구니 속의 팥주머니를 세어 볼까요? • 어느 편의 팥주머니가 더 많나요? • 팥주머니를 바구니에 던져 넣을 수 있는가? • 정해진 시간에 팥주머니를 많이 던져 넣을 수 있는가?

〈 '팥주머니 던져 넣기' 핵심 규칙 〉

- 편별로 1명씩 출발선에 서서 팥주머니 3개를 하나씩 차례로 바구니에 던져 넣는다.
- 각 편의 구성원 모두 던져 넣기를 끝낸 후 바구니 속의 팥주머니 수를 세어 승패를 가른다.

게임 4: 신문지로 풍선 나르기

활동 목표	• 신문지에서 풍선이 떨어지지 않게 옮길 수 있는 방법을 안다. • 짝과 함께 협동하여 반환점을 재빨리 돌아온다.	
활동 자료	신문지, 호루라기	
단계	활동요소	활동 내용
도입	게임 소개하기	• (두 명의 유아를 지명하여 신문지의 네 귀를 잡게 한 후 풍선을 올려놓으며) 신문지로 풍선을 들어 나를 때 주의할 점은 무엇인가요? – 풍선이 떨어지거나 날아가지 않게 해요. – 한 사람이 너무 빨리 달려가면 안 돼요. • 이 시간에는 '신문지로 풍선 나르기' 게임을 해 보겠어요.
전개	게임 방법 및 규칙 알아보기	• '신문지로 풍선 나르기' 게임은 어떻게 할까요? – 신문지의 끝을 잡고 서요. – 신문지를 너무 세게 잡아당기지 않아요. – 신문지 위에 풍선을 올리고 날라요. – 풍선이 날아가거나 떨어지지 않게 너무 빨리 달리지 않아요. • '신문지로 풍선 나르기' 게임의 순서를 함께 정리해 볼까요? 〈'신문지로 풍선 나르기' 게임 방법과 규칙〉 ① 편을 나누고, 편별로 2명씩 출발선에 서서 신문지의 끝을 잡고 선다. ② 신문지 위에 풍선을 올리고 출발 신호가 나면 반환점을 향해 빨리 이동한다. ③ 풍선이 떨어지거나 날아간 경우, 그 자리에 멈춰 서서 풍선을 올려놓은 후 다시 이동한다. ④ 반환점을 돌아 출발선까지 먼저 도착한 편이 이긴다.
	편 나누기 및 게임 전개하기	• 두 편으로 나누어 편별로 줄을 지어 선다. • 편별로 줄을 지어 서서 '신문지로 풍선 나르기' 게임을 규칙에 따라 실시해 보기로 해요.
정리	게임 판정 및 평가하기	• 어느 편이 먼저 도착했나요? • 신문지에서 풍선이 떨어지지 않게 옮길 수 있는가? • 짝과 함께 협동하여 반환점을 재빨리 돌아올 수 있는가?

〈 '신문지로 풍선 나르기' 핵심 규칙 〉

- 2명씩 짝을 이루어 신문지의 끝을 잡고 서서 풍선을 나른다.
- 풍선이 떨어지거나 날아가 버린 경우 그 자리에 멈춰 서서 풍선을 올려놓은 후 다시 이동한다.

🐝 게임 5: 이에 좋은 음식 찾기

활동 목표	• 이에 이로운 음식과 해로운 음식을 알고 분류한다. • 릴레이 게임 방법을 알고 즐겁게 참여한다.		
활동 자료	이에 좋은 음식 그림 카드, 이에 해로운 음식 그림 카드, 분류판, 호루라기, 배턴		
단계	활동 요소	활동 내용	
도입	게임 소개하기	• (분류판에 튼튼한 이와 썩은 이의 그림을 제시하며) 무엇을 나타내고 있나요? • (음식 그림 카드를 제시하며) 무슨 게임에 필요한 자료일까요? • 이 시간에는 '이에 좋은 음식 찾기' 게임을 해 보겠어요.	

전개	게임 방법 및 규칙 알아보기	• (준비된 공간을 보여 주며) '이에 좋은 음식 찾기' 게임은 어떻게 할까요?
		  – 그림 카드를 보고 이에 좋은 음식과 나쁜 음식을 나누어 붙여요.
		  – 빨리 붙이고 와서 다음 친구에게 배턴을 넘겨요.
		• '이에 좋은 음식 찾기' 게임의 순서를 함께 정리해 볼까요?
		
		〈 '이에 좋은 음식 찾기' 게임 방법과 규칙 〉
		① 각 편의 첫 번째 유아는 출발선에 선다.
		② '시작' 신호에 맞추어 칠판 앞으로 달려가 카드 묶음 중 맨 위의 한 장을 뒤집어 보고 분류판에 붙인다.
		③ 빨리 붙이고, 출발선으로 돌아와 두 번째 유아에게 배턴을 넘겨 릴레이로 진행한다(단, 분류가 틀렸을 경우 맞게 분류할 때까지 수정한다).
		④ 분류가 먼저 끝난 편이 이긴다.	

	편 나누기 및 게임 전개하기	• 편을 나누어 나란히 줄지어 앉는다. • 칠판을 향하여 편별로 나란히 줄지어 앉아 '이에 좋은 음식 찾기' 게임을 규칙에 따라 실시해 보기로 해요.	
정리	게임 판정 및 평가하기	• 어느 편이 빨리 분류했나요? • 이에 이로운 음식과 해로운 음식을 분류할 수 있었는가? • 릴레이 게임 방법을 알고 즐겁게 참여할 수 있는가?	

〈 '이에 좋은 음식 찾기' 핵심 규칙 〉

• 각 편별로 1명씩 칠판 앞에 준비된 그림 카드를 한 장씩 확인한 후
  분류판에 붙이고 돌아온다.
• 출발선의 다음 유아에게 배턴을 넘기는 릴레이 경기로 진행한다.
• 분류가 틀렸을 경우 맞게 분류할 때까지 수정한다.

🐝 게임 6: 쓰레기 분리수거

활동 목표	• 재활용 쓰레기를 분류할 수 있다. • 주사위에 나온 수만큼의 쓰레기를 찾을 수 있다.		
활동 자료	자연 환경판, 재활용 쓰레기 그림 카드, 숫자 주사위(1, 2, 3, 1, 2, 꽝), 그림 주사위(종이, 플라스틱, 비닐, 캔, 유리병, 꽝)		
단계	활동 요소	활동 내용	
도입	게임 소개하기	• 재활용 쓰레기를 분리수거할 때는 어떻게 나누나요? - 종이류, 플라스틱, 비닐, 캔, 스티로폼, 유리병 • 이 시간에는 '쓰레기 분리수거' 게임을 해 보겠어요.	

전개	게임 방법 및 규칙 알아보기	• (게임 자료를 제시하며) '쓰레기 분리수거' 게임은 어떻게 할까요?
		  - 주사위를 던져 나온 쓰레기를 모아요.
		  - 주사위 2개를 던져서 쓰레기 종류와 개수를 알 수 있어요.
		  - 분리 수거판에 분리하여 붙여요.
		• '쓰레기 분리수거' 게임의 순서를 함께 정리해 볼까요?
		
		〈 '쓰레기 분리수거' 게임 방법과 규칙 〉
		① 편을 나누고, 각 편에서 한 명씩 차례로 주사위 2개를 동시에 던진다.
		② 주사위에 나온 쓰레기 종류를 주사위의 숫자만큼 '자연 환경판'에서 떼어다가 편별 '분리수거판'에 분류하여 붙인다.
		③ 주사위에 '꽝'이 나오면 아무것도 가져갈 수 없다.
		④ '자연 환경판'의 쓰레기가 다 없어질 때까지 게임은 지속된다.
		⑤ '분리수거판'에 쓰레기 수가 많은 편이 이긴다.	

	편 나누기 및 게임 전개하기	• 편을 나누어 상대방 편과 마주 보고 앉는다. • 상대방 편과 마주 보고 옆으로 나란히 앉아서 '쓰레기 분리수거' 게임을 규칙에 따라 실시해 보기로 해요.	
정리	게임 판정 및 평가하기	• 어느 편의 분리수거가 먼저 끝났나요? • 분리수거가 맞게 되었나요? • 재활용 쓰레기를 분류할 수 있는가? • 주사위에 나온 수만큼의 쓰레기를 찾을 수 있는가?	

〈 '쓰레기 분리수거' 핵심 규칙 〉

- 한 사람이 주사위 2개를 동시에 던져서 나오는 쓰레기 종류를 나오는 수만큼 가져간다.
- 가져간 쓰레기는 분리수거판에 분류하여 붙인다.

게임 7: 사계절 빙고 게임

활동 목표	• 사계절의 자연과 생활 모습을 이해한다. • 빙고 게임의 방법과 규칙을 알고 게임을 할 수 있다.		
활동 자료	빙고판(4×4, 2개), 사계절 그림 카드(뒷면 고무 자석판 20개, 2세트), 주사위(봄, 여름, 가을, 겨울, 꽝, 보너스), 색 자석(4개씩, 2세트), 점수판		
단계	활동 요소	활동 내용	
도입	게임 소개하기	• (3×3의 빙고판에 색깔 카드를 임의로 배치한 후, 6가지 색으로 채색된 주사위를 보이며) 이 주사위로 빙고 게임을 어떻게 할까요? – 주사위를 던져 나오는 색깔을 빙고판에서 찾아 ○ 표시를 해요. • ○ 표시가 어느 방향으로든지 3개 나란히 늘어서게 되면 '빙고'라고 외쳐 봐요. – (교사와 함께 놀이하며 '빙고 게임'의 방법을 익힌다.) • 이 시간에는 '사계절 빙고 게임'을 해 보겠어요.	
전개	게임 방법 및 규칙 알아보기	• '사계절 빙고 게임'은 어떻게 할까요? – 주사위를 던져서 나오는 계절 카드에 ○ 표시를 해요. – 먼저 빙고판에 그림 카드를 늘어놓아요. – ○ 표시가 4개 나란히 되면 '빙고'를 외쳐요. • '사계절 빙고 게임'의 순서를 함께 정리해 볼까요? 〈 '사계절 빙고 게임' 방법과 규칙 〉 ① 편을 나누고, 편별 빙고판(4×4)에 그림 카드를 임의대로 채운다. ② 각 편에서 한 명씩 주사위를 던져서 나오는 계절의 그림 카드 하나를 선택하여 ○ 표시(색 자석 표시)를 한다. ③ ○ 표시(색 자석 표시)가 4개 나란히(가로, 세로, 대각선) 되면 '빙고'라고 외치고, 1점을 얻는다. ④ 3~4회 계속하여 점수를 많이 획득한 편이 이긴다.	
	편 나누기 및 게임 전개하기	• 편을 나누어 상대편과 마주 보고 나란히 앉는다. • 상대편과 마주 보고 편별로 나란히 앉아 '사계절 빙고 게임'을 게임 규칙에 따라 실시해 보기로 해요.	
정리	게임 판정 및 평가하기	• 어느 편의 점수가 더 높은가요? • 사계절의 자연과 생활 모습을 이해할 수 있는가? • 빙고 게임의 방법과 규칙을 알고 게임을 할 수 있는가?	

〈 '사계절 빙고 게임' 핵심 규칙 〉

• 편별 빙고판에 그림 카드를 임의대로 채운다.
• 각 편 한 명씩 주사위를 던져 해당되는 그림 카드 하나를 선정하고, ○ 표시를 한다.
• ○ 표시가 4개 나란히(가로, 세로, 대각선) 되면 '빙고' 라고 외치고, 1점을 얻는다.

🐝 게임 8: 언어 전달하기

단계	활동 요소	활동 내용
활동 목표		• 문장을 듣고 다른 사람에게 빠르고 정확하게 전달할 수 있다.
활동 자료		문장 카드
단계	활동 요소	활동 내용
도입	게임 소개하기	• (그림 자료를 보여 주며) 무슨 게임 장면일까요? - 언어 전달, 말 전하기 • 이 시간에는 '언어 전달하기' 게임을 해 보겠어요.

전개	게임 방법 및 규칙 알아보기	• '언어 전달하기' 게임은 어떻게 할까요?
		  - 귓속말로 전해요.
		  - 상대편이 듣지 못하게 전해요.
		• '언어 전달하기' 게임의 순서를 함께 정리해 볼까요?
		
		〈 '언어 전달하기' 게임 방법과 규칙 〉
		① 교사는 편별로 맨 앞 사람에게 귓속말로 문장을 들려준다.
		② 앞사람은 뒷사람에게 들은 대로 귓속말로 전달한다.
		③ 맨 뒷사람은 들은 내용을 선생님께 말한다.
		④ 언어 전달을 빠르고 정확하게 한 편에게 점수를 준다.

	편 나누기 및 게임 전개하기	• 편을 나누어 편별로 줄지어 앉는다. • 편별로 나란히 줄지어 앉아서 '언어 전달하기' 게임을 규칙에 따라 실시해 보기로 해요.
정리	게임 판정 및 평가하기	• 양쪽 편이 얻은 점수를 합해 보아요. • 어느 편이 더 점수가 높은가요? • 문장을 듣고 다른 사람에게 빠르고 정확하게 전달할 수 있었는가?

〈 '언어 전달하기' 핵심 규칙 〉

• 교사는 편별로 맨 앞의 유아에게 문장을 들려준다(편별 다른 문장).
• 문장을 듣고 뒷사람에게 들은 대로 귓속말로 전달한다.
• 맨 뒷사람은 들은 내용을 선생님께 보고한다.

🐝 게임 9: 물건 찾기

단계	활동 요소	활동 내용
활동 목표		• 지시 카드를 읽고 해당 물건을 빨리 찾아온다.
활동 자료		지시 카드, 바구니, 지시 카드 관련 물건
도입	게임 소개하기	• (지시 카드를 보이며) 이 자료로 무슨 게임을 할 수 있을까요? – ○○ 찾아보기 • 이 시간에는 '물건 찾기' 게임을 하겠어요.
전개	게임 방법 및 규칙 알아보기	• '물건 찾기' 게임은 어떻게 할까요? – 지시 카드에 있는 물건을 빨리 찾아와요. – 출발선에서 출발 신호가 나면 바구니로 가야 해요. – 지시 카드와 찾아온 물건이 맞는가 확인해야 해요. • '물건 찾기' 게임의 순서를 함께 정리해 볼까요? 〈 '물건 찾기' 게임 방법과 규칙 〉 ① 출발선에 편별로 1명씩 서서 출발 신호를 듣고 출발한다. ② 5m 전방의 바구니에서 지시 카드 1장을 선택하여 지시 내용을 읽는다. ③ 5m 전방의 바구니에서 해당 물건을 찾아 출발선의 선생님께 가져간다(지시 카드와 함께 가져간다). ④ 먼저 찾아오는 편에게 점수를 준다(지시 내용과 찾은 물건이 다른 경우 점수를 주지 않는다). ⑤ 게임을 마친 친구는 양편 뒤에 줄지어 앉는다. * 유의점: 지시 카드는 문자와 그림으로 구성한다.
	편 나누기 및 게임 전개하기	• 편을 나누어 출발선에 선다. • 편별로 나란히 줄을 서서 '물건 찾기' 게임을 규칙에 따라 실시해 보기로 해요.
정리	게임 판정 및 평가하기	• 양쪽 편이 얻은 점수를 합해 보아요. • 어느 편의 점수가 가장 높은가요? • 지시 카드를 읽고 해당 물건을 빨리 찾아올 수 있는가?

〈 '물건 찾기' 핵심 규칙 〉

• 편별로 1명씩 출발선에서 5m 전방에 있는 바구니까지 달려가 지시 카드 한 장을 선택한다.
• 지시 카드를 읽고 5m 전방의 바구니에서 해당 물건을 찾아 출발선에 있는 교사에게 가져간다(지시 카드와 물건을 함께 제출함).

게임 10: 지시문 읽고 보물찾기

활동 목표	• 글과 그림으로 제시된 지시문의 뜻을 이해한다. • 지시문에 따라 행동으로 옮겨 본다.		
활동 자료	지시문 ①, ②, ③		
단계	활동 요소	활동 내용	
도입	게임 소개하기	• '보물찾기' 놀이를 해 본 경험을 말해 보아요. – 소풍 가서 해 보았어요. / – 바위 틈이나 풀 속에서 찾았어요. – 어디 있는지 몰라서 못 찾았어요. • 이 시간에는 쪽지에 쓰인 '지시문 읽고 보물찾기' 게임을 해 보겠어요.	
전개	게임 방법 및 규칙 알아보기	• '지시문 읽고 보물찾기' 게임은 어떻게 할까요? – 쪽지에 쓰인 글을 읽어요. – 쪽지에서 가라는 곳으로 가야 해요. – 마지막 장소에서 찾은 보물을 가져와요. • '지시문 읽고 보물찾기' 게임의 순서를 함께 정리해 볼까요? 〈 '지시문 읽고 보물찾기' 게임 방법과 규칙 〉 ① 편을 나누고, 편별로 지시문 ①을 받는다. ② 편끼리 읽고 해석하여 지시하는 장소 1로 간다(지시문의 내용을 이해하지 못한 경우 교사의 도움을 받는다). ③ 장소 1에서 지시문 ②를 찾아 읽고, 다음 장소 2로 간다. ④ 장소 2에서 지시문 ③을 찾아 읽고, 보물을 찾아 가지고 온다(지시문도 함께 가져온다). 보물을 빨리 찾아오는 편이 이긴다.	
	편 나누기 및 게임 전개하기	• 편을 나누어 자유롭게 선다. • 편별로 모여서 '지시문 읽고 보물찾기' 게임을 규칙에 따라 실시해 보기로 해요.	
정리	게임 판정 및 평가하기	• 어떤 편이 이겼나요? • 글과 그림으로 제시된 지시문의 뜻을 이해할 수 있는가? • 지시문에 따라 행동으로 옮길 수 있는가?	

〈 '지시문 읽고 보물찾기' 핵심 규칙 〉

• 편별로 다른 지시문을 받아 읽고, 지시대로 찾아간다.
• 지시문의 내용을 편끼리 협동해서 읽으며, 읽을 수 없을 경우 교사
  의 도움을 받는다.
• 마지막 지시문 ③에서 지시하는 보물을 찾아 교사에게 빨리 가져
  오는 편이 이긴다.

〈부록〉

놀이 관찰 평가도구의 예

참고 1: 자유선택놀이 일화기록

참고 2: 흥미 영역별 놀이 행동 기록

참고 3: 놀이 행동 기록

참고 4: 루빈의 놀이관찰척도 기록표 1

참고 5: 루빈의 놀이관찰척도 기록표 2

참고 6: 하우즈와 애이트슨의 또래놀이척도

참고 7: 펜 상호작용적 또래놀이척도

참고 8: 바넷의 놀이성 척도

참고 9: 유아 놀이 행동 평정척도

참고 10: 역할놀이 기술척도

참고 11: 놀이 행동 및 발달 체크리스트

참고 12: 놀이 행동 목록: 사회관계 능력

참고 13: 연령별 놀이 행동 관찰 체크리스트(3, 4, 5세 유아용)

자유선택놀이 일화기록(강숙현, 2002)

유아명(월령): ＿＿＿＿＿＿　관찰일시: ＿＿＿＿＿＿＿

장　　　소: ＿＿＿＿＿＿　관 찰 자: ＿＿＿＿＿＿＿

＿＿＿＿＿＿＿＿＿＿＿＿＿＿＿＿＿＿＿＿＿＿＿＿＿＿＿＿＿＿＿＿

＿＿＿＿＿＿＿＿＿＿＿＿＿＿＿＿＿＿＿＿＿＿＿＿＿＿＿＿＿＿＿＿

＿＿＿＿＿＿＿＿＿＿＿＿＿＿＿＿＿＿＿＿＿＿＿＿＿＿＿＿＿＿＿＿

＿＿＿＿＿＿＿＿＿＿＿＿＿＿＿＿＿＿＿＿＿＿＿＿＿＿＿＿＿＿＿＿

＿＿＿＿＿＿＿＿＿＿＿＿＿＿＿＿＿＿＿＿＿＿＿＿＿＿＿＿＿＿＿＿

＿＿＿＿＿＿＿＿＿＿＿＿＿＿＿＿＿＿＿＿＿＿＿＿＿＿＿＿＿＿＿＿

＿＿＿＿＿＿＿＿＿＿＿＿＿＿＿＿＿＿＿＿＿＿＿＿＿＿＿＿＿＿＿＿

＿＿＿＿＿＿＿＿＿＿＿＿＿＿＿＿＿＿＿＿＿＿＿＿＿＿＿＿＿＿＿＿

＿＿＿＿＿＿＿＿＿＿＿＿＿＿＿＿＿＿＿＿＿＿＿＿＿＿＿＿＿＿＿＿

＿＿＿＿＿＿＿＿＿＿＿＿＿＿＿＿＿＿＿＿＿＿＿＿＿＿＿＿＿＿＿＿

＿＿＿＿＿＿＿＿＿＿＿＿＿＿＿＿＿＿＿＿＿＿＿＿＿＿＿＿＿＿＿＿

＿＿＿＿＿＿＿＿＿＿＿＿＿＿＿＿＿＿＿＿＿＿＿＿＿＿＿＿＿＿＿＿

＿＿＿＿＿＿＿＿＿＿＿＿＿＿＿＿＿＿＿＿＿＿＿＿＿＿＿＿＿＿＿＿

＿＿＿＿＿＿＿＿＿＿＿＿＿＿＿＿＿＿＿＿＿＿＿＿＿＿＿＿＿＿＿＿

비고: ＿＿＿＿＿＿＿＿＿＿＿＿＿＿＿＿＿＿＿＿＿＿＿＿＿＿＿＿＿＿

＿＿＿＿＿＿＿＿＿＿＿＿＿＿＿＿＿＿＿＿＿＿＿＿＿＿＿＿＿＿＿＿

＿＿＿＿＿＿＿＿＿＿＿＿＿＿＿＿＿＿＿＿＿＿＿＿＿＿＿＿＿＿＿＿

＿＿＿＿＿＿＿＿＿＿＿＿＿＿＿＿＿＿＿＿＿＿＿＿＿＿＿＿＿＿＿＿

참고 2 | **흥미 영역별 놀이 행동 기록**(강숙현, 2002)

관찰자명: ＿＿＿＿＿＿

관찰의 목적: ＿＿＿＿＿＿＿＿＿＿＿＿＿＿＿＿＿＿＿＿＿＿＿＿＿＿＿

유아명: ＿＿＿＿＿＿＿   활동 영역: ＿＿＿＿＿＿＿＿＿   활동 시간: ＿＿＿＿＿＿＿＿＿

관찰기록

유아의 행동:	교사의 반응 및 조치:

■ 관찰을 통해 제기되는 점은 무엇인가?

＿＿＿＿＿＿＿＿＿＿＿＿＿＿＿＿＿＿＿＿＿＿＿＿＿＿＿＿＿＿＿＿＿＿＿＿＿

＿＿＿＿＿＿＿＿＿＿＿＿＿＿＿＿＿＿＿＿＿＿＿＿＿＿＿＿＿＿＿＿＿＿＿＿＿

＿＿＿＿＿＿＿＿＿＿＿＿＿＿＿＿＿＿＿＿＿＿＿＿＿＿＿＿＿＿＿＿＿＿＿＿＿

■ 이번 관찰을 통해 기억해 두어야 할 점들은?

＿＿＿＿＿＿＿＿＿＿＿＿＿＿＿＿＿＿＿＿＿＿＿＿＿＿＿＿＿＿＿＿＿＿＿＿＿

＿＿＿＿＿＿＿＿＿＿＿＿＿＿＿＿＿＿＿＿＿＿＿＿＿＿＿＿＿＿＿＿＿＿＿＿＿

＿＿＿＿＿＿＿＿＿＿＿＿＿＿＿＿＿＿＿＿＿＿＿＿＿＿＿＿＿＿＿＿＿＿＿＿＿

부모와의 협의: ＿＿＿＿＿＿＿＿＿＿＿＿＿＿＿＿＿＿＿＿＿＿＿＿＿＿＿＿＿＿＿

＿＿＿＿＿＿＿＿＿＿＿＿＿＿＿＿＿＿＿＿＿＿＿＿＿＿＿＿＿＿＿＿＿＿＿＿＿

＿＿＿＿＿＿＿＿＿＿＿＿＿＿＿＿＿＿＿＿＿＿＿＿＿＿＿＿＿＿＿＿＿＿＿＿＿

＿＿＿＿＿＿＿＿＿＿＿＿＿＿＿＿＿＿＿＿＿＿＿＿＿＿＿＿＿＿＿＿＿＿＿＿＿

참고 3   놀이 행동 기록(강숙현, 2002)

관찰내용	관찰기록
	일자: _____ 시간: _____ 관찰자: _____ 관찰 상황 및 장소: _____

다음과 같은 행동을 나타내는가?

유아의 행동

• 놀이에 참여한다.
  친구와 사귄다; 갈등을 해결하기 위해 협의한다; 친구에게 축하하고 위로한다.

• 또래나 성인과 함께 활동에 참여한다.

• 자신의 독특한 사고나 느낌, 아이디어를 표현한다.

• 다른 사람을 배려한다.

• 책임감 있게 행동한다.

참고 4   루빈의 놀이관찰척도 기록표 1(Rubin, 1989년도판)

유아명: _____   관찰일자: _____

비놀이행동						혼자놀이						평행놀이						집단놀이						
전이행동	아무것도 하지 않는 행동	방관자적 행동	공격성	교사와의 대화	또래와의 대화	기능놀이	탐색	읽기	구성놀이	극놀이	규칙 있는 게임	기능놀이	탐색	읽기	구성놀이	극놀이	규칙 있는 게임	기능놀이	탐색	읽기	구성놀이	극놀이	규칙 있는 게임	Affect(+0-)

참고 5   **루빈의 놀이관찰척도 기록표** 2(Rubin, 2001년도 개정판)

유아명: _____   연령: _____

놀이 상황: _____

관찰시간(초)						
	:10	:20	:30	:40	:50	:60
분류·기록할 수 없음						
교실 밖으로 나가는 행동						
전이 행동						
아무것도 하지 않는 행동						
방관자적 행동						
혼자놀이 행동:						
참여적						
구성적						
탐색적						
기능적						
극적						
게임						
평행놀이 행동:						
참여적						
구성적						
탐색적						
기능적						
극적						
게임						
집단놀이 행동:						
참여적						
구성적						
탐색적						
기능적						
극적						
게임						
또래와의 대화						
이중부호화 행동:						
불안반응						
목적 없이 돌아다니는 행동						
공격성						
거칠게 구르는 행동						

대화/상호작용 대상: 1_____ 2_____ 3_____ 4_____ 5_____ 6_____

참고 6   하우즈와 애이트슨의 또래놀이척도(Howes et al., 1992)

유아명: _____
관찰자: _____

월/일	0 혼자 놀이	1 단순한 평행놀이	2 상호 인식의 평행놀이	3 단순한 사회적 놀이	4 상호 호혜적 놀이	5 협동적인 사회적 허구놀이	6 복합적인 사회적 허구놀이	교사 개입/ 상호작용	흥미 영역/ 놀잇감
/									
/									
/									
/									
/									
/									
/									
/									
/									
/									
/									
/									
/									
/									
/									
/									
/									
/									

참고 7

펜 상호작용적 또래놀이척도

유아명: _____ 연령: _____ 관찰기간: _____

	2달 동안 나타나는 행동의 빈도			
	전혀 관찰되지 않는다 (never)	가끔 관찰된다 (seldom)	종종 관찰된다 (often)	항상 관찰된다 (always)
놀이 상호작용(Play Interaction)				
1. 다른 유아를 돕는다.				
6. 친구들과 놀잇감을 나누고 함께 사용한다.				
13. 친구들 간의 갈등을 없애려고 한다.				
19. 예의 바르게 행동한다.				
21. 다른 친구가 함께 놀이에 참여하도록 안내한다.				
23. 다치거나 슬퍼하는 친구를 위로한다.				
25. 놀이하는 동안 이야기를 말로 표현한다.				
29. 미소나 웃음 등 긍정적인 정서를 표현한다.				
31. 놀이 활동과 이야기 구성에 창의성을 보인다.				
놀이 방해(Play Disruption)				
2. 싸움을 걸거나 논쟁을 시작한다.				
4. 책임지거나 역할을 바꾸지 않는다.				
10. 놀이하자는 권유를 거절한다.				
14. 다른 친구의 놀잇감이나 물건을 망가뜨린다.				
15. 싸우지 않고는 자기 주장을 버리지 않는다.				
18. 언어인인 공격을 한다.				
20. 울거나 불평하거나 화를 낸다.				
22. 친구의 물건을 빼앗는다.				
27. 다른 친구의 놀이를 방해한다.				
30. 신체적인 공격을 한다.				
32. 다른 활동으로의 전이에 어려움을 보인다.				
놀이 단절(Play Dissconnection)				
3. 또래친구들에게 거부당한다.				
5. 놀이 영역 주변을 배회한다.				
7. 위축된다.				
8. 고집을 부린다.				
9. 목적 없이 쳐다본다.				
11. 다른 친구들에게 무시당한다.				
12. 고자질한다.				
16. 친구들의 놀이 초대를 거절한다.				
17. 놀이를 시작할 때 도움이 필요하다.				
24. 놀이하는 동안 갈팡질팡한다.				
26. 놀이하는 동안 교사의 지도와 안내가 필요하다.				
28. 불행한 것처럼 보인다.				

바넷의 놀이성 척도(Barnett, 1991)

유아명: _____   연령: _____   관찰기간: _____

	전혀 나타나지 않는다 ①	약간 나타난다 ②	어느 정도 나타난다 ③	많이 나타난다 ④	아주 많이 나타난다 ⑤
신체적 자발성					
1. 운동 협응력					
2. 활동에의 적극적인 참여					
3. 능동적인 활동과 조용한 활동의 균형					
4. 달리기, 건너뛰기, 뛰어오르기					
사회적 자발성					
5. 또래 놀이 친구에 대한 반응					
6. 놀이 주도					
7. 협력적 태도					
8. 놀이에서의 리더 역할					
인지적 자발성					
9. 창안성					
10. 전형적/인습적이지 않은 행동					
11. 놀이의 다양성					
12. 다양한 활동					
즐거움					
13. 놀이하는 동안의 즐거움					
14. 놀이에 대한 충만감					
15. 놀이에 대한 열정					
16. 놀이하는 동안의 표현력					
17. 노래 부르기와 말하기					
유머 감각					
18. 농담					
19. 놀리는 행동					
20. 재미있는 이야기 말하기					
22. 재미있는 이야기 듣고 웃기					
22. 돌아다니며 익살 부리기					

참고 9

유아 놀이 행동 평정척도

관찰자명: _____ 관찰일자: _____

유 아 명: _____ 유아연령: _____

* 각 항목에 관찰되는 것을 5단계로 평정합니다.

1. 전혀 나타나지 않는다

2. 가끔 나타난다.

3. 보통이다.

4. 자주 나타난다.

5. 항상 나타난다.

37~48개월

• 또래와 함께 놀이한다.	1	2	3	4	5
• 상호작용을 시작한다.	1	2	3	4	5
• 놀잇감을 함께 나눈다.	1	2	3	4	5
• 도와주면 차례를 지킨다.	1	2	3	4	5
• 오감각을 활용하여 세상을 이해하고 극놀이가 나타난다.	1	2	3	4	5

49~60개월

• 또래와 함께 상호작용하면서 놀이한다.	1	2	3	4	5
• 실제적인 극놀이에 참여하며 시간과 공간 등보다 세부적인 것에 관심을 갖는다.	1	2	3	4	5
• 소꿉놀이를 한다.	1	2	3	4	5
• 이성에 흥미를 보이고 성차를 인식한다.	1	2	3	4	5

61~72개월

• 또래와의 상호작용과 사회적 접촉을 주도한다.	1	2	3	4	5
• 간단한 게임을 이해한다.	1	2	3	4	5
• 경쟁적인 게임을 한다.	1	2	3	4	5
• 의사결정, 역할 분담 등 협동적인 놀이에 참여한다.	1	2	3	4	5
• 다른 사람의 감정을 인식한다.	1	2	3	4	5

참고 10   역할놀이 기술척도

유아명: _____   연령: _____   관찰기간: _____

	1. 놀이 시작	2. 놀이 참여	3. 놀이 규칙과 놀이 상황 극화	4. 새로운 극화 및 놀이 자료 계획	5. 극화와 다양한 역할 수행 및 통합
놀이 계획 (P)	놀이 동안 계획하지 않는다.	놀이 동안 계획하지 않는다.	놀이 역할을 계획한다. 놀이가 시작되기 전에 역할을 정한다.	놀이 상황을 미리 계획한다.	놀이 주제와 복잡한 놀이 상황을 정교화하며, 놀이 상황을 창조하는 데 놀이 참여보다 더 많이 사용한다.
역할 (Ro)	놀이 역할이 없다.	우선 놀고 이후에 역할을 정한다. 놀이 규칙은 없다.	갈등이 생길 소지가 있는 경우의 규칙을 정하고 역할을 맡아 놀이한다.	보다 복잡하고 다양한 규칙이 있다.	사회적 관계에 놓인 여러 역할을 할 수 있다.
놀잇감 (P)	사물을 사물 자체로 가지고 논다.	놀이 소도구로 사물을 활용한다.	맡은 역할을 위해 소도구를 필요로 한다.	상징적 또는 허구적 놀이를 위한 소도구를 선택한다.	실제적인 것보다 허구적인 소도구를 선택하며 한 역할에만 국한하는 소도구를 필요로 하지 않는다. 사물들마다 역할이 다르다.
놀이 시간 (E)	놀이 상황이 아닌 사물을 탐색한다.	창의적인 놀이 상황이 몇 분간 지속된다.	창의적인 놀이 상황이 10~15분간 지속된다.	창의적인 놀이 상황이 60분 이상 지속된다. 추후 며칠간 놀이를 새로 창조하고 확장해 간다.	놀이를 방해받더라도 다시 시작한다. 창의적인 놀이 상황이 하루 종일 이어지고, 추후 며칠까지도 이어가고 확장시킨다.
언어 능력 (L)	언어 사용을 하지 않는다.	행동을 언어로 표현한다.	역할과 행동을 언어로 표현한다.	역할과 행동을 언어로 설명하며 역할에 따른 언어 표현을 한다.	놀이 상황과 역할, 행동들을 구체화하여 언어로 표현한다. 책에 나온 언어적 표현을 역할에 따라 적합하게 표현한다.
시나리오 (S)	놀이 상황의 극화가 일어나지 않는다. 교사의 단순하고 반복적인 지시를 따를 수 있다.	제한적이거나 전형적인 놀이 상황의 극화가 이루어진다. 놀이 상황 속의 모델이 되는 역할이나 행위는 가능하다.	친숙한 상황의 놀이 전개가 가능하다. 새로운 아이디어를 받아들인다.	이전의 놀이나 하고 싶은 놀이에 맞게 변화된 상황에 잘 어울린다. 놀이 상황의 줄거리나 역할, 행동을 확장시켜 간다.	이전의 놀이나 하고 싶은 놀이에 맞게 변화된 상황에 잘 어울린다. 이야기와 문학의 주제를 사용하여 놀이 상황의 줄거리나 역할, 행동을 확장시켜 간다.

참고 11 놀이 행동 및 발달 체크리스트

유아명: _____ 관찰일시:_____년_____월_____일

놀이 행동과 자조 기술	관찰된다	관찰되지 않는다
• 도움 없이 활동에 참여한다.	☐	☐
• 자료를 스스로 선택한다.	☐	☐
• 자료를 도움 없이 사용한다.	☐	☐
• 사용 후 정리정돈한다.	☐	☐
• 작업 결과물에 이름을 쓴다.	☐	☐
• 적당한 장소에 자기가 만든 결과물을 전시한다.	☐	☐
• 자료를 보관함에 정리한다.	☐	☐
• 혼자서 손씻기가 가능하다.	☐	☐

자아개념	관찰된다	관찰되지 않는다
• 활동 참여를 두려워하지 않는다.	☐	☐
• 자기를 표현한다.	☐	☐
• 개성 있게 행동한다.	☐	☐
• 만족해하고 자기를 존중한다.	☐	☐
• 자신과 가족을 표현한다.	☐	☐
• 성 정체성을 나타낸다.	☐	☐
• 사회집단의 구성원임을 깨닫기 시작한다.	☐	☐
• 표상하기를 즐긴다.	☐	☐

신체운동 발달	관찰된다	관찰되지 않는다
• 대근육 움직임을 조절한다.	☐	☐
• 소근육 움직임을 조절한다.	☐	☐
• 도구를 익숙하게 사용한다.	☐	☐
• 그리기, 색칠하기, 붙이기가 가능하다.	☐	☐
• 풀칠하기, 가위로 자르기가 가능하다.	☐	☐
• 점토놀이를 즐긴다.	☐	☐
• 움직이다 멈추기가 가능하다.	☐	☐
• 손가락 사용이 능숙하다.	☐	☐

창의적 표현	관찰된다	관찰되지 않는다
• 새로운 방식으로 자료를 사용하고 전시하려고 한다.	☐	☐

	관찰된다	관찰되지 않는다
• 사물을 탐색한다.	☐	☐
• 자신의 경험을 표상적으로 그린다.	☐	☐
• 블록이나 극놀이 등 놀이를 서로 통합한다.	☐	☐
• 오감을 사용하고 그 느낌을 창의적으로 표현한다.	☐	☐

언어와 문해 능력   관찰된다   관찰되지 않는다

	관찰된다	관찰되지 않는다
• 긁적거리기, 구성하기, 명명하기가 나타난다.	☐	☐
• 활동과 작업 결과물에 대해 말로 표현한다.	☐	☐
• 작업에 대한 관심과 활동과정, 만족도를 말과 글로 설명한다.	☐	☐
• 관심 있는 주제에 관련된 어휘가 확대된다.	☐	☐
• 활동하는 동안 자연스럽게 읽고 쓰기를 한다.	☐	☐
• 그리기와 쓰기 활동의 차이를 안다.	☐	☐
• 자신의 경험을 상징적인 개념으로 표현한다.	☐	☐
• 이야기책에 관심을 갖고 있으며 문맥의 뜻을 이해한다.	☐	☐
• 이야기를 설명하고 관련성을 안다.	☐	☐

사회적 능력   관찰된다   관찰되지 않는다

	관찰된다	관찰되지 않는다
• 자기에게 의미 있는 사람을 표현한다.	☐	☐
• 또래 유아들과 함께 활동하기를 원하고 함께 활동한다.	☐	☐
• 자료를 함께 나눈다.	☐	☐
• 협동적인 활동에 적극적으로 참여한다.	☐	☐
• 다른 유아의 활동 작업에 긍정적으로 반응한다.	☐	☐

인지   관찰된다   관찰되지 않는다

	관찰된다	관찰되지 않는다
• 경험을 기억하고 활동을 묘사한다.	☐	☐
• 방해받지 않고 한 활동에 몰입한다.	☐	☐
• 주변 환경에 관심을 갖고 관련성을 찾는다.	☐	☐
• 수와 양에 대한 개념이 나타난다.	☐	☐
• 일대일 대응이 가능하다.	☐	☐
• 색, 공간, 모양 등의 개념이 있다.	☐	☐
• 인과관계를 이해한다.	☐	☐
• 탐색과 실험을 즐긴다.	☐	☐
• 수와 양에 대한 보존 개념이 있다.	☐	☐

참고 12

놀이 행동 목록: 사회관계 능력

유아명: _____ 유아연령: _____

관찰일시: _____년_____월_____일(_____:_____ ~ _____:_____)

개별적 특성 및 자기 표현	사회적 관계 및 기술	또래관계
1. 항상 긍정적인 정서를 갖는다. ☐그렇다 ☐아니다	1. 다른 친구에게 긍정적인 태도로 대한다. ☐그렇다 ☐아니다	1. 다른 친구들로부터 무시되고 거부되지 않고 잘 받아들여진다. ☐그렇다 ☐아니다
2. 교사나 또래에게 지나치게 의존하지 않는다. ☐그렇다 ☐아니다	2. 자신의 바람이나 선호, 행동이나 이유를 분명하게 말한다. ☐그렇다 ☐아니다	2. 가끔 다른 친구들로부터 함께 놀자고 초대받는다. ☐그렇다 ☐아니다
3. 항상 기쁜 마음으로 등원한다. ☐그렇다 ☐아니다	3. 자신의 권리와 요구를 적절한 방법으로 주장한다. ☐그렇다 ☐아니다	3. 또래의 행동을 모방한다. ☐그렇다 ☐아니다
4. 항상 거절하거나 반대로 행동한다. ☐그렇다 ☐아니다	4. 쉽게 방해받지 않는다. ☐그렇다 ☐아니다	4. 친구와 상상놀이를 함께 한다. ☐그렇다 ☐아니다
5. 감정 이입하는 능력을 보인다. ☐그렇다 ☐아니다	5. 자신의 분노와 좌절을 효과적으로 표현한다(때리거나 던지는 행위를 하지 않음). ☐그렇다 ☐아니다	5. 교대로 차례를 지킨다. ☐그렇다 ☐아니다
6. 친구와 긍정적인 관계를 갖고 보살피는 행동을 보이며 친구가 없을 때 그리워한다. ☐그렇다 ☐아니다	6. 활동이나 놀이과정에서 꾸준히 집단을 유지한다. ☐그렇다 ☐아니다	6. 친구들과 놀잇감을 공유한다. ☐그렇다 ☐아니다
7. 유머가 풍부하다. ☐그렇다 ☐아니다	7. 계속되는 토론에 참여하며 활동이 지속되는 데 기여한다. ☐그렇다 ☐아니다	7. 친구의 놀잇감을 빌리려고 허락을 구하며 기다린다. ☐그렇다 ☐아니다
8. 예민하거나 외로워하지 않는다. ☐그렇다 ☐아니다	8. 차례 지키기를 잘한다. ☐그렇다 ☐아니다	8. 다른 친구에게 관심을 나타낸다. ☐그렇다 ☐아니다
9. 불끈불끈 화를 잘 낸다. ☐그렇다 ☐아니다	9. 다른 사람에게 정보를 부탁하고 함께 교환하는 등 다른 사람에게 관심을 갖는다. ☐그렇다 ☐아니다	9. 어려움에 처한 친구를 돕는다. ☐그렇다 ☐아니다
10. 옳고 그른 행동을 안다. ☐그렇다 ☐아니다	10. 적절한 방식으로 타협한다. ☐그렇다 ☐아니다	10. 친구의 놀잇감을 부수거나 방해한다. ☐그렇다 ☐아니다
11. 놀이에 대한 자기의 생각을 말로 표현한다. ☐그렇다 ☐아니다	11. 친구들의 놀이나 활동을 방해하는 등의 부적절한 방식으로 관심을 끌려고 하지 않는다. ☐그렇다 ☐아니다	11. 집단 활동에 참여하기를 거부한다. ☐그렇다 ☐아니다
12. 학급 안의 규칙을 따르고 자기 조절이 가능하다. ☐그렇다 ☐아니다	12. 인종·문화적 차이가 있는 친구를 잘 이해하고 받아들이며 함께 잘 논다. ☐그렇다 ☐아니다	12. 타협이 가능하다. ☐그렇다 ☐아니다
13. 변화나 실망에 대해 울거나 소리치며 물건을 던지는 등의 과도한 감정을 표현한다. ☐그렇다 ☐아니다	13. 미소 짓기, 손짓하기, 끄덕이기 등의 적절한 몸짓을 사용하여 비언어적인 상호작용을 한다. ☐그렇다 ☐아니다	13. 규칙을 함께 정하고, 어기는 경우 함께 놀지 못함을 표현한다. ☐그렇다 ☐아니다

참고 13   연령별 놀이 행동 관찰 체크리스트(3, 4, 5세 유아용)

(* 3세 유아)

유아명: _____
관찰일: _____

관찰 여부 ☑   관찰내용

운동 발달

□ 도움 없이 발을 교대로 계단을 오르내린다.
□ 큰 공을 찬다.
□ 큰 단추나 지퍼를 다룰 줄 안다.
□ 블록으로 집 짓기를 한다.
□ 8개 이상의 블록으로 탑을 쌓는다.
□ 혼자서 음식을 먹는다.
□ 세발자전거를 탄다.
□ 치고 덩어리를 굴리는 등의 진흙놀이를 한다.
□ 우유 등을 엎지르지 않고 마시거나 따른다.
□ 혼자서 손을 씻는다.

개별성/사회성 발달

□ 때로 순서를 이해한다.
□ 미소 짓기를 즐긴다.
□ 다른 친구가 놀이하는 것을 관찰한다.
□ 상징놀이를 즐긴다.
□ 자기가 좋아하는 물건(헝겊인형, 담요 등)을 갖고 다닌다.
□ 때로 어둠이나 괴물, 불에 대해 불안해한다.
□ 짧지만 집단으로 놀이하며 함께 놀면서 협동한다.
□ 극놀이를 즐긴다.

지각 및 인지 발달

□ 이야기를 주의 깊게 듣는다.
□ 수수께끼나 흥미로운 이야기를 좋아한다.
□ 불완전하나 원과 사각형의 도형을 그린다.
□ 색의 이름을 안다.
□ 소리 내어 수를 센다.
□ 인형을 먹이거나 옷을 입히거나 이불을 덮어 재우는 시늉을 한다.

대화능력 및 언어발달

□ 함께 있지 않은 사람과 사물에 대해 이야기한다.
□ 간단한 질문에 정확하게 대답한다.
□ 대화가 이어지는 질문을 한다.
□ 인사말을 먼저 건넨다.
□ 라임과 노래를 즐긴다.
□ 말하는 것을 대부분 이해한다.
□ 움직이는 사물과 진행되는 사건에 대해 설명한다.
□ 다른 사람의 행동에 대해 말한다.

(＊4세 유아)

유아명: _____

관찰일: _____

관찰 여부 ✔   관찰내용

운동 발달

☐ 한 발로 뛴다.

☐ 바퀴 달린 놀잇감을 움직인다.

☐ 갑자기 뛰고 멈추기가 가능하다.

☐ 머리 위로 공을 던진다.

☐ 망치질을 한다.

☐ 경사로를 올라간다.

☐ 뛰어오르기를 한다.

☐ 모양 만들기의 진흙놀이를 한다.

☐ 이야기가 있는 그림을 그린다.

☐ 10개 이상의 블록으로 구조물을 구성한다.

개별성/사회성 발달

☐ 친근하다.

☐ 순간적으로 열정적이다.

☐ 과장이 심하다.

☐ 자신감을 보인다.

☐ 가끔 이기적이거나 고자질을 한다.

☐ 짜증을 내기도 한다.

☐ 역할놀이와 협동놀이를 즐긴다.

☐ 신체보다 언어적 공격을 한다.

지각 및 인지 발달

☐ 의미 있는 글자를 안다.

☐ 간단한 책을 읽는다.

☐ 큰 것에서 작은 것으로 순서대로 놓는다.

☐ 말 유희를 즐긴다.

☐ '가장~, 더~, 같은~'의 의미를 안다.

☐ 20까지 기계적인 수 세기를 한다.

대화능력 및 언어발달

☐ 소유격 표현을 즐긴다(~의 것, ~의 친구).

☐ 이름과 전화번호를 안다.

☐ 문장을 만들어 대화한다.

☐ 상황에 적절한 행동을 말로 표현한다.

☐ 간단한 노래를 암송한다.

☐ 전치사를 사용한다(~위에, ~앞에, ~아래).

☐ 말하는 것을 완전히 이해한다.

(＊ 5세 유아)

유아명: _____
관찰일: _____

관찰 여부 ☑   관찰내용

운동 발달
☐ 넘어지지 않고 뛰어오르기를 한다.
☐ 뒷걸음친다.
☐ 여러 가지 도형을 그린다.
☐ 가위질을 한다.
☐ 자유자재로 손을 사용한다.

개별성/사회성 발달
☐ 특별한 놀이 친구가 있다.
☐ 친구들과 놀잇감을 공유한다.
☐ 상상놀이를 즐긴다.
☐ 농담을 즐기며 웃음 주기를 즐긴다.
☐ 자랑하기를 즐긴다.
☐ 다치거나 어린아이를 돌본다.
☐ 지시에 따른다.
☐ 책임을 맡는다.

지각 및 인지 발달
☐ 작은 블록으로 탑을 쌓는다.
☐ 10까지의 수를 이해한다.
☐ 달력을 이해한다.
☐ 20 이상 기계적인 수 세기가 가능하다.
☐ 글자의 자모음을 안다.
☐ 호기심이 많고 질문이 많다.

대화능력 및 언어발달
☐ 8개 이상 색의 이름을 안다.
☐ 간단한 농담이나 유머를 만들기도 한다.
☐ 말을 거의 이해한다.
☐ 전화를 걸고 받는다.
☐ 사는 동네, 부모님 이름, 도시 이름, 생일을 안다.
☐ 책 속의 이야기를 말로 표현한다.
☐ 간단한 어휘의 의미와 기능을 설명한다.

● 참고문헌 ●

강숙현(2001). 관찰과 기록화를 통한 유아평가. 파주: 교육과학사.

강숙현(2002). 포커스 인 포트폴리오. 파주: 교육과학사.

교육과학기술부(2009). 유치원 지도서. 총론.

교육과학기술부(2012a). 5세 누리과정 교사용 지도서, ② 나와 가족.

교육과학기술부(2012b). 5세 누리과정 교사용 지도서, ⑦ 교통기관.

교육인적자원부(2001). 유치원 교사교육 프로그램. 서울: 교육인적자원부.

교육법전편찬회(1996). 교육법전. 서울: 교학사.

김수영(2000). 유치원 질적 수준에 따른 교사의 행동 및 유아의 놀이 활동 차이. 한국영유아보육학, 21. 한국영유아보육학회.

김수영, 김수임, 김현아, 정정희(2007). 놀이지도. 파주: 양서원.

김수진(1995). 놀이 상황에서의 집단 크기와 놀이감 특성에 따른 놀이 행동 유형에 관한 연구. 이화여자대학교 교육대학원 석사학위청구논문(미간행).

김용희(1991). 유아의 기질에 따른 놀이영역 선택 및 놀이형태: 4세아를 중심으로. 이화여자대학교 대학원 석사학위논문.

김윤숙(1991). 어머니의 놀이의 중요성에 대한 인식도와 놀이 활동성 관계. 이화여자대학교 교육대학원 석사학위청구논문(미간행).

김정숙(2005). 어머니의 양육행동과 유아의 또래지위 및 놀이성. 충북대학교 교육대학원 석사학위청구논문.

김태연(1984). 놀이감의 종류와 수가 유아의 행동에 미치는 영향. 이화여자대학교 교육대학원 석사학위청구논문(미간행).

김형미(1998). 유아의 기질에 따른 실외놀이 형태. 이화여자대학교 대학원 석사학위논문.

김희정(2006). 유아를 위한 자율적 규칙 조절 집단게임 개발 및 효과. 전남대학교 대학원 박사학위청구논문(미간행).

남효정(1991). 유아의 인지양식과 사회적-인지적 놀이 행동간의 관계. 경희대학교 대학원 석사학위청 구논문(미간행).

박윤정(1994). 놀이감의 구조성에 따른 중류층과 저소득층 5세 아동의 가상놀이에 관한 연구. 서울여 자대학교 대학원 석사학위청구논문(미간행).

박정희(1981). 사회계층에 따른 유아놀이감에 관한 연구. 이화여자대학교 교육대학원 석사학위청구 논문(미간행).

박찬옥, 김영중, 정남미, 임경애(2002). 유아놀이지도. 서울: 학문사.

박찬옥, 정남미, 곽현주(2008). 놀이 지도. 서울: 정민사.

법전편찬회(1996). 교육법전. 서울: 교학사.

보건복지부(2012). 2012어린이집평가인증안내(40인 이상 어린이집).

보건복지부(2013). 어린이집 표준 보육과정 및 0~2세 영아보육 프로그램의 이해. 중앙보육정보센터.

성지현(2000). 1세 영아－어머니의 언어와 놀이. 연세대학교 대학원 석사학위청구논문(미간행).

신선희, 차윤희, 김영희(2008). 어머니의 놀이성 및 양육행동과 유아의 놀이성 간의 관계. 미래유아교 육학회지, 5(1), 281-299.

신은수(2000). 놀이에 대한 교사 효능감이 교사와 유아의 상호작용과 유아 놀이 발달에 미치는 영향. 유아교육연구, 20(1), 27-42.

신은수, 김은정, 유영의, 박현경, 백경순(2011). 놀이와 유아교육. 서울: 학지사.

심성경, 백영애, 이영희, 함은숙, 변길희, 김나림, 박지애(2010). 놀이지도. 일산: 공동체.

엄정애(2002). 놀잇감의 구조성이 사회적 극놀이에서 나타나는 유아의 상호주관성에 미치는 영향. 유 아교육연구, 22(3), 195-215.

유애열(1994). 놀이감은 내친구. 서울: 한울림.

유애열, 김온기, 조혜진(1996). 사회극놀이 경험이 유아의 발달에 미치는 영향: 놀이 수준과 사회적 유능감을 중심으로. 어린이와 놀이: 건전한 성장과 발달을 위한 놀이 방안연구. '96 제4회 국 제학술대회 삼성복지재단 어린이개발센터, 61-113.

유효순, 조정숙(2011). 놀이이론과 실제. 서울: 한국방송통신대학교 출판부.

이사임(1998). 유아교육기관 교사의 집단 게임 활동에 대한 인식 및 운용 현황. 조사연구보고서. 한국어린이 육영회.

이선영(1983). 유아 교육 시설에서의 사회적 밀도의 변화에 따른 아동 및 교사의 행동 비교 분석. 중 앙대학교 대학원 석사학위청구논문(미간행).

이숙재(1984). 아동의 상상놀이와 제변인과의 관계 연구. 연세대학교 대학원 박사학위청구논문(미간 행).

이숙재(1997). 유아를 위한 놀이이론과 실제(개정판). 서울: 창지사.

이숙재(2006). 유아를 위한 놀이이론과 실제(제3판). 서울: 창지사.

이옥자(1985). 사회 계층별 유아 놀이에 관한 연구: 부모의 인식 및 역할을 중심으로. 숙명여자대학교 교육대학원 석사학위논문.

이윤경, 김여경(2000). 사회극놀이에서 교사개입이 유아의 사회극화놀이 수준, 사회적 기술 및 언어

능력에 미치는 효과. 아동학회지, 21(4), 259-274.

이은화, 강숙현(2001). 놀이그룹의 지도와 관리. 파주: 양서원.

임영서, 강문희(2002). 유치원 교실의 밀집감 완화가 유아의 교실 내 행동에 미치는 영향. 한국영유아
　　보육학, 28, 19-40.

임혜영(1999). 1, 2세 영아의 상징놀이 발달에 관한 연구: 쌓기/소꿉영역을 중심으로. 덕성여자대학교
　　대학원 석사학위청구논문(미간행).

장은정(2001). 어머니의 양육태도와 유아의 놀이성과의 관계. 숙명여자대학교 대학원 석사학위청구
　　논문.

장혜순(2004). 유아놀이의 이론과 실제. 서울: 학지사.

정금자(1999). 유아놀이지도의 이론과 실제. 서울: 교육과학사.

정진, 성원경(1994). 유아놀이와 게임 활동의 실제. 서울: 학지사.

정진, 성원경(2004). 유아놀이와 게임. 서울: 학지사.

정현숙(1985). 도시와 농촌의 집단 게임 양상에 관한 조사 연구. 이화여자대학교 대학원 석사학위청
　　구논문(미간행).

조부경, 장선화(1995). 유아의 장독립성-장의존성 인지양식에 따른 사회, 인지적 놀이형태에 관한 연
　　구. 아동학회지, 16(1), 49-64.

조선미(2000). 기질에 따른 유아의 놀이 스타일에 관한 연구. 성신여자대학교 대학원 석사학위청구논
　　문(미간행).

지성애(1994). 도시와 농어촌 남녀 유아들의 사회놀이 행동에 관한 비교 연구. 유아교육연구, 14, 133-
　　148.

지성애(2002). 유아놀이 지도. 서울: 정민사.

좌승화(2001). 모자상호작용에서 사회문화적 놀이맥락과 비계설정에 관한 연구. 유아교육연구, 21(4),
　　85-101.

채종옥, 이경화, 김소양(2004). 유아와 놀이 이론과 실제. 파주: 양서원.

최기영(1996). 유치원 집단 게임 활동과정의 사회화 기능에 대한 문화 기술적 연구. 유아교육연구,
　　16(2), 49-69.

최혜영, 신혜영(2008). 아동 또래 놀이행동척도(PIPPS)의 국내적용을 위한 타당화 연구. 아동학회지,
　　29(3), 303-317.

최혜영, 신혜영(2011). 확인적 요인분석을 통한 또래 놀이행동 척도의 타당화. 아동학회지, 32(2), 35-
　　52.

한임순(1997). 새유아교육개론. 서울: 동문사.

홍지연(2002). 영유아프로그램. 서울: 창지사.

Almy, M. (Ed.). (1967). *Developmental Theory: Young children's thinking*. New York: Teacher's
　　College Press.

Almy, M. (1967). *Young Children's Thinking*. Teachers College Press, Columbia University, New

York.

Almy, M. (1968). *Early childhood play: Selected reading related to cognition and motivation.* New York: Simon and Schuster.

Baker, K. (1966). *Let's play outdoors.* Washington, DC: National Association for the Education of Young.

Barnett, L. A. (1990). Playfulness: Definition, design, and measurement. *Play & Culture, 3,* 319-336.

Barnett, L. A. (1991). The playful child: Measurement of disposition to play. *Play & Culture, 4,* 51-74.

Bateson, G. (1971). The message, "This is play." In R. Herron & B. Sutton-Smith (Eds.), *Child's play* (pp. 26-269). New York: Wiley.

Beizer, L., & Howes, C. (1992). Mothers and toddlers: Partners in early symbolic play: Illustrative study #1. In C. Howes (Ed.), *The collaborative construction of pretend* (pp. 25-43). Albany, NY: State University of New York Press.

Bettelheim, B. (1987). *A good enough parent.* New York: Random House.

Berk, L. E., & Winsler, A. (1995). *Scaffolding Children's Learning: Vygotsky and Early Childhood Education.* 홍용희 역. 어린이들의 학습에 비계설정. 비고츠키와 유아교육. 서울: 창지사.

Berlyne, D. (1960). *Conflict, arousal and curiosity.* New York: McGraw-Hill.

Blumenfeld, P., Pintrich, P., Meece, J., & Wessels, K. (1982). The formations and role of self-perceptions of ability in elementary classrooms. *Elementary School Journal, 82,* 401-420.

Bodrova, E., & Leong, D. J. (1996). *Tools of the mind: The Vygotskian approach to early childhood education.* Englewood Cliffs, NJ: Prentice-Hall.

Bodrova, E., & Leong, D. J. (2007). *Tools of the Mind: The Vygotskian Approach to Early Childhood Education* (2nd ed.). Columbus, OH: Merrill/Prentice Hall.

Bredekamp, S., & Copple, C. (1997). *Developentally Appropriate Practices.* NAEYC.

Brown, N., Curry, N., & Tinnich, E. (1971). How groups of children deal with common stress through play. In N. E. Curry & Amaud (Eds.), *Play: The child strives toward self-realization.* Washington, DC: National Association for the Education of Young Children.

Bruner, J. (1972). The nature and uses of immaturity. *American Psychologist, 27,* 687-708.

Bruner, J. (1980). *Under five in britain.* Ypsilanti, MI: High/Scope Press.

Cheska, T. A. (Ed.) (1981). *Play as context* (pp. 14-26). West Point, NY: Leisure Press.

Choi, K. Y. (2001). *Activity plans of group games for social and emotional development of kindergarten children in Korea.* ED 447953.

Christie, J. F., & Johnson, E. P. (1983). The role of play in social-intellectual development. *Review of Educational Research, 53,* 93-115.

Clements, D., & Nastasi, B. (1993). Electronic media and early childhood. In B. Spodek (Ed.),

Handbook of research on the education of young children (pp. 251–275). New York: Macmillan.

Cohen, R. (1994). Why Nature Education Should Be a Part of Early Childhood Education. Environmental Education at the Early Childhood Level. North American Association for Environmental Education. NAAEE, P.O. Box 400, Troy, OH 45373.

Connolly, J. A., & Doyle, A. B. (1984). Relation of social fantasy play to social competence in preschoolers. *Developmental Psychology, 20*, 797–806.

Copely, J., & Oto, M. (2006). *An investigation of the problem-solving knowledge of a young child during block construction.* Retrieved Dec 10, 2009. web/PME-rr-copley.htm.

Crick, N., & Grotpeter, J. (1995). Relational aggression gender, and social psychological adjustment. *Child Development, 66*, 701–722.

Csikszentmihalyi, M. (1990). *Flow: The psychology of optimal experience.* New York: Teachers College Press.

Darvill, D. (1982). Ecological influences on children's play: Issues and approaches. In D. J. Pepler & K. H. Rubin (Eds.), *The Play of Children: Current Theory and Research.* Karger, Based, 144–153.

Dattner, R. (1969). *Design for play.* Cambridge, MA: MIT press.

Decker, C. A., & Decker, J. R. (1988). *Planning and Adminstering Early Childood Program.* Columbus, Ohio: Charies E. Merrill.

Decker, C. A., & Decker, J. R. (1992). *Planning and Adminstering Early Childood Program* (9th ed.). New York: Macmillan Publishing Company.

DeVries, R., & Kohlberg, L. (1987). *Programs of early education: The constructivist view.* New York: Longman.

DeVries, R., & Zan, B. (1994). *Moral classrooms, moral children: Creating a constructivist atmosphere in early education.* New York: Teachers College Press.

Dodge, M. K., & Frost, J. L. (1986). Children's Dramatic Play: Influence of Thematic and Nonthematic Settings. *Childhood Education, 99*, 166–170.

Doyle, A., Connolly, J., & Rivest, L. (1980). The effect of playmate familiarity on the social interactions of young children. *Child Developmental, 51*, 217–223.

Dodge, D. T., & Bickart, T. S. (2012). How curriculum frameworks respond to developmental states: Birth through age 8. http://ecap.crc.illinois.edu/pubs/katzsym/ dodge.html

Dumboro, A. L., Jablon, J., & Stetson, C. (2011). *Powerful Interactions: How to connect with children to extend their learning.* NAEYC.

Early Childhood Forum and National Children's Bureau. (1998). *Quality in diversity: A framework for early childhood practitioners.* NCB.

Elkind, D. (2007a). *The Hurried Child: Growing Up Too Fast Too Soon* (25th Anniversary Edition).

Da Capo Press.

Elkind, D. (2007b). *The power of play: How spontaneous, imaginative activities lead to happier, healthier children*. Cambridge, MA: Da Capo Lifelong Books.

Elliott, B. (2002). *Measuring Performance: The early childhood educator in practice*. Delmar.

Ellis, M. (1973). *Why people play*. Englewood Cliffs, NJ: Prentice-Hall.

Erikson, E. H. (1950). *Childhood and society*. New York: Norton.

Erikson, E. H. (1963). *Childhood and society* (2nd ed.). New York: Norton.

Erickson, F. (1992). Ethnographic microanalysis of interaction. In M. D. LeCompte, W. L. Milroy, & J. Preissle (Eds.), *The handbook of qualitative research in education* (pp. 201-225). New York: Academic Press.

Esbensen, S. B. (1987). *The early childhood playground: An outdoor classroom*. Ypsilanti, MI: The High/Scope Press.

Fantuzzo, J. W., Sutton-Smith, B., Coolahan, K. C., & Manz, P. H. (1995). Assessment of preschool play interaction behaviors in young low-income children: Penn interactive peer play scals. *Early Childhood Research Quartely, 10*(1), 105-120.

Feitelson, D., & Ross, G. (1973). The neglected factor-play. *Human Development, 16*, 202-223.

Fewell, R. R. (1986). *Play Assessment Scale* (5th rev.). Seattle, WA: University of Washington.

Field, T. (1980). Preschool play: Effects of teacher/child rations and organization of classroom space. *Child Study Journal, 10*, 191-205.

Field, T., De Stefano, L., & Koewler, J. H. (1982). Fantasy Play of Toddlers and Preschoolers. *Developmental Psychology, 18*, 503-508.

Fowler, W. (1980). *Infant and Child Care: A Guide to Education in Group Settings*. Boston: Allyn & Bacon.

Freud, A. (1968). Indication and contraindications for child analysis. *Psychoanalytics Study of the Child, 23*, 37-46.

Frost, J. L. (1992). *Play and playscapes*. Albany, New York: Delmar.

Frost, J. L., & Kissinger, J. B. (1976). *The young child and the educative process*. New York: Rinehart & Winston, Inc.

Frost, J. L., & Klein, B. (1979). *Children's play and playgrounds*. Boston: Allyn & Bacon.

Frost, L., Shin, D., & Jacobs, P. J. (1998). Physical environment and children's play. In O. N. Saracho & B. Spodek (Eds.), *Multiple perspectives on play in early childhood education* (pp. 255-294). Albany: State University of New York Press.

Frost, J. L., Wortham, S. C., & Reifel, S. (2001). *Play and child development*. Upper Saddle River, NJ: Pearson.

Garvey, C. (1977). *Play*. Cambridge, MA: Harvard University Press. 지혜련, 김관희 공역(1989). 놀이. 서울: 창지사.

Ginsburg, K. (2007). The Importance of play in promoting healthy child development and maintaining strong parent-child bonds. *Pediatrics, 119*(1), 182-191.

Goldstein, H., & Cisar, C. L. (1992). Promoting interaction during sociodramatic play: Teaching scripts to typical preschoolers and classmates with disabilities. *Journal of Applied Behavior Analysis, 25*(2), 265-280.

Gould, K. (2009). The Use of Fantasy Play in the Treatment of a Six-Year-Old Adopted Girl. *The Psychoanalytic Study of the Child, Vol. 64.*

Haight, W., & Miller, P. (1993). *Pretending at home: Early development in a sociocultural context.* Albany, NY: STATE University of New York Press.

Hall, G. S. (1883). The contents of children's minds. *Princeton Review, 2,* 249-272.

Harms, T., & Clifford, R. (1980). *Early Childhood Environment Rating Scale.* Teachers College Press: New York.

Harper, L. V., & Sanders, K. M. (1975). Preschool Children's Use of Space: Sex Differences in Outdoor Play. *Developmental Psychology, 11,* 119.

Hartle, L., & Johnson, J. E. (2009). Historical and Contemporary Influences of Outdoor Play Environment. In H. Craig (Ed.) (1993), *Children on Playgrounds: Research perspectives and applications.* SUNY seriess, Children's Play in Society. Albany: State University of New York Press.

Hartley, R. E. (1952). *Understanding Children's Play.* New York: Columbia University Press.

Hartup, W. (1983). The peer system. In E. M. Hetherington & P. Mussen (Eds.), *Handbook of child psychology, Vol. 4. Socialization, personality, and social development.* New York: Wily.

Hemmeter, M. L., Maxwell, K. L., Ault, M. J., & Schuster, J. W. (2001). *Assessment of Practices in Early Elementary Classrooms.* Teachers College Press.

Hirsh-Pasek, K., & Golinkoff, R. M. (2003). *Einstein never used flash cards.* Emmaus, PA: Rodale.

Hoon, J. V., Nourot, P. M., & Aldwar, K. R. (2003). *Play at the center of the curriculum.* New Jersey: Merrill Prentice Hall.

Honing, A. S. (1983). Research in review: Televison and young children. *Young Children, 38,* 63-76.

Howes, C. (1980). Peer play scale as an index of complexity of peer interation. *Developmental Psychology, 16,* 371-372.

Howes, C., & Matheson, C. (1992). Sequences in the development of competent play with peers: Social and social pretend play. *Development Psychology, 28,* 961-974.

Howes, C., & Smith, E. (1995). Relations among child care quality, teacher behavior, children's play activities, emotional security, and cognitive activity in child care. *Early Childhood Research Quarterly, 10,* 381-404.

Hughes, F. P. (1995). *Children, Play, and Development.* Boston, MA: Allyn & Bacon.

Hughes, F. P. (2009). *Children, Play, and Development*. Boston, MA: Allyn and Bacon.

Hughes, F. P. (2010). *Children, Play, and Development* (4th ed.). Washington, DC: SAGA.

Hughes, M., & Hutt, C. (1979). Heartrate correlates of childhood activities: Play, exploration, problem solving, and day-dreaming. *Biological Psychology, 8,* 253-263.

Huizinga, J. (1981). *Homo ludens: A study of theplay element in culture.* 김윤수 역(1981). 호모 루덴스. 서울: 도서출판 까치.

Hutt, C. (1971). Exploration and play in children. In R. E. Herron & B. Sutton-Smith (Eds.), *Chil's play* (pp. 231-251). New York: Wiley.

Isenberg, J., & Jalongo, M. (1997). *Creative Expression and Play in Early Childhood Curriculum* (2nd ed.). Columbus, OH: Merrill.

Isenberg, J., & Jalongo, M. (2000). *Creative Expression and Play in the Early Childhood Curriculum* (3rd ed.). Prentice Hall.

Johnson, J. E. (1978a). Relations of Divergent Thinking and Intelligence Test Scores with Social and Nonsocial Make-Believe Play of Preschool Children. *Child Development, 47,* 1200-1203.

Johnson, J. E. (1978b). Mother-child interaction and imaginative behavior of preschool children. *Journal of Psychology, 100,* 123-129.

Johnson, J. E. (1983). Context effects on preschool children's symbolic behavior. *Journal of Genetic Psychology, 143,* 259-268.

Johnson, J. E. (1998). Sequence and stages of play development: Ages four to eight. In D. Fromberg & D. Bergen (Eds.), *Play from birth to twelve: Contexts, perspectives, meanings.* New York: Garland.

Johnson, J. E., Christie, J. F., & Wardle, F. (2005). *Play development and early education.* New York: Pearson, Allyn and Bacon.

Johnson, J. E., Christie, J. E., & Yawkey, T. D. (1987). *Play and early childhood development.* Glenview, IL: Scott, Foresman and Company.

Johnson, J. E., Christie, J. E., & Yawkey, T. D. (1999). *Play and early childhood development* (2nd ed.). New York: Longman.

Johnson, J. E., & Roopnarine, J. L. (1983). The preschool classroom and sex differences in children's play. In M. Liss (Ed.), *Social and cognitive skills: Sex roles and children's play.* New York: Academic Press.

Johnson, M. (1935). The effect on behavior of variation in the amount of play equipment. *Child Development, 6,* 56-68.

Jones, E. (2012). The emergence of emergent curriculum. *Young Chiuldren, Mar.* 66-68.

Jones, E., & Reynolds, G. (1992). *The play the thing: Teacher's roles in children's play.* New York: Teachers college Press, Columbia University.

Jones, K. (2012). Piatet's Cognitive Stages of Play. http://www.eHow.com

Kagan, S. L., Scott-Little, C., & Frelow, V. S. (2009). Linking Play to Early Learning and Development Guidlines. *Journal of Zero to Three, Sep. 09, Vol. 30*(1), 18-25. Zero to Three. National Center for Infants, Toddlers and Families.

Kamii, C., & DeVries, R.(1980). *Group games in early education: Implications of Piaget's Theory.* Washington, DC: NAEYC.

Kang, S. H. (2009). *Foundations of Developmentally Appropriate Practices in Programs for Young Children.* SFL221-2009. BYU.

King, N. R. (1979). Play: The kindergartners' perspective. *The Elementary School Journal, 80*(2), 81-87.

Kinsman, C., & Berk, L. (1979). Joining the block and housekeeping areas: Changes in play and social behavior. *Young Children, 35*(1), 66-75.

Kritchevsky, S., Prescott, E., & Walling, L. (1977). *Planning environments for young children: Physical space.* Washington, DC: National Association for the Education of Young Children.

Kuykendall, J. (2007). *Early childhood development series: Selecting toy for children.* Washington, DC: University of Alaska Fairbanks.

Leong, D. J., & Bodrova, E. (2012). Assessing and Scaffolding Make-Believe Play. *Young Children, 67*(1), 26-34.

Leong, D, J., & McAfee, O. (2002). *Assessing and Guiding Young Children's Development & Learning* (3rd ed.). Allyn & Bacon.

Levin, D., & Carlsson-Paige, N. (1994). Developmentally appropriate television: Putting children first. *Young Children, 49*, 38-44.

Levy, A. K., Wolfgang, C. H., & Koorland, H. A. (1992). Sociodramatic Play as a Method for Enhancing the Language Performance of Kindergarten Age Students. *Early Childhood Research Quarterly, 7*, 245-262.

Levy, J. (1978). *Play Behavior.* New York: Wiley.

Lewis, M. (1972). Sex Differences in Play Behavior of the very Young. *Journal of Health, Physical Education and Recreation, 43*, 38-39.

Lieberman, J. N. (1965). Playfulness and divergent thinking: An inves-tigation of their relationship at the kindergarten level. Journal of Schwartzman, H. B. (1978). Transformations: The anthropology of children's play. New York: Plenum. *Genetic Psychology, 107*, 29-224.

Lieberman, J. N. (1966). Playfulness: An attempt to conceptualise a quality of play and of the player. Singer, D. G., & Singer J. L. (1978). Some correlates of imaginative play in preschoolers. Paper presented at the meeting of the Amer-ity of play and of true player. *Psychological Reports, 19.*

Lieberman, J. N. (1977). *Playfulness: Its relationship to imagination and creativity.* New York: Academic Press.

Lillemyr, O. F. (2009). *Taking play seriously: Children and play in early childhood education—An exciting challenge.* Charotte, NC: Information Age Publishing.

Linder, T., & Linas, K. (2009). A Functional, Historical Approach to Developmental Assessment Through Play: The Transdisciplinary Play-Based Assessment (2nd ed.). *Zero to Three, Sep. 2009, Vol. 30.* no.1, 28–33.

Lindsey, E. W., & Mize, J. (2001). Contextual differences in parent-child play: Implications for children's gender role development. *Sex Roles, 44,* 155–176.

Losardo, A., & Notari-Syverson, A. (2001). *Alternative Approaches to Asessing Young Children.* Paul H. Brooks Publishing Co., Inc.

Maccoby, E. (1998). *The two sexes: Growing up apart, coming together.* Cambridge, MA: Belknap.

Maccoby, E., & Jacklin, C. N. (1974). *The psychology of sex differences.* Palo Alto, CA: Stanford University Press.

Manning, K., & Sharp, A. (1997). *Structuring play in the early tears at school.* London: Ward Lock Educational.

McCaslin, N. (1990). *Creative drama in classroom.* London: Longman.

McGowan, T. M., & Godwin, C. M. (1984). *"We fork" and citizenship education.* Paper represented at the annual meeting of the National Council for the Social Studies. ED 252–450.

Millar, S. (1977). *The Psychology of Play.* New York: Penguin Books.

Miller, E., & Almon, J. (2009). *Crisis in the Kindergarten: Why Children Need to Play in School.* Alliance for Childhood.

Moore, G. (1986). Effects of the spatial definition of behavior setting on children's behavior: A quasi experimental study. *Journal of Environmental Psychology, 6,* 205–231.

Moore, R., & Young, D. (1978). Childhood Outdoors: Toward a Social Ecology of the Landscape. In I. Altman & J. F. Wohlwill (Eds.), *Children and the Environment* (pp. 83–130). New York: Plenum Press.

NAEYC (2005). *Early childhood program standards and accreditation criteria: The mark of quality in early childhood education.* Washington, DC: NAEYC.

Neilson, B. A. (2001). *Week by Week: Plan for Observing and Recording Young Children* (2nd ed.). Albany, NY Delmar: Thomson Learning Inc.

Neisworth, J. T., & Bagnato, S. J. (2004). The mismeasure of young children: The authentic assessment alternative. *Infants and Young Children, 17*(3), 198–212.

O'connell, B., & Bretherton, I. (1984). Toddler's play alone and with morther: The role of maternal guidance. In I. Bretherton (Ed.), *Symbolic Play* (pp. 337–366). Orlando, FL: Academic Press.

Parten, M. (1932). Social participation among preschool children. *Journal of Abnormal and Social Psychology, 27,* 243–269.

Parten, M. (1933). Social play among preschool children. *Journal of abnormal and social psychology, 28,* 136-147.

Pellegrini, A. D. (2008). The role of aggressive and affiliative behaviors in resource control: A behavioral and ecological perspective. *Developmental Review, 28,* 461-487.

Pellegrini, A. D. (2009). *The role of play in human development.* New York: Oxford University Press.

Pellegrini, A. D., Long, J. D., Roseth, C. J., Bohn, C. M., & Van Ryzin, M. (2007). A short-term longitudinal study of preschoolers' (Homo sapiens) sex segregation: The role of physical activity, sex, and time. *Journal of Comparative Psychology, 121,* 282-289.

Pepler, D. J., & Ross, H. S. (1981). The Effects of Play on Convergent and Divergent Problem Solving. *Child Development, 52,* 1202-1210.

Perkins, D. N. (1984). *Making learning whole. How 7 principles of teaching can transform education.* San Francisco: Jossey-Bass.

Piaget, J. (1962a). Commentary on Vygotsky's criticisms. *New Ideas in Psychology, 13,* 325-340.

Piaget, J. (1962b). *Play, dreams and imitation in childhood.* New York: Norton.

Porter, C. (2010). *Infant Development in the Family. SFL331-2010 spring.* BYU.

Prescott, E. (1984). The physical setting in day care. In J. T. Greenman & R. W. Fuqua (Eds.), *Making day care better: Training evolution and the process of change* (pp. 44-65). New York: Teachers college press.

Pulaski, M. A. (1973). Toys and Imaginative Play. In J. L. Singer (Ed.), *The Child's World of Make-Believe: Experimental studies of imaginative play* (pp. 74-103). New York: Academic Press.

Ramsey, P. G. (1998). Diversity and play: Influence of race, culture, class, and gender. In D. P. Fromberg & D. Bergen (Eds.), *Play from birth to twelve and beyond: Contexts, perspectives, and meanings* (pp. 23-33). New York: Garland.

Rheingold, H. L., & Cook, K. V. (1975). The Contents of Boy's and Girl's Rooms As an Index to Parental Behavior. *Child Development, 46,* 459-463.

Roberts, J. M., & Sutton-Smith, B. (1962). Child training and game involvement. *Ethology, 1,* 166-185.

Rogers, C. S., & Sawyer, J. K. (1998). *Play in the lives of children.* Washington, DC: National Association for the Education of Young Children.

Rogers, S., & Evans, J. (2008). *Inside role-play in early childhood education: Researching young children's perspectives.* New York: Routledge.

Rollins, S. (2009). *Theories about Play in Early Childhood Education.* http://www.ehow.com.

Roskos, K., & Neuman, S. (1993). Descriptive observations of adults' facilitation literacy in play. *Early Childhood Research Quarterly, 8,* 77-97.

Rubin, K. H. (1989). *The Play Observation Scale (POS)*. Waterloo: University of Waterloo.

Rubin, K. H. (revised 2001). *The Play Observation Scale (POS). Center for Children, Relationships, and Culture*. University of Maryland.

Rubin, K. H., Fein, C. G., & Vandenberg, B. (1983). Play. In E. M. Hetherington (Ed.), *Handbook of child psychology, Vol. 4, Socialization, personality, and social development* (pp. 693-774). New York: Wiley.

Rubin, K. H., Maioni, T. L., & Hornung, M. (1976). Free play behaviors in middle and lower-class preschoolers: Parten and Piaget revisited. *Child Developmental, 47*.

Rubin, K. H., Watson, R., & Jambor, T. (1978). Free-play behaviors in preschool and kindergarten. *Child Development, 49*, 534-546.

Saltz, E., & Johnson, J. (1974). Training for thematic-fantasy play in culturally disadvantaged children: Preliminary results. *Journal of Educational Psychology, 66*, 623-630.

Samuel, W. (2010). *Manual training play problems: Constructive work for boys and girls based on the play interest*. Nabu Press.

Santrock, J. W. (2001). *Child Development* (9th ed.). McGraw-Hill Higher Education.

Saracho, O. (1999). A factor analysis of preschool children's play strategies and cognitive style. *Educational Psychology, 19*, 165-180.

Scarfe, N. V. (1962a). Play is Education. *Childhood Education, 39*, 117-121.

Scarfe, N. V. (1962b). *Play is Education*. Vancouver: University of British Columbia.

Schiller, F. (1975). *On the aesthetic education of man*. New York: Ungar.

Seefeldt, C. (1980). *A curriculum for preschool*. Columbus. OH: Chares E. Merrill.

Seefeldt, C., & Barbour, N. (1986). *Early Childhood Education: An Introduction*. Columbus, Ohio: Charles E. Merrill.

Sepler, D., & Ross, H. (1981). Effects of play on convergent and divergent problem solving. *Child Development, 52*, 1202-1210.

Sheehan, R., & Day, D. (1975). Is open space just empty space? *Day Care and Early Education, 3*, 10-13.

Sheridan, M. D. (1999). *Play in early children: From birth to six years*. Revised and updated by jackie Harding and Liz Meldon-Smith. London: Routedge Short Term Play Therapy for Children (Kaduson & Schaefer, 2000).

Sheridan, M. K., Foley, G. M., & Radlinski, S. H. (1995). *Using the supportive play model: Individualized intervention in early childhood practice*. New York: Teachers College Press.

Singer, D., & Singer, J. (1990a). *The house of make-believe: Experimental studies of imaginative play*. New York: Academic Press.

Singer, D., & Singer, J. (1990b). *The house of make-believe: Children's play and developing imagination.* Cambridge, MA: Harvard University Press.

Singer, J. L. (1973). *The Child's world of make-believe: Experimental studies of imaginative play.* New York: Academic Press.

Singer, J. L., & Singer, D. G. (1986). Can TV stimulate imaginative play? *Journal of Communication, 26,* 74-80.

Slade, A. (1987). A longitudinal study of maternal involvement and symbolic play during the toddler period. *Child Development, 58,* 367-375.

Smilansky, S. (1968). *The effects of sociodramatic play on disadvantaged preschool children.* New York: Wiley.

Smilansky, S. (1990). Sociodramatic play: Its relevance to behavior and achievement in school. In eds. E. Klugman & S. Smilansky (Eds.), Children's play and learning: Perspectives and policy implications (pp. 18-42). New York: Teachers College Press.

Smilansky, S., & Shefatya, L. (1990). *Facilitating play: A medium for promoting cognitive social-emotional and academic development in young children.* Gaithersberg, MD: Psychological and Educational Publications.

Smith, P. (1997). *Play fighting and fighting: How do they relate?* Lisbon: ICCP.

Smith, P. (1999). Pretend play and theory of mind: What is the relationship? Paper presented at the annual meeting of the association for the study of play, SantaFe, NM.

Smith, P., & Connolly, K. (1980). *The ecology of preschool behavior.* Cambridge, England: Cambridge University Press.

Smith, P., & Pellegrini, A. (2008). Learning Through Play. CEECD/SKC-ECD.

Smolucha, F. (1992). A reconstruction of Vygotsky's theory of creativity. *Creative research Journal, 5*(1), 49-67.

Sponseller, D., & Lowry, M. (1974). Designing a play environment for toddlers. In D. Sponseller (Ed.), *Play as a learning medium* (pp. 81-106). Washington, DC: National Association for the Education of Young Children.

Stern, D. (1987). *The Interpersonal world of the Infant.* New York: Basic Books.

Stipek, D. J. (1984). Young children's performance expectations: Logical analysis or wishful thinking? In J. G. Nichols (Ed.), *Philosophy of science, cognitive psychology, and educational theory and practice* (pp. 35-56). Albany, NY: State University of New Your Press.

Stone, S. J. (1995). Intergrating play into curriculum. *Childhood Education, 72*(2), 104-107.

Sutton-Smith, B. (1967). The role of play in cognitive development. *Young Children, 22,* 361-370.

Sutton-Smith, B. (1985). Origins and developmental processes of play. In C. Brown & A. Gottfried (Eds.), *Play interactions: The role of toys and parental involvement in children's development.* Skillman, NJ: Johnson & Johnson Baby Products.

Sutton-Smith, B. (2001a). *The ambiguity of play*. Cambridge, MA: Harvard University Press.

Sutton-Smith, B. (2001b). Emotional breaches in play and narrative. In A. Göncü & E. L. Klein (Eds.), *Children in Play, Story, and School* (pp. 161-176). New York: Guilford.

Sylva, K., Roy, C., & Painter, M. (1980). *Child watching at play group & nursery school*. Ypsilanti, MI: High/Scope Press.

Tauber, M. A. (1979). Sex Differences in Parent-Child Interaction Styles during a Free-Play Session. *Child Development, 50*, 981-988.

Thomas, A., & Chess, S. (1977). *Temperament and development*. New York: Bruner/mazel.

Tizard, B., Phelps, J., & Plewis, L. (1976). Play in preschool centers: Play measures and their relation to age, sex and IQ. *Journal of Child Psychology and Psychiatry, 17*, 251-264.

Trawick-Smith, J. (1990). The effects of realistic versus non-realistic play materials on young children's symbolic transformation of object. *Journal of Research in Childhood Education, 5*, 27-35.

Trawick-Smith, J. (1994). Authentic dialogue with children: A sociolinguistic perspective on language learning. *Dimensions of Early Childhood, 22*, 9-16.

Vygotsky, L. S. (1962). *Thought and Language*. Cambridge, MA: MIT Press.

Vygotsky, L. S. (1978). *Mind in society: The development of higher mental processes*. Cambridge, MA: Harvard University Press.

Walter, W. H., & Myrna, K. H. (1990). *Children's Behavior Rating Cale (CBRS)*. www.walmyr.com/CBRSSAMP.pdf

Ward, C. D. (1997). Tutored-untutored dramatic play: Similarities and differences. *Early Child Development and Care, 100*, 119-130.

Wardle, F. (1991). Are we shortchanging boys? *Child Care Information Exchange, 79* (May/June).

Wardle, F. (1997). Outdoor play. Designing, building and remodeling playgrounds for young children. *Early Childhood News, 9*(2), 36-42.

Wardle, F. (2003). *Introduction to early childhood education: A multi-dimensional approach to child-centered care and learning*. Boston: Allyn & Bacon.

Wasserman, J. (Ed.) (1990). *Twenty Years at Play: A New Play Centre Anthology*. Talonbooks.

Wassermann, S. (2000). *Serious players in the primary classroom: Empowering children through active learning experiences*. New York: Teachers College Press.

Weaver, M. (1997). *365 fun-filled learning activities*. Hobrook, MA: Adams Media Corp.

Weisler, A., & McCall, R. (1976). Exploration and play: Resume and reflections. *American Psychologist, 31*, 492-508.

Whitaker, D. L. (1996). *Games, games, games: Creating hundreds of group games & sports*. Nashvill: School-Ages NOTES.

Wing, L. A. (1995). Play is not the work of the child: Young children's perceptions of work and play.

Early Childhood Research Quarterly, 10(2), 223-247.

Wolfgang, C. H., Mackender, B., & Wolfgang, M. E. (1981). Growing and Learning through Play. Activities for Preschool and Kindergarten children. Mcgraw-Hill.

Wood, D., McMahon, L., & Cranstoun, Y. (1980). *Working with fives*. Ypsilanti, MI: High/Scope Press.

仙田滿(1992). 子どもとあそび―環境建築の眼. 岩波新書.

小川博久(2000). 保育原理 2001. 同文書院.

www.gse.upenn.edu/child/products/pipps

www.interprofessional.ubc.ca/EarlyYears/documents/C8_Casey_000.pdf

● 찾아보기 ●

인 명

내용

● 저자 소개 ●

강숙현(Kang, Sook Hyun)
이화여자대학교 사범대학 유아교육과 졸업
이화여자대학교 대학원 유아교육과(문학석사, 문학박사)
현 순천제일대학교 유아교육과 교수

김정아(Kim, Joung Ah)
전남대학교 사범대학 유아교육과 졸업
전남대학교 대학원 유아교육과(교육학석사, 교육학박사)
현 광양보건대학교 유아교육과 교수

김희정(Kim, Hee Jung)
전남대학교 사범대학 유아교육과 졸업
동경가끄게이(学芸)대학교 대학원 유아교육과(교육학석사)
전남대학교 대학원 유아교육과(교육학박사)
현 광신대학교 유아교육과 교수

윤숙희(Yoon, Sook Hee)
광주교육대학교 졸업
한국교원대학교 대학원 유아교육과(교육학석사)
전남대학교 대학원 유아교육과(교육학박사)
전 성화대학 유아교육과 교수

이은희(Lee, Eun Hee)
전남대학교 사범대학 유아교육과 졸업
한국교원대학교 대학원 유아교육과(교육학석사)
전남대학교 대학원 유아교육과(교육학박사)
현 목포과학대학교 유아교육과 교수

놀이지도(2판)

A Guidance Strategies for Play and Young Children's Learning (2nd ed.)

2013년 8월 10일 1판 1쇄 발행
2015년 1월 20일 1판 3쇄 발행
2016년 8월 30일 2판 1쇄 발행
2019년 7월 10일 2판 3쇄 발행

지은이 • 강숙현 · 김정아 · 김희정 · 윤숙희 · 이은희
펴낸이 • 김진환
펴낸곳 • (주) **학지사**

04031 서울특별시 마포구 양화로 15길 20 마인드월드빌딩
대표전화 • 02)330-5114   팩스 • 02)324-2345
등록번호 • 제313-2006-000265호

홈페이지 • http://www.hakjisa.co.kr
페이스북 • https://www.facebook.com/hakjisa

ISBN 978-89-997-1048-3 93370

정가 20,000원

이 도서의 국립중앙도서관 출판시도서목록(CIP)은 서지정보유통지원시스템 홈페이지(http://seoji.nl.go.kr)와 국가자료공동목록시스템(http://www.nl.go.kr/kolisnet)에서 이용하실 수 있습니다.
(CIP 제어번호: CIP2016018304)

출판 · 교육 · 미디어기업 **학지사**

간호보건의학출판 **학지사메디컬** www.hakjisamd.co.kr
심리검사연구소 **인싸이트** www.inpsyt.co.kr
학술논문서비스 **뉴논문** www.newnonmun.com
원격교육연수원 **카운피아** www.counpia.com